Ealing Course in
Spanish

Part 2

Ealing Course in Spanish
Book (1 vol. edition, or 2 vol. paperback edition)
Tapes
Filmstrips

in the same series
Ealing Course in German
Book
Tapes
Filmstrips

Ealing Course in
Spanish
Part 2 (Units 19-36)

produced under the direction of
Philip Locke
Ealing Technical College

with a grant from the
Nuffield Foundation

Longman

LONGMAN GROUP UK LIMITED
Longman House
Burnt Mill, Harlow, Essex CM20 2JE, England
and Associated Companies throughout the World

First published 1967
First paperback edition 1970
Ninth impression 1987
ISBN 0 582 36442 6

Printed and bound in Great Britain by
William Clowes Limited,
Beccles and London

Research team

M. A. L. Sculthorp   supervisor
Director of Language Centre University of Kent

Philip Locke   research fellow

Diana Keay   research tutor

Jesús López   assistant

Pilar Martínez   assistant

José Ríos   assistant

Ramiro Sánchez   assistant

Carmen Sevillano   assistant

Xavier F. Lacunza   consultant

Don Wharram   technical adviser

Visuals

Bailey Pettengell Design

Tape recordings

Pablo Soto

Miguel Soto

Alberto Soto

María G. Manyano

Carmen Sevillano

José Manuel López

Francisco Ariza

Pilar Rubio

Jacinta Castillejo

Elements of the course

Book (Parts 1 and 2 available in one volume, or separately in a two-volume paperback
   edition)

Set of 25 × 5″ tapes (dialogues, etc.)

Set of 13 × 5″ tapes (drills + pronunciation tape)

Set of 22 filmstrips

Acknowledgements

The experiment that led to the production of this course would never have been possible had it not been for a generous financial grant awarded by the Nuffield Foundation on the recommendation of Dr L. Farrer-Brown, and for the flexibility of organization allowed by the local education authority, then Middlesex Education Committee, and the Principal of Ealing Technical College, Dr O. G. Pickard. For that opportunity, all connected with the production of this course are much indebted.

Pilot versions of this course were pre-tested by the colleges and members of the business firms mentioned below. Every teacher and student who took part completed questionnaires stating their reactions, opinions and suggestions. Those who studied at Ealing discussed it personally and at length with the research team. We are extremely grateful for the valuable and practical observations made in this way and we wish to record our sincere thanks to those members of the following colleges and organizations who have helped us:

Blackburn College of Technology
Constantine College of Technology
Ealing Technical College
Exeter Technical College
Huddersfield College of Technology
Kingston College of Technology
Leeds College of Commerce
South Devon Technical College
Thurrock Technical College
Monkwearmouth College of Further Education

Astor, Boisselier & Lawrence Ltd
The British Council
British European Airways
British Insulated Callenders Cables
Broom & Wade Ltd
Central Office of Information
Cerebos (Overseas) Ltd
J & E Coates, Paton & Baldwins Ltd
Communications Systems International
Glaxo International Limited
Gowllands Ltd
Imperial Chemical Industries Ltd
John Laing Construction Ltd
Petters Ltd
Schweppes (Home) Ltd
Standard Telephones & Cables Ltd
Unilever Brothers Ltd
George Wimpey & Co Ltd

Note to the corrected impression

The majority of the original team are now dispersed, but we are grateful to several members and users of the Course who have carried out detailed work on the revision, in particular Philip Locke, José Ríos, Ramiro Sánchez, Carmen Sevillano and Roberto Veciana.

Diana Keay
Ealing Technical College
1973

Contents

Contents

Foreword

Work on the preparation of this introductory course in Spanish began in 1962. In that year a report was published by the Federation of British Industries on 'Foreign Languages in Industry'. The working party which produced that report had come to the conclusion that the traditional evening classes were proving increasingly inadequate for the language requirements of industry and that commercial and technical colleges should be encouraged to extend the provision of intensive *ad hoc* courses, using modern techniques. Such courses were thought to be particularly needed in Spanish and German.

Modern techniques of language training, making, as they do, appropriate use of language laboratories, require suitable teaching materials. There is still a regrettable lack of such materials. This introductory course prepared by the Ealing Technical College is a contribution to meeting the need.

It was natural that Ealing Technical College should begin work on this course in September 1962. At that time it had the only language laboratory in operation in the whole of Britain. In 1967, when there are at least 500 language laboratories in use in schools and colleges, it is easy to forget how recent and rapid has been the development of the language laboratory in this country. The college received a grant from the Nuffield Foundation and was thus enabled to appoint a research fellow and a research tutor in Spanish and in German, and they have been engaged in producing and testing material for intensive courses in these languages that meet the needs of businessmen.

A large number of students have taken these intensive courses not only at Ealing, but also in other colleges which have co-operated in trying out the material. It is reported that these students, besides contributing valuably as 'guinea-pigs' to the final form of the course material, have succeeded in attaining the desired standard of knowledge of proficiency in the language in a way and at a speed not previously possible.

The preparation of language teaching courses calls for much skill and experience and cannot be a rushed job. It is with pleasure that I see the result of the work at the Ealing Technical College made more widely available. I hope it will prove a valued contribution towards the objective, which is still far from being reached, when industry and commerce realize fully their language requirements, and the national facilities for meeting those requirements are adequate.

Leslie Farrer-Brown

Introduction

This course is an attempt to answer the needs of busy adults who have no previous knowledge of Spanish and whose circumstances are such that they seriously wish to acquire as much as they can in a short time. This practical need, the necessity to understand accurately almost everything that they hear and later read, and to express themselves well enough to conduct their social and general business affairs in the language, has been our prime consideration throughout and has determined the form which has been given to the course. Such a need cannot be satisfied by desultory study or in an over-short period, however well programmed the material and however intensive the method. For the objective described above, we have found that even apt and serious learners require 200–250 hours. The course is designed mainly for persons whose business is something other than language and who may, in fact, have no particular gift for learning one. During the pre-testing period, it was found that most of those who had done any previous language learning had done it through an analytical study of grammar, word lists, uncontextualized exercises and passages for reading and translation – that is, much theory and little living practice. As a different approach is used in this course, certain explanations and recommendations have been included which experience has shown to be useful for the student.

In the course of preparing the material, detailed opinions and reactions were received from the students and teachers who pre-tested it, and the present text is, in fact, the fourth version. It has been found suitable for the gifted, the good, the average and the slightly below average adult learner. It cannot be recommended for that smaller group of persons who find great difficulty in learning any foreign language. For these, a much slower, simpler course is needed, less ambitious in its aims and more restricted in scope. It would seem to the authors that language is not learned linearly, but rather cyclically, cumulatively, by transformation and recombination, and they have felt that it is not possible to advance far enough or fast enough by breaking it down into a series of minimal steps programmed into a standard course suitable to everybody – one may look forward in the future perhaps to more sophisticated programmed material based on branching techniques and adaptive machines. People vary tremendously in their rate and manner of learning languages, and it seems highly unlikely that success on all fronts can be claimed for any one method yet devised, so this course depends on the writer's pedagogic experience in presenting themes of adult interest at a rate of structural progression that is fairly optimistic.

Although the course is used most effectively with a language laboratory, it can be used (and has, in fact, been so used) in a variety of teaching situations ranging from four hours a week spread over two years, to the intensive full-time course of six hours a day lasting from eight to ten weeks. It has been used with groups of twenty-five students and little laboratory time, and it has been used for self-instruction with only one-sixth of the time spent with the teacher. In all circumstances, however, *what is central to the method is intensive and extensive practice by the learner*, if possible in a laboratory or with a tape recorder, if not, with an individual person, teacher or native speaker, who understands what is required. (The above refers to the whole course i.e. Parts 1 and 2 together.)

The subject matter is concrete and though not equally applicable to everybody, yet sufficiently generalized, it is hoped, to appeal to persons of widely varying interests. It has already been used by businessmen of various kinds, secretaries, engineers, apprentices, students, administrators, hotel receptionists, air hostesses and ground staff, television scriptwriters, ecclesiastics and private individuals with interests abroad.

We believe that the best results are obtained through the use of a fully integrated course, designed for a special purpose and set at a specific level of difficulty. Nevertheless, this course is comprehensive and flexible enough for the teacher to adapt it to his own circumstances. No course writer should attempt to suit all tastes, nor expect his material to be free of short-comings and defects. The authors hope, however, that their efforts will prove of practical help to adult business persons, for whom the course was designed.

M. A. L. Sculthorp

Plan and method

The course consists of thirty-six units presented in twelve groups of three. In each group, the first two units are for intensive and the third for extensive practice. Each intensive unit consists of a presentation dialogue with questionnaire, an expansion oral exercise based on an illustration, a set of twelve structure drills and three conversation exercises. The vocabulary and structures introduced are those considered essential for communication and except for some of the conversation vocabulary they are expected to constitute the learner's active repertoire. The extensive units contain two listening passages, two conversation exercises, a reading passage and a grammar summary of the three units. The words and structures used comprise a recombination of those already studied, a foretaste of some of those to be learned intensively in later units and a certain number of other less basic words which are required by the context. All of these are intended for recognition only, not for active use. The order of introduction of some of the structures is in certain respects unorthodox, but this is due to the special aims of the course. For example, even simple social communication requires the use of object pronouns and the present subjunctive verb forms, and these have therefore been taught early on. In the selection of structural patterns and their distribution between intensive and extensive units we have been guided by the frequency and range figures given in Keniston's *Spanish Syntax List*, though this work, based on a sample of written rather than spoken Spanish, could not be taken as an authoritative basis for choice. In the absence of such an authority the authors have had to proceed empirically and to trust their own experience. The choice of vocabulary was likewise empirical but checked constantly against the following works: *Standard List of Spanish Words and Idioms* by Prof. C. Keniston, *Word Frequency Dictionary* by Helen S. Eaton, *Frequency Dictionary of Spanish Words* by A. Juilland and E. Chang-Rodriguez and the *Vocabulario Usual, Común y Fundamental* of V. García Hoz. In this way, we hope we have avoided serious omissions and have, where possible, replaced low-frequency words by more common ones. Except for some of the conversation exercises, the reading passage and the grammar synopsis, all the material of the course is recorded on tape and can be practised without a teacher necessarily being present. Each exercise must be presented by the teacher and checked after practice.

The idea of separating intensive from extensive study arose from the experience which was obtained in daily use of the language laboratory. The recording of speech offers the possibility not only of giving the student intensive individual practice but also of exposing him to spoken language to an extent that is impossible without recordings. And this purely quantitative improvement seems to bring about a change in the quality of the learning. Learning on the extensive plane seems to create almost a new dimension in foreign language work.

One of the first results of regular use of a language laboratory was seen to be a rapid gathering of skill in aural comprehension. Since most adult learners need to understand a great deal more than they are required to say, and since expression is possible only after much assimilation, it was decided to introduce a special listening exercise into each unit. Later it was realized that reading and grammar control are also functions of extensive learning, and so the idea was arrived at of separate units for intensive and extensive practice. Clearly the two types of study complement and fertilize each other and in this course the two kinds of units will be found to be broadly integrated and related to each other in subject matter, texts and structure. One other result of learning specifically on the recognition plane is the satisfaction the student feels when he sees that though his expression may be slow and limited, his understanding is rapid and comprehensive.

The complex relationship between intensive and extensive learning has not to our knowledge been closely investigated as yet. The authors, therefore, had no body of theory at their disposal on which to base their programming. Their method of procedure has been intuitive and empirical, the result of class observation, not of controlled research experiments.

The following suggestions are made for using the various parts of each unit in class and in the laboratory. They are not, however, prescriptive and teachers will find many other ways of dealing with them.

Intensive units

The *Presentation Dialogue,* which is in every case a conversation between two persons (Spanish and English), serves to present contextually the new words and language patterns to be taught in the unit. Formal analysis of the patterns comes later, in the extensive unit, *after* practice. The dialogue is recorded three times, once without pauses, once with pauses for repetition of everything and once with pauses for the student to play the rôle of the English person speaking in Spanish.

The following procedure is suggested:

1 The student listens in class to the first recording while looking at the filmstrip (or at the drawings in the book if no filmstrip is available). The tape should be played several times and the teacher will clarify the development of the situation, avoiding translation as much as possible. The filmstrip and the drawings will be found to aid comprehension but they cannot convey structural meanings unequivocally or fully. The dialogue may be presented as a whole or in sections according to the ability of the group. This first step is aimed at securing recognition of meaning.

2 The student listens to the second recording, while continuing to look at the filmstrip or the drawings, and repeats each phrase in the pause left on the tape. The teacher will correct the student's pronunciation.

3 The student listens to the third recording and, after hearing each utterance of the Spaniard, will speak for the Englishman in the pause left on the tape. On the second and third recordings a 'pip' has been inserted to indicate change of filmstrip frame or drawing.

4 After these three steps have been practised several times in the classroom, students may be asked to practise the dialogue in pairs while the teacher circulates. To ensure continuity, one student of each pair may consult the text and the other speak from memory, the two then changing rôles.

5 The student will next practise the recordings by himself in the language laboratory.

6 Finally, on a later occasion, the class may re-enact the dialogue from memory, varying it and adding to it if they wish.

In the course of this practice, teachers will vary in their use of the printed text. While experience does not point to an ideal formula, it is probably advisable to ensure that the dialogue is heard before it is read. The sight of print always has a deleterious effect on pronunciation and weakens mental attention to the sound. Furthermore, the image of language as a series of separated written words instead of as a continuous stream of sound may slow up the student's perception and production of speech. On the other hand, a recent experiment at Aberystwyth points to the beneficial effect of reading on the perception and recall of speech in certain cases. Whatever the truth may be, all the adult learners taught by the present method have needed to be taught to listen, and at times even forced to do so. Though a judicious amount of reading may, in the case of an alphabetic language, help a person to identify more easily what he hears, the auditory and oral experience remains the essential one for most students of languages. The length of the time-lag between listening and reading may vary, but a time-lag there must surely be.

The *Questionnaire* is included for the purpose of repractising the structural and lexical contents of the dialogue by the method of question and answer. Occasionally a small number of new words may be introduced here or a paradigm completed with forms that did not appear in the dialogue. The procedure recommended is simply for the teacher to present and go through the Questionnaire in the classroom, and for student practice to take place in the language laboratory. In Units 16-22, the Questionnaires have been replaced by cumulative oral dictation followed by written dictation. This exercise is designed to stretch the student's auditory span at the stage when complex sentences with subordinate clauses are beginning to enter.

The oral *Expansion* exercise consists of a paragraph describing a drawing and is intended to expand the structures introduced in the dialogue. As before, the exercise is best presented in the classroom and practised intensively in the laboratory. In class, the students should work first from the drawing and only afterwards look at the text. In the laboratory they should practise entirely by ear, looking at the drawings but not at the text. (To facilitate this, the drawings have been placed whenever possible on a page not facing the text.) A certain amount of new vocabulary is introduced in this exercise. Its subject matter is related broadly to that of the dialogue, as are also the conversation exercises. The unit is thus built round a centre of interest.

The Structure Drills are intended to systematize and generalize forms that have so far in the unit been learnt only as meaningful particularities. They should be presented in the classroom solely to ensure that students are aware of the mechanism of each drill – that is, the structural relationship between the patterned stimulus and the response. The practice is essentially language laboratory work. No new vocabulary is introduced since the student's mind should be on pattern, not on lexical novelties. A very few easily recognized words such as 'error, flamenco, taxi, televisión, decisión, coñac, Rusia, departamento' are, however, met for the first time in the drills. The laboratory practice must be done thoroughly and the student must be asked to correct his errors immediately they are made. The repetition of a mistake only engraves it on the mind. It is not enough for a student to realize his mistake. He must practise the correct form several times. For this reason we recommend two runs through of the correct drill. This may be considered 'grammar grind' of a new kind, but it is difficult to see how language can be internalized and made habitual without some amount of artificial drilling. It is realized that this is a debatable field of teaching method, and that the danger of over-generalization is a serious objection to structure drills. The authors are aware of this and hope that 'safer' methods may be devised in the future.

In the *Conversation* section, three kinds of exercise are offered: situation, discussion and prepared talk, and the teacher may select which he prefers. Of the *situational exercises*, a few are presented as half-scripted dialogues in which the students' task is to supply the unscripted half. These exercises have, therefore, been recorded and pauses have been left on the tape for suitable student utterances. The book gives clues for suitable responses and the exercise must be rehearsed before being practised in the language laboratory. No 'correct' response has been recorded since there could be several equally valid ones. This laboratory exercise can be thought of as an extension, or consolidation of semi-free creative work done in the classroom, and as such it explores the no-man's-land that still lies between 'free' work and pre-organized laboratory drills – a field of language practice which may well be a fruitful one for the investigator. The rest of the situational conversations are designed to be played out in class; they require a certain resourcefulness on the part of the teacher and a willingness on the part of the student to play a rôle. For the *discussion*, topics have been suggested and broken down into talking points, with some suitable vocabulary included. It has been found that teachers welcome guidance, but like freedom to develop class conversation in their own way according to the interests and ability of each group. It is suggested that after presentation of the theme, students can profitably be allowed to discuss in pairs or small groups, while the teacher circulates and advises. The *Prepared Talk* has been included as a possible home task, to be delivered later in class.

Conversation exercises, albeit very simple and strictly controlled ones, have been included from the first unit onwards, because the authors felt very strongly the adult's need to say something of his own. They consider it important not only for reasons of motivation, not only because the expression of original thought is after all the whole aim of language, but also for the pedagogical reason that language heard and used in a personal context, language in which our opinions and possibly our emotions are involved, acts as a catalyst in the learning process. Without this use of language for natural purposes, the mere reproduction of fixed texts, the mere structural manipulation of pre-organized language, however perfectly programmed, remains a barren thing. And it is here that the language laboratory is of little use and the teacher comes into his own. All the drill and programmed learning in the world is purposeless if it does not lead to proper communication, and to achieve even a modest degree of skill in communication requires a great amount of practice.

Extensive units

The two *Listening Passages* of each extensive unit are intended to accustom the student to sustained speech uttered at normal speed. In them he is being trained to listen fast. The first text is conversational in style, and the second, though sometimes conversational, more formal and expositional in nature. The student is not expected to understand everything. Seventy-five per cent comprehension is good at this stage. What is important, especially for the businessman, is that he should understand the essential facts. A number of unknown words and certain new structures are introduced and the student is expected to make intelligent guesses at the meaning, through logical deduction and analogy. He will always have to do this abroad, for it will be a long time before he understands everything that is said to him. A recommended procedure is: listen twice – answer as much as possible of the questionnaire – listen again – add further answers to the questionnaire – study the printed text (without listening) – listen again – complete the questionnaire. Where no questionnaire has been given, owing to the nature of the text, the student should listen several times until he reaches his maximum comprehension (this is normally reached after four or five listenings). Parts not properly caught should be played over a number of times until they are.

The *Conversation* exercises are of a situational and discursive kind similar to those in the intensive units. Some are recorded as before. In three of the later units, the situational dialogue has been replaced by a simple two-way interpreting exercise.

The *Reading Passages* are for silent reading. They show the more complex style of written language, denser in content than the more diffuse, less formal style of human speech. It is suggested that the students should be asked to read the text silently and at speed in a limited number of minutes and then to state generally what they have understood. Next they may be asked to read it carefully and answer the teacher's questions on it, paragraph by paragraph. It is not intended that the teacher should 'exploit' the text in detail, but merely to ascertain that the student has understood it, by asking information questions on it. Finally, students may be asked to read the text again at speed, in order to develop fluency of extensive reading akin to their fluency in extensive listening.

The *Grammar* section is the last of all. It is intended to be taught inductively in class, with students explaining the grammar in answer to the teacher's questions on the frames. For this reason, all explanations and rules have been omitted. If the inductive method is followed, the teacher will avoid giving *a priori* rules, but rather lead the student to generalize from the particularities contained in the frames. He will not go beyond the scope of each frame, but instead leave the student to synthesize the forms of the language as he comes to them. Adult students are sometimes voracious for knowledge about a language, though the degree of generalization and systematization they can take varies greatly from one to another. Whatever treatment the teacher decides to give this part of the unit, it is important to remember that the function of grammatical knowledge is to organize and control. It has little to do with the assimilation of language and can never be a substitute for practice. It is with these ideas in mind that we have given the grammar the form and the place it has in the course.

The subject matter

If the subject matter of a course is not reasonably interesting and within the learner's experience of life, he will not make the effort that is required to learn a language. This is possibly the course writers' most difficult task. The authors do not claim to have succeeded but they have striven to provide each exercise with an acceptable content in order to give the student the feeling that he is using the language for a purpose, that he is talking about something sensible and not just mouthing sentences or manipulating language for language's sake. The needs of adult travellers and businessmen constitute the general framework and the texts are as straightforward as possible. Only genuine, present-day Spanish is used and the learner will find himself using what he has learnt immediately he steps on Spanish soil.

Vocabulary

It was decided early on in the project that to limit the vocabulary to a short list of high frequency words would not serve the purposes of the learners we had in mind, that is to say of persons who needed to communicate with Spaniards on a wide variety of topics of everyday conversation. This cannot be done with a baggage of five hundred to a thousand words learnt in fifty to a hundred hours. The results obtained in limited periods are indeed interesting, but they must not be wrongly described, exaggerated or over-estimated. For present purposes, a socially acceptable use of Spanish was not considered possible with less than all of the basic grammar, an active vocabulary of at least 2,000 words and an additional recognition vocabulary of 1,300. This is approximately the size of the vocabularies which are included in the intensive and extensive units, and which have been introduced in controlled amounts in each unit and exercise. There are in addition a large number of cognates in Spanish and English which will be easily recognized by the student when met. With the addition of these, it has been found in end-of-course tests that students have enough vocabulary to keep their end up confidently and steadily in a wide range of practical situations and discussions all day and every day without undue fatigue. Certainly, once the student is in the foreign country, ease of communication, if not speed, comes very soon.

Pronunciation

A simple guide to the pronunciation of Spanish is given at the beginning of the course, before the first unit, in order to acquaint the student with its general characteristics and with the main points which will require special practice. A good pronunciation is only acquired by constant effort over a period of weeks. It does not come automatically to those who have a good ear. In fact, students' pronunciation frequently deteriorates if it is allowed to do so.

Spelling

A brief outline of spelling rules is also included at the beginning, since these are fairly straight-forward in the case of Spanish. No written exercises are included since the aim of the course is to develop only the ability to speak and understand. The units contain, however, abundant opportunities for written work, should a teacher wish to set it.

To the student

The course you are about to begin is designed specifically to use the facilities provided by the tape-recorder and the language laboratory. All the exercises except those of free conversation and reading have been recorded and can be practised individually by you as well as presented, studied and revised in the classroom with the teacher. The proportion of time devoted to classwork and the language laboratory (or of home practice with a tape-recorder) may vary, but whatever it is, some guidance on the method to be followed will be useful.

First, it is important to realize that using language is a highly organized activity. You cannot use a language without adhering to its systems of sound, form, structure and meaning. You do this quite successfully with English, but your adherence to its systems is unconscious. You have acquired an automatic control over them by forming the right habits. Learning a foreign language then can be described as the formation of a new set of language habits under conditions of controlled, intensive practice. It is easy to build a set of habits from scratch as a child learns its native tongue. It is much more difficult to do it alongside an already acquired set, as the adult learner of a foreign language does, because the old set will keep interfering with the new. It is therefore absolutely essential to nullify the effect of the old system by referring to English as little as possible. For this reason you should do your utmost to avoid working through English. Its effect will be crippling if you do not. At best it is a crutch, and crutches are for cripples. Avoid, then, translating everything you hear from Spanish into English and everything you want to say from English into Spanish.

The course aims primarily at teaching you to understand and speak Spanish, rather than to read and write it. The first thing we wish to recommend, therefore, is that you should *learn to listen* without looking at the text. You will be using the printed text for study purposes, but if you do not also practise without it, your progress in understanding and speaking will be much slower. Learning to do this, learning to trust one's ears and resist the temptation to see 'how it is written', will almost certainly require an effort on your part, but it is essential to your progress. Remember that the tape is your servant not your master. It will repeat anything for you as often as required, and if this facility is used to the full, ease of understanding is bound to follow. If you do not make yourself independent of the book the language will take much longer to learn.

A second recommendation is to *give yourself time*. Accept the fact that you can only learn in your own way and at your own pace. Do not bother to compare your progress with that of other students. Although an effort is constantly required, you must also allow time to do its work. Learning a language is not, in the first instance, the result of intellectual striving; it is something that happens to you slowly and imperceptibly while you practise. Do not rush at it. Do not try to bite off too much at a time. It is the digestion that matters.

Thirdly, *get to know your own learning characteristics* and practise accordingly. Practise especially what you find difficult and do not try to find an easy but false substitute, such as reading when you cannot hear, or studying grammar if you are not fluent, or speaking fast if you are not sure of the right forms.

Fourthly, *take time off for revision*. You will find that, at times, fatigue and confusion will set in. This is normal in an intensive course. When it happens, relax and revise. Language is complex and the new words and language forms tend to pile up. Blockages are inevitable, especially if a student is very keen and inclined to take in too much too quickly. Do not become impatient or depressed on these occasions. Be patient and revert to earlier work that you know.

Fifthly, *be self-critical.* In the language laboratory, use the tape purposefully, listening carefully for your mistakes and correcting them. Do not be carried along aimlessly from one exercise to another. Mere exposure to language will not teach you. It is what you do with the language that counts. When you make a mistake, do not be satisfied with realizing that you have made it; practise the correct form. If mistakes are not corrected, they will be learned. All the more so in a language laboratory.

Lastly, concentrate on *use* rather than *knowledge.* It is possible to learn a lot *about* a language in a few hours. Much of the grammar and several hundred words can be studied in a week or two. But neither of these things constitutes language. It is the use of words and structural forms in *living language* that is required and it is this that takes time if one wishes to handle the language for purposes beyond that of getting through the Customs and booking in at an hotel. So concentrate on use. There is no substitute for practice, no short cut.

To recapitulate:
Learn to listen.
Give yourself time.
Practise your difficulties.
Take time off for revision.
Be self-critical.
Concentrate on use.

By the end of the course you can expect to have acquired the ability to understand a great deal of what Spaniards say in normal social and business conversation, as well as the ability to sustain conversation yourself, even though slowly and with some mistakes, over a wide range of subjects, for quite long periods of time without undue fatigue.

The recordings have been made by Spaniards speaking at normal speed. Difficulty in understanding does not lie in speed, but in the length and complexity of the sentence. In the early units the sentences are simple and short, later they are longer and more complex, but at all times they are related to what the student is studying. Thus he is trained to understand Spanish at normal speed. On the other hand he is not expected to use it himself with the same fluency. Fluent understanding is attainable fairly soon, fluent expression takes much longer to achieve. If, however, this method is followed, the pipe-line of communication will have been laid and the rest is bound to follow.

Pronunciation

Read the following explanations and practise, with the recordings, each group of examples as you come to it. The letters in brackets are phonetic symbols of the International Phonetic Association. Each one represents one sound, always the same.

1 Spanish uses only five vowel sounds: (i) (e) (a) (o) (u). English uses twelve, as in *bead*, *bid, bed, bad, bard, body, board, book, boot, bud, bird*, and the last vowel sound of *cupboard*. Spanish vowels are generally shorter than English ones and are not sustained as are the English vowels of *bead, bard, board, boot* and *bird*. Furthermore, they are clearer and more precise and not weakened as in English when not stressed. When practising Spanish (e) and (o) be careful to make them single vowel sounds, not the diphthongs (ei) and (ou) as in *gay* and *go*.

(i) cine, día, difícil, pipa, vino, aquí
(e) Pepe, Teresa, Pérez, bien, este
(a) casa, gracias, Pablo, está, secretaria
(o) poco, como, hermoso, cómodo, hotel
(u) puro, mucho, gusto, estudio, salud

2 Spanish vowels are not weakened as English vowels are, when unstressed. For example, the word *board* changes its pronunciation in the word *cupboard*. The words *for* and *table* lose vowel strength and quality when they become unstressed syllables in the word *comfortable*. In Spanish they are not weakened in pronunciation: *confortable*. In the word *Barcelona*, the Englishman weakens the syllables *ce* and *na* (BARceLOna). The Spaniard pronounces all the syllables with full vowel quality (Bar-ce-lo-na). In the following words the vowel shown at the beginning of each line is unstressed but clearly pronounced:

(i) director, iglesia, mirar, inglés, rápido
(e) tarde, parque, calle, Barcelona, fuerte
(a) esta, cosa, señora, buena, caramba
(o) pero, bueno, Paco, Pablo, hermoso
(u) usted, estupendo, cónsul, Andalucía, mujer

3 This particular difference between English and Spanish is most noticeable in words which are the same, or very similar in the two languages:

American	– americano	caramel	– caramelo
Italian	– italiano	telephone	– teléfono
interest	– interés	student	– estudiante
chocolate	– chocolate	comfortable	– confortable
animal	– animal	natural	– natural

4 It is also noticeable in the pronunciation of names:

Liverpool	– Liverpool	Barcelona	– Barcelona
Bristol	– Bristol	Robert	– Roberto
Paris	– París	Richard	– Ricardo
Madrid	– Madrid	Margaret	– Margarita
Seville	– Sevilla	Teresa	– Teresa

5 As a result of the greater uniformity of strength of the various vowels in a Spanish word, as compared with English which pronounces clearly only those vowels which are stressed and

swallows all the others, the two languages have a different rhythm. Spanish has syllable rhythm and to an English ear sounds like a machine-gun. English has stress rhythm and to a Spanish ear sounds like a series of telegrams being read (with many words left out). However strange this 'syllable rhythm' may seem to your ear, it must be imitated, if you want to speak with a reasonable Spanish accent. To speak Spanish with English stress rhythm sounds as comic as English spoken with Spanish syllable rhythm. This feature is more important in the acquisition of a good accent than the individual vowel or consonant sounds themselves.

Good mórning	– Buenos días.
How áre you ?	– ¿Cómo está Vd. ?
Sit dówn, please.	– Siéntese Vd., por favor.
Thánk you.	– Muchas gracias.
Pléased to méet you.	– Encantado de conocerle.

The impression that Spaniards speak faster than English people is false. It is merely that one hears more individual syllables in Spanish. A Spanish sentence of, say, twenty syllables (all relatively equal in strength and length) obviously takes longer to pronounce than twenty syllables in English, of which only ten, say, are stressed and therefore pronounced clearly, and the other ten swallowed. It is not *speed* that you must strive for in Spanish, but *syllable rhythm*.

Diphthongs

5 When one of the vowels (e), (a), (o) is combined with either (i) or (u) the stress always falls on the former. (e), (a), (o) are therefore known as strong vowels and (i) and (u) weak vowels. Combinations of a strong vowel and a weak vowel are considered as single syllables and are called diphthongs. The two possible combinations of the weak vowels (iu) and (ui) are also diphthongs, and the stress falls on the second vowel of the two. There are thus 14 diphthongs in Spanish:

'ei)	reina, seis, veinte, rey, ley
'eu)	neutro, neutral, deuda, Eusebio, Europa
'ai)	baile, traiga, caigo, hay, Uruguay
'au)	causa, Paula, aunque, autocar, Austria
'oi)	hoy, voy, soy, estoy, oiga
'ou)	*Found only between words:* uno‿u otro, tengo‿un piso
'ie)	fiesta, tiene, cierto, sierra, viejo
'ia)	Alemania, familia, estudiante, gracias, secretaria
'io)	Antonio, rubio, idioma, ministerio, precioso
'iu)	ciudad, viuda, Miura
'ui)	cuidado, Luisa, lingüista, Suiza, Ruiz
'ue)	bueno, escuela, puerta, Manuel, fuerte
'ua)	suave, guapa, cuando, agua, lengua
'uo)	cuota, su hora, su hotel

7 When (i) or (u) come first in a diphthong (as in the last eight lines of examples given above), they tend to be pronounced as (j) and (w) respectively (semi-consonants):

(j)	ciudad, tiene, Miura, Alemania, negocio
(w)	cuidado, suave, bueno, puerta, cuota

Two strong vowels

8   When two strong vowels (e), (a) or (o) come together in a single word, they constitute two syllables, not a diphthong:

(ea)   empleado, real, realidad, teatro, Baleares
(eo)   empleo, leo, veo, paseo, Pirineos
(ae)   paella, caer, Jaén, aeroplano, aeropuerto
(ao)   caos, Laos, caoba, Bilbao, ahora
(oe)   poeta, oeste, cohete, Noé, oboe
(oa)   Zuloaga, boa, Centroamérica, Lisboa, coaxial

Consonants

9   (p)   Like English *p* but gentler and less aspirated, that is, without the puff of air that accompanies it in English:

Pepe, Papa, puro, pipa, copa

10   (b)   Like English *b* but less explosive. Occurs only at the beginning of an utterance or after a nasal, (n) or (m):

a) banco, bueno, vino, vasco, vuela

(β)   In all other positions, that is, in the great majority of cases, the *b* is considerably softened and relaxed, almost to a (w) pronunciation. (Try saying *cupboard* or *rubber* with a very relaxed *b*, as after, say, six glasses of sherry!)

b) rubio, abajo, uvas, iba, Eva

11   (t)   Like English *t* but pronounced with the tongue touching the top teeth, not the gums as in English. This produces a much lighter sound than English *t:*

tinto, tengo, tanto, tonto, túnel

12   (d)   Like English *d*, but (as in *t*) with the tongue touching the top teeth, not the gums as in English *d*. This sound occurs only at the beginning of an utterance or after a nasal, (n) or (m), or after (l):

a) día, domingo, dar, dos, andar, aldea

(ð)   In all other positions, that is on nearly all occasions, the (d) is considerably softened and relaxed, almost to a *th* sound. (Try pronouncing the word *rather* with a very relaxed *th*.) It is a sound half-way between the *d* of *ladder* and the *th* of *lather:*

b) nada, Cádiz, todo, universidad, Madrid
At the end of a word this sound is sometimes pronounced like the *th* of *think*, particularly in Madrid itself:

c) Madrid, usted, Valladolid, realidad, verdad
Other people do not pronounce it at all at the end of a word:

d) Madrid, usted, Valladolid, realidad, verdad

13   (k)   Like English *ck* but generally softer:

casa, queso, kilo, cosa, cura

14 (g)   Like English g in *go* though generally softer. It occurs only at the beginning of an utterance or after *n* or *m:*

a) García, Goya, guerra, guía, gusto
      vengo, domingo, Congo, tenga, húngaro

(g)   In all other positions, that is, on nearly all occasions, it is considerably softened and relaxed. (Try saying *rugger* with a very gentle *gg* – the sound used in gargling.)

b) hago, luego, lugar, siga, amigo

15 (f)   Like English *f*. (Its voiced form, the English *v* of *very*, does not exist in Spanish, the letter *v* being pronounced like a *b*.)

fiesta, frío, profesor, feliz, sifón

16 (s)   Like the unvoiced English (*s*) in *pass*, not the voiced *s* in *phase*. Slightly approaching English *sh* at times, though the *sh* sound is not used as a regular consonant in Spanish, and should not be overdone:

a) señor, sábado, sirva, usted, inglés

Before (r), the *s* is often weakened or even omitted:

b) las rosas, los ríos, los relojes, es rápido, es rico

Before a voiced consonant: (b) (d) (g) (m) (n) (r) (l) the *s* is slightly voiced, though the *z* sound of English *zoo, phase*, does not exist in Spanish:

c) las bombas, los dos, es grande, los martes, es lunes, es natural

17 (χ)   This Spanish sound is not found in English, but is similar to the *ch* of Scottish *loch:*

Jaca, jefe, gente, jiro, jugo, trabajar, ejército
hijo, bajo, Argentina, trabajo, ingeniero, conserje

18 (θ)   Like the English unvoiced *th* of *thing*. (In some parts of Spain and Latin America, it is replaced by (s). This is called 'seseo'.)

cine, cena, Zaragoza, zona, zumo
gracias, conoce, produce, cerveza, cerca

19 (tʃ)   Like English *ch:*

chico, cheque, chófer, churro, muchacho
ancho, noche, leche

20 (m)   Like English *m:*

madre, metro, moto, muro, mina
fuma, ama, idioma, hablamos, comemos

21 (n)   Like English *n:*

a) nada, negro, ni, noche, nueve

(y)   At the end of a word or before (k) (g) (m) (b) (p) (w) (r) it is somewhat nasalized, though never as much as *ng* in English (e.g. *sing*):

b) un coche, un gato, un vaso, en parte, un huevo, Enrique, también, son, un millón

22 (ɲ) Like the *ny* of *canyon* pronounced as a single sound:

España, niño, pequeño, ñoño, coñac

23 (l) Like the English *l* of *like*, not the *l* of *almost*, that is, pronounced towards the front of the mouth not the back:

a) lago, Londres, libro, sal, mil
Nevertheless the more guttural *l* of *almost* is heard in some regions, for example in Catalonia, especially at the end of words:
b) hotel, capital, Portugal, mil, sol

24 (ʎ) Like the *lli* of *million*, pronounced as a single sound (mi-llion, not mi-lli-on):

a) llama, lleno, llover, calle, lluvia, cigarrillo
In some parts of Spain and Latin America (e.g. Madrid), this sound is replaced by (j) as in English *yes*. This is known as *yeísmo*.
b) llama, lleno, llover, calle, lluvia
In other parts, for example in Argentina, it is replaced by (ʒ) as in English *pleasure*.
c) llama, lleno, llover, calle, lluvia

25 (j) Like English *y:*

yo, mayo, ya, suya, cuyo, oye
This sound is also pronounced (ʒ) as in English *pleasure*, in certain parts of Spain and South America.

26 (r) This sound has nothing to do with the English *r* of *rope* which does not exist in Spanish. Spanish *r* is pronounced with a single flap of the tongue against the top gums, and for this reason is sometimes referred to as the 'flapped' *r* (compare the American pronunciation of *tt* in *letter*). Some English people use a flapped *r* in words like *narrow, sorrow, marriage*.

a) toro, cara, puro, irá, miré
At the end of an utterance it is sometimes given two or three flaps:
b) hablar, por, comer, vivir, sur
It can also be flapped more than once before a consonant. This is completely opposed to the English practice of not pronouncing the *r* in such positions (*cart, bird, port*).

c) (rp) (rb)   cuerpo, carpeta, árbol, corbata, barba
   (rt) (rd)   arte, torta, norte, tarde, Córdoba, izquierdo
   (rk) (rg)   arco, porque, cerca, organizar, alberque
   (rf)   por favor, perfecto, perfume, por fin, Orfeo
   (rs)   persona, sentarse, levantarse, Ursula, irse
   (rn) (rm) por nada, carne, vernos, arma, ermita
   (rx)   Argentina, urgente, conserje, Argelia, sargento
   (rθ)   Barcelona, tercero, tuerza, torcer, Murcia

After a consonant, for example in the combinations *pr, tr, cr, br, dr, gr*, it is particularly important to pronounce a flapped *r* and not an English one as in *brain, train, grain*. (Scottish students will find this easy.)

d) (pr)   empresa, representante, primero, comprendo, pronto
   (br)   hombre, ginebra, británico, lumbre, Ebro
   (tr)   tren, trabajo, central, cuatro, metro
   (dr)   Pedro, padre, madre, Londres, Madrid
   (fr)   frio, francés, fresco, frito, frontera
   (kr)   creo, escribo, secretaria, cruel, secreto
   (gr)   grande, gracias, negro, alegre, programa

27   (r̄)   This r is pronounced by trilling the tongue against the top gums (compare a very Scottish pronunciation of r), and is, therefore, sometimes referred to as the trilled r. It is the pronunciation given to the r at the beginning of a word:

a) río, rico, radio, repita, Rosa
It also occurs within a word (and is then written with a double letter: rr):

b) carro, perro, Mediterráneo, arroz, correr

28   (r) (r̄)   It is particularly important for the English student to distinguish between these two (r) sounds, not merely for reasons of good accent but because they are used to distinguish meanings:

pero (but)   para (for)   coro (chorus)
perro (dog)   parra (vine) corro (I run)

29   The following English sounds are not used in Spanish and must be particularly avoided when speaking Spanish:

(i)   as in   him, ship, rich
(a:)   as in   hard, park, sharp
(ɔ:)   as in   port, walk, nought
(ə:)   as in   bird, girl, church
(ə)   as in   cupboard, comfort, teacher
(v)   as in   very, veal, wave
(z)   as in   peas, rise, zoo
(ʃ)   as in   ship, motion, wash
(ʒ)   as in   pleasure, vision, azure
(dʒ)   as in   just, general, village
(r)   as in   right, rest, root
(h)   as in   hat, his, happy

30   The following Spanish sounds are not used in English and must be especially practised:

(β)   iba, abajo, uva
(ð)   nada, todo, Madrid
(r)   toro, cara, pero
(r̄)   río, radio, perro
(x)   jota, Jesús, general
(g)   agua, hago, luego
(ɦ)   llama, millón, silla
(eu)   neutro, deuda, Eugenia

31 The following wrong substitutions must be particularly avoided by an English student of Spanish:

(ei) instead of (e) in: cena, Teresa, Pepe
(ou) instead of (o) in: poco, cuando, Pablo
(b)   instead of (β) in: rubio, iba, abajo
(d)   instead of (ð) in: nada, todo, Cádiz
(g)   instead of (ɡ) in: agua, hago, luego
(z)   instead of (s) in: presidente, representante, casa
(h)   instead of (χ) in: mujer, trabajo, jefe
(l)   instead of (ʎ) in: ella, calle, caballero

English *t* in: té, todo, tren
English *d* in: dos, dar, día
English *r* in: toro, río, tren

Stress

32 Spanish words ending in a vowel stress the last syllable but one:

/ –	nada, casa, toro, para, digo
– / –	bonito, hermoso, familia, señora, leche
– – / –	señorita, aparato, estupendo, oficina, arquitecto
– – – / –	departamento, maravilloso, aproximado, representante, correspondencia
– – – – / –	inmediatamente, cuidadosamente, misteriosamente, desaparecido, extraordinario
– – – – – / –	aproximadamente, independientemente

33 Words ending in *n* or *s* also stress the last syllable but one, the reason being that these are often plural endings of words which in the singular end in a vowel:

/ –	noches, antes, casas, hablan, comen
– / –	entonces, paraguas, ingleses, señores, prefieren, hablaron
– – / –	senoritas, conocían, aprendieron
– – – / –	departamentos, americanos, maravillosos, representantes, certificaron, telegrafiaron

34 Words ending in a consonant (other than *n* or *s*) stress the last syllable:

– /	usted, hotel, señor, mujer
– – /	español, autocar, juventud, aprender, profesor
– – – /	ferrocarril, estupidez, barbaridad, garantizar, exportador
– – – – /	aparejador, telefonear, internacional, amabilidad, contabilidad
– – – – – /	responsabilidad, particularidad, particularizar

35 Some words are not stressed according to these rules, and these, when written, carry an accent over the vowel of the irregularly stressed syllable. Thus some words ending in a vowel or *n* or *s* stress the last syllable:

– /	aquí, está, también, avión, inglés, adiós
– – /	hablará, comeré, chacolí, alemán, autobús
– – – /	invitaré, preferirá, exportación, conversación, invitación
– – – – /	representación, administración, recuperación, imaginación

36 Some words ending in a vowel, *n* or *s* stress the last syllable but two:

    / – –   céntimo, número, máquina, últimos, tráigalo
   – / – –   muchísimo, teléfono, británico, periódico, kilómetro
  – – / – –   telefónico, frigorífico, periodístico, telegráfico, mecanógrafa
 – – – / – –   magnetofónico, paradisíaco, mediterráneo, arquitectónico, amabilísimo
– – – – / – –   interesantísimo, preocupadísimo, agradabilísimo

37 Others, especially some verb forms with two enclitic pronouns, stress the last syllable but three:

   / – – –   tráigamelo, póngaselas, cómprenosla
 – / – – –   escríbamela
– – / – – –   escribiéndomela

38 Some words ending in a consonant stress the last syllable but one:

   / –   Cádiz, lápiz, Pérez, fácil, cónsul, ángel
 – / –   González, Rodríguez, Domínguez, Gutiérrez, difícil

Sinalefa

39 One of the most marked characteristics of Spanish is the absence of the glottal stop and the very smooth linking of words in speech. When a word ending in a vowel is followed by a word beginning with a vowel, the two vowels are normally pronounced as one syllable. This is called 'sinalefa'. When the vowels are identical they are pronounced as one:

i-i	Mi‿hijo. Mi‿inglés. Casi‿impossible.
e-e	Tome‿esto ¿Dónde‿está? ¿Qué‿es eso?
a-a	Está‿aquí. Va‿a comer. ¿Está‿Antonio?
o-o	No‿oye. Compró‿otro. Ocho‿hombres.
u-u	Su‿uso. Su‿único hijo. Tu‿uniforme.
a-a-a	Va‿a‿Andalucía. Habla‿a‿Antonio.
e-e-e	Lee‿esto. Cree‿en todo.

40 When they are different, but are a combination of weak and strong or two weak vowels, they are pronounced as one syllable:

i-e	aquí está, allí en frente, mi enemigo
i-a	mi amigo, allí arriba, aquí abajo
i-o	mi hora, mi oficina, mi otra casa
i-u	mi uniforme, vi uno, y usted
e-i	hable inglés, parece inteligent, ¡Qué interesante!
e-u	sabe usted, tome un poco, compré uno
a-i	nuestra hija, una inglesa, el idioma inglés
a-u	traiga un plato, venga usted ¿Fuma usted?
o-i	nuestro hijo, hablo inglés, conozco Inglaterra
o-u	quiero un café, tomo una cerveza, fumo un poco
u-i	su hijo, tu interés
u-e	su español, su enemigo, tu estudio
u-a	su amigo, su abuelo, tu alemán
u-o	su hora, Perú o Cuba, tu otra casa

41 When two strong vowels (a,e,o) follow each other at the juncture between two words (e.g. me alegro, I am glad) one is stronger than the other (this depending on the particular stress pattern of the phrase):

a-e Habla‿español.   Hasta‿el domingo.
a-o Hasta‿otro día.   En la‿oficina.
e-a Me‿alegro.   Desde‿ahora.
e-o De‿once a doce.   El mes de‿octubre.
o-a Hablo‿alemán.   Escribo‿a máquina
o-e Claro‿está.   Todo‿el día.

42 Sometimes a cluster of three, four or even five and six vowels will be formed at the juncture of two or three words. As this does not happen in English, the English student will sometimes find himself stumbling in the middle of a phrase without quite knowing what is holding him up. If fluency is to be attained this feature must be specifically practised – steadily, unhurriedly, pronouncing all the vowels smoothly one after the other without swallowing the weaker ones as the temptation will be to do. Examples of three-vowel clusters:

eae Lea esto.   Llegué a Elche.
eoe Creo eso.   Veo el tren.
iae Vi a Elena.   Escribí a ella.
iai Vi a Isabel.   Escribí a Ignacio.
oau Hablo a usted.   Conozco a uno.
oae Conozco a él.   Hablo a ella.
oei Es educado e inteligente.   Americano e inglés.
ioa Un palacio antiguo.   Radio Andorra.
ouo Uno u otro.   Ocho u once.

43 Four-vowel clusters are:

eoau Veo a un amigo.
iaia Es seria y amable.
ioau Envidio a usted.
oiau Voy a una conferencia.
iaeu Una conferencia europea.

44 Identical consonants also tend to be pronounced as one, though they are then sometimes lengthened:

s-s las salas, las sombras, dos sillas
n-n sin nada, un novio, con nervio
l-l el lago, al lado, el loro
r-r El Mar‿Rojo, por radio, hablar Ruso
d-d Ciudad‿del Cabo, el Madrid‿de hoy

Intonation

45 When listening to a Spanish person speak, the English student will sometimes be aware of certain differences in the tone of voice used as compared with that which would be used in English, in a similar situation. It is important to recognize and use Spanish tones, in order not to give a wrong interpretation to a sentence heard, or to convey a meaning that you do not

intend. A detailed analysis of Spanish tone patterns is not necessary here, but a few specific remarks are to the point. As a general characteristic, the voice does not rise as high or fall as low in Spanish as it does in English. A tone that rises too high in Spanish sounds effeminate to a Spaniard; a tone that falls too low sounds over-emphatic. The following are a few of the common tone patterns:

46 The voice falls at the end of statements and orders as in English, but not as low as in English. To an English ear, it sounds more level and rather matter-of-fact and indifferent.

Está bien.	It's all right.
Estoy contento aquí.	I'm happy here.
Quiero café con leche.	I should like coffee with milk.
¡Pase Vd., por favor!	Come in, please!
Siéntese, por favor.	Sit down, please.
¡Oiga!	I say!

47 It also falls or remains level, in greetings and leave-takings, where in English it would rise or fall more. This again gives an impression (a false one of course), of dryness, indifference or even peremptoriness.

Encantado de conocerle.	Delighted to meet you.
¡Mucho gusto!	Pleased to meet you.
¡Buenos días!	Good morning!
¡Adiós!	Goodbye!
Hasta luego.	See you later.
Hasta pronto.	See you soon.

48 Questions requiring an information answer also use falling tone.

¿A qué hora sale el avión?	What time does the plane leave?
¿Para qué día es el billete?	What day is the ticket for?
¿Dónde vive Vd.?	Where do you live?
¿Cómo está Vd.?	How are you?

49 Questions requiring a Yes or No answer end with a rising' tone, but not as high as in English.

¿Tiene usted dinero?	Have you got any money?
¿Prefiere Vd. café?	Do you prefer coffee?
¿Está bien el hotel?	Is the hotel all right?

There are many variations in the tone of voice used in all languages. They are difficult to learn in the form of exercises but should be listened for and imitated right from the beginning. That is to say, when repeating a sentence, one should imitate the intonation as well as the individual sounds of the words.

Spelling

In Spanish, as a general rule, each sound is written in one way only, and each letter of the alphabet represents only one sound (with the few exceptions noted below and in the section on Pronunciation). There is thus a close correspondence between sounds and letters which makes it easy both to read Spanish aloud and to write from dictation. In the following explanations

we proceed from sound to letter, rather than from letter to sound, showing how each sound is
written rather than how each letter is pronounced.

In reading over the following paragraphs, we ask you to pronounce the sound first before
looking at the written forms and examples.

Vowels

Sound Spelling

(i)	i	pipa, cine, día, oficina, difícil
	y	voy, estoy, muy, Uruguay, ley
(e)	e	Pepe, leche, Teresa, este, pero
(a)	a	casa, Pablo, secretaria, gracias, está
(o)	o	todo, poco, hermoso, bonito, cómodo
(u)	u	mucho, gusto, estupendo, estudio, autobús

Diphthongs

Sound Spelling

(ei)	ei	reina, veinte, treinta, seis, aceite
	ey	rey, ley, buey
(eu)	eu	deuda, neutro, Europa, Eusebio, Eugenia
(ai)	ai	baile, traiga, raíles, sainete, Maite
	ay	hay, Uruguay, Paraguay, Guayana
(au)	au	automóvil, causa, Paula, restaurante, aula
(oi)	oi	oiga, boina
	oy	hoy, voy, soy, estoy, Alcoy
(ou)	ou	(Not found in single words, only in word juncture)
(ie)	ce	ingeniero, bien, fiesta, tierra, viene
(ia)	ia	estudiante, piano, familia, viaje, gracias
(io)	io	Antonio, negocio, rubio, idioma, ministerio
(iu)	iu	ciudad, viuda, Miura
(ui)	ui	Luisa, muy, Ruiz, cuidado, Suiza
(ui)	üi	pingüino, lingüistico
(ue)	ue	Manuel, furte, cuestión, puerta, frecuente
(ue)	üe	vergüenza, Sigüenza, bilingüe
(ua)	ua	cuando, guapo, agua, lengua, suave
(uo)	uo	cuota, continuo, averiguo, antiguo, duodécimo

Semi-consonants

Sound Spelling

(j)	i	tiene, hierro, viaje
	y	yo, mayo, suyo
(w)	u	cuidado, huevo, frecuente, cuando, agua
	w	(Only in foreign words): Washington

Consonants

Sound Spelling

(p)	p	Pablo, Pérez, pipa, Papa, prefiero
(b)	b	bonito, Barcelona, bien, bueno, barco

	v	voy, Valencia, conversación, viene, viuda
(β)	b	rubio, a Barcelona, abajo, arriba, de Bilbao
	v	uvas, levantarse, Sevilla, a Valencia, una viuda
(t)	t	te, también, fuerte, bonito, hotel
(d)	d	domingo, andar, doy, Duero, un día
(ð)	d	nada, cada, todo, pide, usted
(k)	c	When followed by (a), (o) or (u):
		casa, carta, con, cola, cura, Cuba
	qu	When followed by (i) or (e):
		aquí, quien, que, quiero, aquel
	k	Only in words borrowed from foreign languages:
		kilo, kilómetro
(kw)	cu	cuando, Ecuador, cuestión, cuota, cuidado
(ks)	x	taxi, explicar, extender, exponer, extinguir
(kθ)	cc	acción, dirección, protección, construcción, producción
(g)	g	When followed by (a), (o) or (u):
		García, González, Congo, domingo, gusto
	gu	When followed by (i) or (e):
		Guillermo, águila, seguir, guerra, Portugués
(ɣ)	g	luego, hago, a García, de González, agua
(gw)	gu	When followed by (a):
		guapo, lengua, Uruguay, Paraguay, Nicaragua
	gü	When followed by (i) or (e):
		lingüístico, vergüenza, Sigüenza, pingüino
(f)	f	fiesta, frío, profesor, azafata, fumar
(s)	s	Sevilla, profesor, presidente, buenos, representante
(χ)	j	Before any vowel:
		jira, Jerez, ejercicio, Jaca, José, jugo, junto
	g	Before (i) or (e):
		Gibraltar, ginebra, general, gente, giro
(θ)	z	Before or after any vowel (or at the end of a syllable):
		Zaragoza, zeta, zona, zumo, luz
	c	Before (i) or (e):
		cine, cifra, cero, cena, conoce
(tʃ)	ch	chico, muchacho, churros, charla, cheque
(m)	m	madre, Zamora, médico, fumar, muy
	n	*Before v, p, or b:* conversación, en parte, un bebé
(n)	n	nada, nuevo, viene, bien, antes
(ɲ)	ñ	año, niño, ñoño, España, Cataluña
(ŋ)	n	Before (c) or (g):
		Inca, ancla, Congo, domingo, hongo
(l)	l	Londres, Andalucía, feliz, hotel, cual
(ʎ)	ll	llama, muralla, millón, paella, Melilla
(r)	r	mirar, pero, toro, caro, favor, tarde, hombre, grande
(ř)	rr	perro, mediterráneo, Inglaterra, ahorro, barrio
	r	radio, rico, Enrique, red, rosa, rutina
(-)	s	*Sometimes not pronounced before r:*
		las rosas, las revistas, los ríos
	j	*Sometimes not pronounced at end of word:* reloj

d   *Sometimes not pronounced at end of word:*
    Madrid, red, realidad, verdad, salud
h   *Never pronounced:*
    hora, hombre, ahora, hoy, hay

Accentuation

There is only one written accent in Spanish and it is used to indicate irregular stress, not the quality of a vowel sound as in French. It is thus found in words which are not stressed according to the rules. An accent is used therefore when writing the following words:

1   Those ending in a vowel or *n* or *s* which do not stress the last syllable but one:

está, esté, aquí, marchó, Panamá, Perú
autobús, inglés, francés, portugués, París, avión, también, alemán
teléfono, británico, miércoles, dígame, óigame, Málaga, Córdoba, México

2   Those that end in a consonant (other than *n* or *s*) which do not stress the last syllable:

difícil, cónsul, lápiz, González, Cádiz, Gutiérrez, rádar

3   Those containing a weak and a strong vowel with the stress on the weak vowel (thus breaking the diphthong):

país, raíz, baúl, leí, reír, oír, ateísmo
día, todavía, compañía, río, grúa, acentúa, continúa

4   Those containing the two weak vowels *iu* or *ui* but with the stress on the first vowel instead of the second as is normal in these diphthongs:

flúido

5   An accent is also used to distinguish different meanings of certain words which fall in two different grammatical categories.

A few examples are:

el (the)	mi (my)	tu (your)	si (if)	mas (but)
él (he)	mí (me)	tú (you)	sí (yes)	más (more)
este (this)	ese (that)	se (oneself)	solo (alone)	
éste (this one)	ése (that one)	sé (I know)	sólo (only)	
donde (where)	cuando (when)	como (like, as)	que (that, than)	
¿Dónde? (Where?)	¿Cuándo? (When?)	¿Cómo? (How?)	¿Qué? (What?)	

d *Sometimes not pronounced at end of word:*
   Madrid, red, realidad, verdad, salud
h *Never pronounced:*
   hora, hombre, ahora, hoy, hay

Accentuation

There is only one written accent in Spanish and it is used to indicate irregular stress, not the quality of a vowel sound as in French. It is thus found in words which are not stressed according to the rules. An accent is used therefore when writing the following words:

1 Those ending in a vowel or *n* or *s* which do not stress the last syllable but one:

está, esté, aquí, marchó, Panamá, Perú
autobús, inglés, francés, portugués, París, avión, también, alemán
teléfono, británico, miércoles, dígame, óigame, Málaga, Córdoba, México

2 Those that end in a consonant (other than *n* or *s*) which do not stress the last syllable:

difícil, cónsul, lápiz, González, Cádiz, Gutiérrez, rádar

3 Those containing a weak and a strong vowel with the stress on the weak vowel (thus breaking the diphthong):

país, raíz, baúl, leí, reír, oír, ateísmo
día, todavía, compañía, río, grúa, acentúa, continúa

4 Those containing the two weak vowels *iu* or *ui* but with the stress on the first vowel instead of the second as is normal in these diphthongs:

flúido

5 An accent is also used to distinguish different meanings of certain words which fall in two different grammatical categories.

A few examples are:

el (the)	mi (my)	tu (your)	si (if)	mas (but)
él (he)	mí (me)	tú (you)	sí (yes)	más (more)
este (this)	ese (that)	se (oneself)	solo (alone)	
éste (this one)	ése (that one)	sé (I know)	sólo (only)	
donde (where)	cuando (when)	como (like, as)	que (that, than)	
¿Dónde? (Where?)	¿Cuándo? (When?)	¿Cómo? (How?)	¿Qué? (What?)	

Una equivocación A mistake

Today Mr Short has a slight brush with the people who supply his stationery. They have sent him a bill for some things that have already been paid for, but a telephone call to the manager of the shop soon puts the matter right and the shop discovers the cause of the error. While they are on the phone, Mr Short takes the opportunity of reminding them of an order for files which he has made and which he has not yet received. He is told that they will be delivered the next day without fail.

In this Unit, you will meet for the first time the regular forms of the Past Tense. These additional verb forms will allow you to talk about the past and thus to express a range of ideas and actions not touched on before. After a few examples included in the dialogue, the tense is presented systematically in the expansion exercise, but somewhat formalistically so that you will obtain a clear idea of this part of the conjugation. It is an important tense, used frequently in daily conversation as well as in writing. (It is not an exclusively literary form as its equivalent is in French.)

The conversation exercises give an opportunity for freer and more natural practice of the Past Tense, based as they are on shopping situations and on a discussion of what you did yesterday. Practically no other new language patterns are brought into this Unit, so that you may devote most of your time and attention to the new verb forms.

El Sr. Short llama por teléfono a la papelería

1.	ENCARGADO	– Dígame.
2.	SR. SHORT	– He recibido una factura de Vds. esta mañana.
3.	ENCARGADO	– Sí, señor.
4.	SR. SHORT	– Pues ya está pagada.
5.	ENCARGADO	– ¿Ah, sí? ¿Cómo la pagó, en metálico o por cheque?
6.	SR. SHORT	– En metálico, no. La pagué por cheque.
7.	ENCARGADO	– ¿Cuándo la pagó Vd.?
8.	SR. SHORT	– La pagué cuando nos mandaron Vds. el material.
9.	ENCARGADO	– Pues ¡qué raro! Voy a comprobarlo.
10.	SR. SHORT	– Bien. Espero . . .

11.	ENCARGADO	– Sr. Short, hemos encontrado su cheque.
12.	SR. SHORT	– ¡Ah, cuánto me alegro! ¿Qué pasó? ¿Lo perdieron?
13.	ENCARGADO	– No, no lo perdimos.
14.	SR. SHORT	– ¿Qué pasó entonces?
15.	ENCARGADO	– Pues un empleado lo metió entre sus papeles y lo olvidó.
16.	SR. SHORT	– Bueno, entonces todo está bien.
17.	ENCARGADO	– Sí, perdone Vd. esta molestia.

18.	SR. SHORT	– No tiene importancia. A propósito, hace unos días les mandamos otro pedido de carpetas.
19.	ENCARGADO	– Sí, lo recibimos anteayer.
20.	SR. SHORT	– Pues todavía no las hemos recibido.
21.	ENCARGADO	– Sí, ya lo sé. Su secretaria me llamó esta mañana para decírmelo.
22.	SR. SHORT	– Es que nos urgen mucho. ¿Cuándo pueden mandárnoslas?
23.	ENCARGADO	– Mañana mismo se las mandamos.
24.	SR. SHORT	– Muy bien, se lo agradezco.

Repita de oído las frases siguientes:

1. Un día, el Sr. Short compró material de oficina.
   Un día, el Sr. Short compró en la papelería material de oficina.
   Un día, el Sr. Short compró en la papelería material de oficina y lo pagó por cheque.

2. El empleado metió el cheque entre sus papeles.
   El empleado que le atendió metió el cheque entre sus papeles.
   El empleado que le atendió metió el cheque entre sus papeles y lo olvidó.

3. La papelería envió otra vez la factura.
   Cuando la papelería envió otra vez la factura, el Sr. Short les telefoneó.
   Cuando la papelería envió otra vez la factura, el Sr. Short les telefoneó para quejarse.

4. En la tienda buscaron el cheque.
   En la tienda buscaron el cheque y lo encontraron.
   En la tienda buscaron el cheque y lo encontraron entre los papeles del empleado.

5. El encargado llamó inmediatamente al Sr. Short.
   El encargado llamó inmediatamente al Sr. Short y se disculpó.
   El encargado llamó inmediatamente al Sr. Short y se disculpó por la equivocación.

6. Al mismo tiempo, el Sr. Short reclamó unas carpetas.
   Al mismo tiempo, el Sr. Short reclamó unas carpetas y el encargado se las prometió.
   Al mismo tiempo, el Sr. Short reclamó unas carpetas y el encargado se las prometió para el día siguiente.

Cuestionario

Conteste con frases largas:

1. ¿Qué hizo el Sr. Short un día?
2. ¿Qué hizo el empleado de la papelería?
3. ¿Qué pasó entonces y qué hizo el Sr. Short?
4. ¿Qué hicieron en la tienda?
5. ¿Qué hizo el encargado?
6. ¿Qué hizo el Sr. Short al mismo tiempo?

Dictado escrito

Escriba el párrafo siguiente dictado por frases enteras:

Un día el Sr. Short compró en la papelería material de oficina y lo pagó por cheque. / El empleado que le atendió metió el cheque entre sus papeles y lo olvidó. / Cuando la papelería envió otra vez la factura, el Sr. Short les telefoneó para quejarse. / En la tienda buscaron el cheque y lo encontraron entre los papeles del empleado. / El encargado llamó inmediatamente al Sr. Short y se disculpó por la equivocación. / Al mismo tiempo, el Sr. Short reclamó unas carpetas y el encargado se las prometió para el día siguiente.

Ampliación   19

LO QUE HICE AYER

-ar
1. Me desperté a las 7.
2. Me levanté a las 7.15.
3. Me lavé en el cuarto de baño.
4. Desayuné a las 7.45.
5. Comprobé la hora.
6. Llegué a la oficina a las 9.

-er
7. Volví a casa a la 1.
8. Comí de 1 a 2.
9. Vi venir el autobús.
10. Corrí hacia la parada.
11. Perdí el autobús.
12. Cogí el siguiente.

-ir
13. En la oficina recibí el correo.
14. Escribí unas cartas.
15. Salí a las 5.
16. Subí en el ascensor hasta mi casa.
17. Oí la radio.
18. Dormí 8 horas.

LO QUE HIZO ÉL AYER

-ar
1. Se despertó a las 7.
2. Se levantó a las 7.15.
3. Se lavó en el cuarto de baño.
4. Desayunó a las 7.45.
5. Comprobó la hora.
6. Llegó a la oficina a las 9.

-er
7. Volvió a casa a la 1.
8. Comió de 1 a 2.
9. Vio venir el autobús.
10. Corrió hacia la parada.
11. Perdió el autobús.
12. Cogió el siguiente.

-ir
13. En la oficina recibió el correo.
14. Escribió unas cartas.
15. Salió a las 5.
16. Subió en el ascensor hasta su casa.
17. Oyó la radio.
18. Durmió 8 horas.

LO QUE HICIMOS AYER

-ar
1. Nos despertamos a las 7.
2. Nos levantamos a las 7.15.
3. Nos lavamos en el cuarto de baño.
4. Desayunamos a las 7.45.
5. Comprobamos la hora.
6. Llegamos a la oficina a las 9.

-er
7. Volvimos a casa a la 1.
8. Comimos de 1 a 2.
9. Vimos venir el autobús.
10. Corrimos hacia la parada.
11. Perdimos el autobús.
12. Cogimos el siguiente.

-ir
13. En la oficina recibimos el correo.
14. Escribimos unas cartas.
15. Salimos a las 5.
16. Subimos en el ascensor hasta nuestra casa.
17. Oímos la radio.
18. Dormimos 8 horas.

LO QUE HICIERON ELLOS AYER

-ar
1. Se despertaron a las 7.
2. Se levantaron a las 7.15.
3. Se lavaron en el cuarto de baño.
4. Desayunaron a las 7.45.
5. Comprobaron la hora.
6. Llegaron a la oficina a las 9.

-er
7. Volvieron a casa a la 1.
8. Comieron de 1 a 2.
9. Vieron venir el autobús.
10. Corrieron hacia la parada.
11. Perdieron el autobús.
12. Cogieron el siguiente.

-ir
13. En la oficina recibieron el correo.
14. Escribieron unas cartas.
15. Salieron a las 5.
16. Subieron en el ascensor hasta su casa.
17. Oyeron la radio.
18. Durmieron 8 horas.

Prácticas

139 Todos los días hablo con el jefe.
Todos los días tomo el autobús.
Todos los días escucho la radio.
Todos los días me equivoco.
Todos los días leo el periódico.
Todos los días aprendo algo.
Todos los días abro el correo.

– Esta mañana hablé con el jefe.
– Esta mañana tomé el autobús.
– Esta mañana escuché la radio.
– Esta mañana me equivoqué.
– Esta mañana leí el periódico.
– Esta mañana aprendí algo.
– Esta mañana abrí el correo.

140 ¿Cuándo llega el director?
¿Cuándo se marcha el director?
¿Cuándo se casa Pablo?
¿Cuándo vuelve Teresa?
¿Cuándo sale el informe?
¿Cuándo termina la reunión?

– Llegó hace unos días.
– Se marchó hace unos días.
– Se casó hace unos días.
– Volvió hace unos días.
– Salió hace unos días.
– Terminó hace unos días.

141 ¿Han llegado sus amigos?
¿Han salido las cartas?
¿Han acabado los ingenieros?
¿Han vuelto los botones?
¿Han comido los empleados?
¿Han escrito sus hermanos?
¿Han llamado sus padres?

– Sí, llegaron hace una hora.
– Sí, salieron hace una hora.
– Sí, acabaron hace una hora.
– Sí, volvieron hace una hora.
– Sí, comieron hace una hora.
– Sí, escribieron hace una hora.
– Sí, llamaron hace una hora.

142 ¿Pagaron Vds. la factura?
¿Mandaron Vds. el material?
¿Perdieron Vds. el cheque?
¿Recibieron Vds. las carpetas?
¿Encontraron Vds. las copias?
¿Comprobaron Vds. la cuenta?
¿Vieron Vds. al cliente?

– Sí, la pagamos.
– Sí, lo mandamos.
– Sí, lo perdimos.
– Sí, las recibimos.
– Sí, las encontramos.
– Sí, la comprobamos.
– Sí, le vimos.

143 Nosotros pagamos el cheque, ¿verdad?
Vds.
El encargado
Yo
encontrar
Vd.
Las chicas
Nosotros

– Nosotros pagamos el cheque, ¿verdad?
– Vds. pagaron el cheque, ¿verdad?
– El encargado pagó el cheque, ¿verdad?
– Yo pagué el cheque, ¿verdad?
– Yo encontré el cheque, ¿verdad?
– Vd. encontró el cheque, ¿verdad?
– Las chicas encontraron el cheque, ¿verdad?
→ Nosotros encontramos el cheque, ¿verdad?

144 ¿Dónde metió Vd. los papeles?
Vds.
nosotros
Yo
ver
el encargado
los empleados
nosotros

– ¿Dónde metió Vd. los papeles?
– ¿Dónde metieron Vds. los papeles?
– ¿Dónde metimos los papeles?
– ¿Dónde metí los papeles?
– ¿Dónde vi los papeles?
– ¿Dónde vio el encargado los papeles?
– ¿Dónde vieron los empleados los papeles?
– ¿Dónde vimos los papeles?

145 Este señor es muy raro.
Estos lápices son muy buenos.
Este folleto es muy interesante.
Estas mesas son muy caras.
Las francesas son muy elegantes.
El español es muy fácil.

– Sí, ¡qué raro es!
– Sí, ¡qué buenos son!
– Sí, ¡qué interesante es!
– Sí, ¡qué caras son!
– Sí, ¡qué elegantes son!
– Sí, ¡qué fácil es!

146 Me alegro mucho.	– ¡Cuánto me alegro!
Lo siento mucho.	– ¡Cuánto lo siento!
Trabaja Vd. mucho.	– ¡Cuánto trabaja Vd.!
Come Vd. mucho.	– ¡Cuánto come Vd.!
Sabe Vd. mucho.	– ¡Cuánto sabe Vd.!
Juan habla mucho.	– ¡Cuánto habla Juan!
147 Ese chico trabaja muy bien.	– ¡Qué bien trabaja ese chico!
Esa chica habla muy mal.	– ¡Qué mal habla esa chica!
El encargado se levanta muy temprano.	– ¡Qué temprano se levanta el encargado!
El jefe termina pronto.	– ¡Qué pronto termina el jefe!
La secretaria escribe muy de prisa.	– ¡Qué de prisa escribe la secretaria!
El chico sabe muy poco.	– ¡Qué poco sabe el chico!
148 ¿Es urgente el telegrama?	– Sí, me urge mucho.
¿Es urgente la carta?	– Sí, me urge mucho.
¿Son urgentes los folletos?	– Sí, me urgen mucho.
¿Son urgentes los cables?	– Sí, me urgen mucho.
¿Es urgente el pedido?	– Sí, me urge mucho.
¿Son urgentes las carpetas?	– Sí, me urgen mucho.
149 ¿Cuándo puede mandarme las carpetas?	– Mañana mismo se las mando.
¿Cuándo puede mandarme el material?	– Mañana mismo se lo mando.
¿Cuándo puede mandarme las máquinas?	– Mañana mismo se las mando.
¿Cuándo puede mandarme el cheque?	– Mañana mismo se lo mando.
¿Cuándo puede mandarme los folletos?	– Mañana mismo se los mando.
¿Cuándo puede mandarme la factura?	– Mañana mismo se la mando.
¿Cuándo puede mandarme los recibos?	– Mañana mismo se los mando.
150 ¿Qué compró el Sr. Short en la papelería?	– Compró material de oficina.
¿Cómo lo pagó?	– Lo pagó por cheque.
¿Quién le atendió?	– Le atendió un empleado.
¿Dónde metió el empleado el cheque?	– Lo metió entre sus papeles.
¿Lo perdieron?	– No, no lo perdieron.
¿Qué hicieron con la factura?	– Se la enviaron otra vez al Sr. Short.
¿Qué hizo el Sr. Short?	– Llamó al encargado y protestó.
¿Buscaron el cheque?	– Sí, lo buscaron.
¿Encontraron el cheque?	– Sí, lo encontraron.
¿Qué hizo el encargado?	– Se disculpó.
¿Qué reclamó el Sr. Short?	– Reclamó unas carpetas.
¿Qué prometió el encargado?	– Prometió mandárselas al día siguiente.

Ayer el Sr. Short fue a comprar unas cosas y un amigo le hizo las preguntas siguientes.
Practíquense estas conversaciones y háganse otras parecidas entre los alumnos basándose en los
detalles de la página de enfrente. Los precios mencionados son aproximados.

AMIGO	SR. SHORT
¿Compró té?	– Sí, compré té.
¿Cuánto compró?	– Compré un paquete.
¿De qué clase?	– Té indio.
¿Cuánto le costó?	– Me costó 30 pesetas.
¿Qué compró?	– Compré un paquete de té indio que me costó 30 pesetas.
¿Compró Vd. leche?	– Sí, compré leche.
¿Cuánta?	– Un bote.
¿De qué clase?	– Condensada.
¿Cuánto le costó?	– Me costó 16 pesetas.
¿Qué compró?	– Compré un bote de leche condensada que me costó 16 pesetas.
¿Compró Vd. azúcar?	– Sí, compré azúcar.
¿Cuánta compró?	– Compré un kilo.
¿De qué clase?	– Morena.
¿Cuánto le costó?	– Me costó 25 pesetas.
¿Qué compró?	– Compré un kilo de azúcar morena que me costó 25 pesetas.
¿Qué compró Vd. en el supermercado?	– Compré un paquete de té indio que me costó 30 pesetas, un bote de leche condensada que me costó 16 pesetas, y un kilo de azúcar morena que me costó 25 pesetas.
¿Cuánto le costó en total?	– En total me costó 71 pesetas.

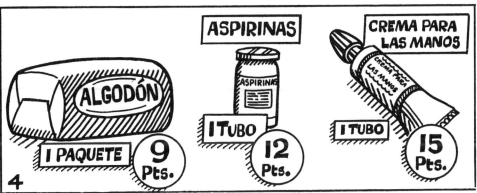

Vd. entró el sábado en una tienda y eligió un abrigo azul marino de la talla No. 42. En la tienda se encargaron de mandárselo a casa. El lunes se lo mandaron; Vd. lo pagó, abrió el paquete y vió que era de color gris. Miró el número de la talla y vió que era el número 40. Hoy, que es martes, va Vd. a la tienda a que le cambien el abrigo gris por el que Vd. eligió.

EMPLEADO	VD.
– Buenos días, ¿qué désea Vd. ?	– Quiero que me cambie . . .
– ¿Me permite verlo ?	– ....
– ¿Por qué quiere cambiarlo ?	– ....otro.........
– ¿Eligió Vd. este mismo color ?	– No.........
– ¿Se probó Vd. el otro abrigo ?	– Sí.........
– ¿De qué talla era ?	– ....
– ¿Cuándo lo compró Vd. ?	– ....
– ¿Sabe Vd. qué dependiente le atendió ?	– No recuerdo (No me acuerdo).
– ¿Se lo llevó Vd. a casa ?	– ....
– Entonces ha sido el nuevo empleado. Perdone Vd.	– ....
– ¿Qué color ha dicho que quiere Vd. ?	– ....
– La talla 42, ¿verdad ?	– ....
– ¿Dónde pagó Vd. el abrigo ? ¿Aquí, en la tienda ?	– No.........
– ¿Tiene Vd. la nota ?	– Sí.........
– ¿Pagó Vd. el precio del gris ?	– Sí.........
– Siento que tenga que abonar 50 pesetas más.	– ....
– ¿Quiere que le mandemos el abrigo a casa ?	– ....
– Perdone por la equivocación.	

Charla Cómo pasé el día de ayer 19

Dé Vd. una charla breve sobre este tema basándose en el siguiente guión, y el vocabulario indicado:

1. Antes de ir a trabajar — despertarse, encender la luz, levantarse, lavarse, vestirse, desayunar, tomar, beber, salir, leer, apagar la luz, la radio

2. En la calle — pasar por, cruzar, bajar, subir, tomar, mirar, hablar

3. En el autobús — subir, pagar, sentarse, hablar, mirar, escuchar

4. En la oficina — trabajar, hablar, telefonear, archivar, escribir, leer, firmar, recibir, mandar, dictar

5. La comida — entrar, volver, sentarse, comer, beber, tomar, tardar

6. La merienda — merendar, tomar, beber, sentarse

7. Las visitas — visitar, hablar, enseñar, jugar, mirar, quedar (en algo), escuchar, marcharse.

8. Las conversaciones — charlar, hablar, discutir, cambiar impresiones, aconsejar, decidir

9. Llamadas telefónicas — preguntar, hablar, quedar (en), despedirse, enterarse

10. La vuelta a casa — dejar de trabajar, volver, tomar, pagar, subir, bajar, abrir, cerrar, echar el cerrojo, encender

11. En casa por la tarde y por la noche — quitarse el abrigo, cambiarse de ropa, trabajar, guisar, escribir, telefonear, mirar, ver, leer, escuchar, estudiar, jugar, cenar, descansar, acostarse

Now that Mr Short is staying in Spain for a few months and has his wife with him, he wishes to open a personal bank account and to have money transferred occasionally from England. In the dialogue, we hear him changing some traveller's cheques at the bank and making the necessary arrangements to open a current account. He hands in a letter of reference, fills in an application form (*una hoja de solicitud*), pays in ten thousand pesetas to open the account and is given a cheque book (*un talonario*).

This dialogue is followed by an oral and written dictation, and an expansion exercise describing a visit to the bank by Mr and Mrs Short. Finance is also the theme of the conversation section, which deals with a situation at a bank, a discussion of banking services in Great Britain and a prepared talk on how the average British person spends his money.

The grammar is again centred mainly on the Past Tense, but we also introduce another common use of the Present Subjunctive, this time to express the idea of purpose. In a sentence such as: 'He has opened a bank account so that they may send him money from England' it is not stated that they 'do' in fact, send the money (*mandan*), but only that the account has been opened 'so that they may send' it (*para que manden*). The form *mandan* expresses fact and is known as the Indicative mood. The form *manden* expresses purpose in this case, and is called the Subjunctive mood of the verb. The difference between stating a fact and expressing an attitude towards it, such as intention, requires a difference in verb-ending in Spanish where in English it is expressed by using 'can' or 'may' or 'will' or 'shall' or 'should' with the verb (so that they 'can' send, so that they 'may' send, etc.). The habit of using the Subjunctive, and especially of feeling the need for it, is not acquired in a few hours of study. The forms themselves are easy to learn, but their instinctive use is only acquired through much practice and a good deal of conscious effort at first.

Diálogo En el banco

1. EMPLEADO — Buenos días.
2. SR. SHORT — Buenos días. Quiero cobrar estos cheques de viajero.
3. EMPLEADO — Sí, señor, ¿cuántos son?
4. SR. SHORT — Diez de cinco libras cada uno.
5. EMPLEADO — ¿Cómo quiere Vd. el dinero?
6. SR. SHORT — Cuatro billetes de mil y el resto en billetes de cien pesetas, si me hace el favor.
7. EMPLEADO — ¿Me permite su pasaporte?
8. SR. SHORT — Tenga. ¿Cuál es el tipo de cambio actual?
9. EMPLEADO — Ciento sesenta y ocho pesetas con sesenta céntimos . . . Aquí tiene Vd.

10. SR. SHORT — También quisiera abrir una cuenta corriente.
11. EMPLEADO — ¿Tiene Vd. alguna referencia?
12. SR. SHORT — Sí, tengo una del gerente de una compañía española.
13. EMPLEADO — Ah, muy bien. Si tiene la bondad de rellenar esta hoja de solicitud.
14. SR. SHORT — Un momento . . . ya está.
15. EMPLEADO — También necesito registrar su firma. ¿Me hace el favor de firmar esta hoja?
16. SR. SHORT — ¿Pongo mi nombre completo o sólo las iniciales y el apellido?
17. EMPLEADO — Su firma normal.
18. SR. SHORT — Bien, aquí la tiene.

19. EMPLEADO — ¿Qué cantidad quiere Vd. ingresar para abrir la cuenta?
20. SR. SHORT — De momento, voy a ingresar 10.000 pesetas.
21. EMPLEADO — Bien . . . Su talonario.
22. SR. SHORT — ¿Qué tengo que hacer para que me manden dinero de Inglaterra?
23. EMPLEADO — Pues muy sencillo. Vd. escribe a su banco en Inglaterra dándoles instrucciones para que transfieran la cantidad que sea a su cuenta en este banco. Nada más.
24. SR. SHORT — Bien, lo voy a hacer hoy mismo. Muchas gracias por su amabilidad. Adiós.

1. Dictado verbal

Repita de oído las frases siguientes:

1. El Sr. Short va al banco.
   Una mañana el Sr. Short va al banco.
   Una mañana el Sr. Short va al banco a cobrar unos cheques de viajero.

2. Entrega las divisas.
   Entrega las divisas y le ruega al empleado que le dé el cambio.
   Entrega las divisas y le ruega al empleado que le dé el cambio en billetes de mil y de cien pesetas.

3. Luego abre una cuenta corriente.
   Luego abre una cuenta corriente para que le puedan transferir dinero.
   Luego abre una cuenta corriente para que le puedan transferir dinero de Inglaterra.

4. El empleado le da una hoja de solicitud.
   El empleado le da una hoja de solicitud para que la rellene.
   El empleado le da una hoja de solicitud para que la rellene y otra hoja para que la firme.

5. El Sr. Short ingresa 10.000 pesetas en la cuenta.
   El Sr. Short ingresa 10.000 pesetas en la cuenta y el empleado le da un talonario.
   El Sr. Short ingresa 10.000 pesetas en la cuenta y el empleado le da un talonario para que pueda extender cheques.

6. El Sr. Short va a escribir a su banco en Inglaterra.
   El Sr. Short va a escribir a su banco en Inglaterra, diciéndoles que transfieran dinero.
   El Sr. Short va a escribir a su banco en Inglaterra, diciéndoles que transfieran dinero a su cuenta en el banco español.

2. Cuestionario

Conteste con frases largas:

1. ¿Qué hace el Sr. Short una mañana?
2. ¿Qué hace primero en el banco?
3. ¿Luego qué hace?
4. ¿Qué hace el empleado?
5. ¿Qué ingresa?
6. ¿Qué va a hacer ahora el Sr. Short?

3. Dictado escrito

Escriba el párrafo siguiente dictado por frases enteras:

Una mañana el Sr. Short va al banco a cobrar unos cheques de viajero. / Entrega las divisas y le ruega al empleado que le dé el cambio en billetes de mil y de cien pesetas. / Luego abre una cuenta corriente para que le puedan transferir dinero de Inglaterra. / El empleado le da una hoja de solicitud para que la rellene y otra hoja para que la firme. / El Sr. Short ingresa 10.000 pesetas en la cuenta y el empleado le da un talonario para que pueda extender cheques. / El Sr. Short va a escribir a su banco en Inglaterra, diciéndoles que transfieran dinero a su cuenta en el banco español.

La semana pasada
el Sr. Short decidió ir al banco.

La semana pasada
los Sres. de Short decidieron ir al banco.

LO QUE HIZO

1. Entró en el banco,
2. saludó al empleado,
3. sacó su talonario del bolsillo,
4. firmó un cheque,
5. y se lo presentó al empleado, que le entregó un número.
6. Esperó unos minutos.
7. Un cajero anunció su número.
8. El Sr. Short se acercó a la ventanilla,
9. y entregó su número.
10. El empleado abrió el cajón,
11. sacó unos billetes,
12. y se los entregó al Sr. Short.
13. El Sr. Short cogió los billetes,
14. los metió en su cartera,
15. y salió a la calle.

LO QUE HICIERON

1. Entraron en el banco,
2. saludaron al empleado,
3. sacaron sus talonarios del bolsillo,
4. firmaron dos cheques,
5. y se los presentaron al empleado, que les entregó dos números.
6. Esperaron unos minutos.
7. Dos cajeros anunciaron sus números.
8. Los Sres. de Short se acercaron a las ventanillas,
9. y entregaron sus números.
10. Los empleados abrieron los cajones,
11. sacaron unos billetes,
12. y se los entregaron a los Sres. de Short.
13. Los Sres. de Short cogieron los billetes,
14. los metieron en sus carteras,
15. y salieron a la calle.

LO QUE DICE EL SR. SHORT

1. Entré en el banco,
2. saludé al empleado,
3. saqué mi talonario del bolsillo,
4. firmé un cheque,
5. y se lo presenté al empleado, que me entregó un número.
6. Esperé unos minutos.
7. Un cajero anunció mi número,
8. me acerqué a la ventanilla,
9. y entregué mi número.
10. El empleado abrió el cajón,
11. sacó unos billetes,
12. y me los entregó.
13. Cogí los billetes,
14. los metí en mi cartera,
15. y salí a la calle.

LO QUE DICEN LOS SRES. DE SHORT

1. Entramos en el banco,
2. saludamos al empleado,
3. sacamos nuestros talonarios del bolsillo,
4. firmamos dos cheques,
5. y se los presentamos al empleado, que nos entregó dos números.
6. Esperamos unos minutos.
7. Dos cajeros anunciaron nuestros números.
8. Nos acercamos a las ventanillas,
9. y entregamos nuestros números.
10. Los empleados abrieron los cajones,
11. sacaron unos billetes,
12. y nos los entregaron.
13. Cogimos los billetes,
14. los metimos en nuestras carteras,
15. y salimos a la calle.

151 Firme esta hoja, por favor. — ¿Me hace el favor de firmar esta hoja?
Rellene esta hoja, por favor. — ¿Me hace el favor de rellenar esta hoja?
Deme un talonario, por favor. — ¿Me hace el favor de darme un talonario?
Ponga su nombre completo, por favor. — ¿Me hace el favor de poner su nombre completo?

Transfiera el dinero, por favor. — ¿Me hace el favor de transferir el dinero?
Mande el dinero, por favor. — ¿Me hace el favor de mandar el dinero?

152 ¿Presentó Vd. el cheque? — Sí, lo presenté.
¿Presentó Vd. el cheque al cajero? — Sí, se lo presenté.
¿Presentó Vd. los cheques? — Sí, los presenté.
¿Presentó Vd. los cheques al cajero? — Sí, se los presenté.
¿Entregó Vd. la cartera? — Sí, la entregué.
¿Entregó Vd. la cartera al cajero? — Sí, se la entregué.
¿Entregó Vd. las libras? — Sí, las entregué.
¿Entregó Vd. las libras al cajero? — Sí, se las entregué.

153 ¿Mandó Vd. el dinero? — Sí, lo mandé.
¿Mandó Vd. el dinero a sus hijos? — Sí, se lo mandé.
¿Mandó Vd. las divisas? — Sí, las mandé.
¿Mandó Vd. las divisas a los representantes? — Sí, se las mandé.
¿Envió Vd. los pedidos? — Sí, los envié.
¿Envió Vd. los pedidos a los representantes? — Sí, se los envié.
¿Escribió Vd. la circular? — Sí, la escribí.
¿Escribió Vd. la circular a las secretarias? — Sí, se la escribí.

154 ¿Puede Vd. darme el dinero? — No, no puedo dárselo.
¿Puede Vd. darme las divisas? — No, no puedo dárselas.
¿Puede Vd. darme una libra? — No, no puedo dársela.
¿Puede Vd. darme los talonarios? — No, no puedo dárselos.
¿Quiere Vd. firmarme estas hojas? — No, no quiero firmárselas.
¿Quiere Vd. firmarme este cheque? — No, no quiero firmárselo.
¿Quiere Vd. firmarme estos cheques? — No, no quiero firmárselos.

155 ¿Puede Vd. darme el dinero? — No, no se lo puedo dar.
¿Puede Vd. darme las divisas? — No, no se las puedo dar.
¿Puede Vd. darme una libra? — No, no se la puedo dar.
¿Puede Vd. darme los talonarios? — No, no se los puedo dar.
¿Quiere Vd. firmarme estas hojas? — No, no se las quiero firmar.
¿Quiere Vd. firmarme este cheque? — No, no se lo quiero firmar.
¿Quiere Vd. firmarme estos cheques? — No, no se los quiero firmar.

156 ¿Necesita Vd. este dinero? — Sí, démelo, por favor.
¿Necesita Vd. estas pesetas? — Sí, démelas, por favor.
¿Necesita Vd. estos clips? — Sí, démelos, por favor.
¿Necesita Vd. esta goma? — Sí, démela, por favor.
¿Necesita Vd. estos billetes? — Sí, démelos, por favor.
¿Necesita Vd. esta libra? — Sí, démela, por favor.
¿Necesita Vd. estas cosas? — Sí, démelas, por favor.

157 Haga el favor de venir. — Le ruego que venga.
Haga el favor de irse. — Le ruego que se vaya.
Haga el favor de disculparse. — Le ruego que se disculpe.
Haga el favor de sentarse. — Le ruego que se siente.
Haga el favor de salir. — Le ruego que salga.
Haga el favor de esperar. — Le ruego que espere.
Haga el favor de decidirse. — Le ruego que se decida.
Haga el favor de ser puntual. — Le ruego que sea puntual.

158 ¿Va Vd. a ir al banco? — Prefiero que vaya Vd.
¿Va Vd. a cobrar este cheque? — Prefiero que lo cobre Vd.
¿Va Vd. a abrir la cuenta? — Prefiero que la abra Vd.
¿Va Vd. a ingresar el dinero? — Prefiero que lo ingrese Vd.
¿Va Vd. a transferir las libras? — Prefiero que las transfiera Vd.
¿Va Vd. a escribir al banco? — Prefiero que escriba Vd.

159 El Sr. Short va al banco para abrir una cuenta. — Y para que su mujer abra una cuenta también.
El Sr. Short abre una cuenta para tener dinero en el banco. — Y para que su mujer tenga dinero en el banco también.
El Sr. Short tiene un talonario para extender cheques. — Y para que su mujer extienda cheques también.
El Sr. Short extiende cheques para pagar facturas. — Y para que su mujer pague facturas también.
El Sr. Short tiene una cuenta para poder sacar dinero. — Y para que su mujer pueda sacar dinero también.

160 ¿Por qué espera Vd.? — Porque me han dicho que espere.
¿Por qué esperan Vds.? — Porque nos han dicho que esperemos.
¿Por qué esperan esos señores? — Porque les han dicho que esperen.
¿Por qué hace Vd. eso? — Porque me han dicho que lo haga.
¿Por qué hacen Vds. eso? — Porque nos han dicho que lo hagamos.
¿Por qué hacen los chicos eso? — Porque les han dicho que lo hagan.

161 El banco no ha mandado el dinero. — Voy a escribir diciéndoles que manden el dinero.
El banco no ha transferido el dinero. — Voy a escribir diciéndoles que transfieran el dinero.
El banco no ha abierto la cuenta. — Voy a escribir diciéndoles que abran la cuenta.
El banco no ha enviado el talonario. — Voy a escribir diciéndoles que envíen el talonario.
El banco no ha contestado a mi carta. — Voy a escribir diciéndoles que contesten a mi carta.

162 ¿Qué cantidad quiere Vd.? — La cantidad que sea.
¿Qué día vengo? — El día que sea.
¿A qué hora vengo? — A la hora que sea.
¿A qué banco vamos? — Al banco que sea.
¿Qué instrucciones doy? — Las instrucciones que sean.
¿Qué cantidades pido? — Las cantidades que sean.

Conversación

1. Cambiando divisas

Va Vd. a un banco en España y quiere cambiar un billete de 10 libras esterlinas y tres billetes de 1 libra esterlina, o sea, £13 en total.

EMPLEADO	VD.
1. Buenos días.	– Good morning.
2. ¿Qué desea Vd.?	– I should like to change some foreign currency (*divisas*).
3. ¿Qué tiene Vd., cheques de viajero?	– No, I've got notes.
4. Es lo mismo. ¿Quiere rellenar este formulario?	– Right. Address in Spain? But I live in England.
5. Bueno, el hotel o la pensión donde esté Vd.	– Right. What is the rate of exchange at the moment?
6. ¿Para qué divisas?	– Pounds sterling.
7. 168.60 pesetas la libra.	– Here is the form.
8. Bien. ¿Me da su pasaporte también, por favor?	– Yes, here you are.
9. Tenga, el número 45.	– What shall I do with this number?
10. Vaya a aquella ventanilla y haga el favor de esperar un poco.	– The one on the right?
11. Sí, eso es.	– Thank you.
12. Número 45.	– Here you are.
13. ¿Cuánto dinero quiere Vd. cambiar?	– £13 sterling.
14. Que son 2191.80 pesetas.	– Is that all?
15. Lo siento, nada más. ¿Cómo quiere Vd. el dinero, por favor?	– (Choose between 1,000, 500 or 100-peseta notes).
16. Dos mil ... ciento ... noventa y una ... con ochenta céntimos.	– Thank you, and my passport, please.
17. Sí, señor, su pasaporte y el recibo para Vd.	– Do you also change French francs?
18. Sí, las divisas que Vd. quiera. ¿Quiere cambiarlos ahora?	– No, not now, but when I need some more money. What are your opening hours, please?
19. Para el público, todos los días de 10 a 1.	– Sundays also?
20. No, de lunes a sábado.	– Thank you very much. Good-bye.

2. Los bancos en Gran Bretaña

Un amigo español le hace algunas preguntas sobre bancos, ahorros, inversiones, créditos, etc., en Inglaterra. Contéstele:

1. ¿A qué horas están abiertos los bancos para el público?
2. ¿Qué hacen los empleados desde las tres en adelante?
3. ¿Qué hay que hacer para abrir una cuenta corriente?
4. ¿Qué condiciones debe uno reunir para abrir una cuenta?
5. ¿Para qué sirve una cuenta corriente?
6. ¿Qué interés se obtiene?
7. Y una vez que la cuenta está abierta, ¿qué le dan a Vd.?
8. ¿Qué tipos de cheques hay?
9. ¿Para qué sirven los cheques 'abiertos' y los cheques 'cruzados'?
10. ¿Qué es un estado de cuenta?
11. ¿Con qué frecuencia se lo manda el banco?
12. ¿Es posible seguir extendiendo cheques si se está al descubierto, o sea, si no se tiene dinero?
13. ¿A nombre de cuántas personas se puede tener una cuenta?
14. ¿Se puede ahorrar en un banco?
15. ¿Qué condiciones especiales hay que cumplir?
16. ¿Qué interés se obtiene?
17. ¿Qué otras formas existen de ahorrar o invertir dinero?
18. ¿Qué son las acciones?
19. ¿Generalmente, qué acciones son las más fuertes?
20. ¿Qué sistema de invertir dinero le parece a Vd. más seguro?
21. ¿Por qué?
22. ¿Qué entidades conceden créditos, además de los bancos?
23. ¿Qué precisan de garantía?
24. ¿Para qué cosas se consiguen créditos o préstamos con más facilidad?
25. ¿Qué interés hay que pagar?
26. ¿Puede estar afectado este interés por el tipo de interés del Banco de Inglaterra?
27. ¿Cuál es el tipo de interés actual del Banco de Inglaterra?
28. Y finalmente, para ir al extranjero ¿qué me recomienda Vd. que lleve, moneda del país correspondiente o cheques de viajero?
29. ¿Por qué?
30. ¿Se pueden conseguir divisas para cualquier país?

Uno de los estudiantes puede dar una charla sobre qué porcentajes aproximados de sus ingresos gasta un inglés medio en lo siguiente. Puede elegir la edad de su protagonista desde 15 años en adelante.

Vivienda, adquisición o renta
Muebles (cocina, lavadora, frigorífico, mesas, sillas, sillones, camas, armarios, estantes, etc.)
Comestibles
Electricidad
Gas
Teléfono
Impuestos Municipales
Artículos varios para la casa o el jardín (herramientas, bombillas, etc.)
Reparaciones de la casa (pintura, madera, etc.)
Ropa (de mujer, de hombre, de niño, para la casa)
Seguros de vida, del coche, etc.
Adquisiciones de: coches, barcos, televisión, radios, magnetófonos, discos, tocadiscos, máquinas fotográficas, relojes, joyas, libros, objetos de arte
Educación
Servicios médicos
Transporte
Diversiones: teatro, cine, ballet, música, deportes (tomando parte o de espectador), bailes, etc
Peluquería, de señoras, de caballeros
Periódicos, revistas
Vacaciones
Varios: tabaco, bebidas, bombones, caramelos, etc.

Una cena Dining out

21

Mr and Mrs Short have been invited to dinner by their friends, the Sres. de Terán. Sr. Terán, who is the legal adviser (*asesor jurídico*) to Mr Short's company in Spain, was very helpful to him in the first few weeks, and now, a few days after Mrs Short's arrival, he has invited them to dinner at his home. We hear their conversation in the first listening passage. It is followed by a conversation between Robert Short, Mr Short's teen-age son, and one of Teresa Pérez's friends, Pilar. Robert who has studied Spanish in England has come out for a holiday, his first in Spain. He has invited Pilar (Pili) to go for a walk and then to the cinema. They discuss entertainments and how people spend their free time.

For conversation, we ask you to imagine you are Mr Short talking to a Spanish friend you have met in the street. They get talking about the Teráns and other subjects. The friend's remarks and questions are recorded and you are asked to respond. Some suitable replies are printed but they need not limit you.

The reading passage is the first of three descriptions of Spain. This Unit deals with northern Spain, the others with the central and the Mediterranean areas.

The grammar section brings together all the forms of the Past Tense which have been practised in Units 19 and 20, most of them regular, a few irregular. These take some time to assimilate and for this reason the other new forms and patterns introduced are few and simple.

61

Comprensión

1. Una cena

Los Sres. de Short van a cenar a casa de unos amigos, los Sres. de Terán. El Sr. Terán es abogado y es el asesor jurídico de la compañía del Sr. Short. Cuando los Sres. de Short llegan a la casa, son recibidos por el Sr. Terán.

SR. SHORT	– Buenas noches.
SR. TERÁN	– Muy buenas. Pasen, por favor.
SR. SHORT	– Le presento a mi mujer.
SR. TERÁN	– Encantado de conocerla, señora. Bienvenida a España.
SRA. SHORT	– Muchas gracias, encantada.
SR. TERÁN	– Quítense los abrigos. Hace fresquito esta noche, ¿verdad? Enseguida viene mi mujer . . . Ah, aquí está. María, te presento a mis amigos, los Sres. de Short.
SRA. DE TERÁN	– Buenas noches. Encantada de conocerles.
SR. SHORT	– Mucho gusto, señora.
SRA. SHORT	– Encantada.
SRA. DE TERÁN	– Me dice mi marido que acaba usted de llegar de Inglaterra, señora.
SRA. SHORT	– Sí, hace solamente tres días que estoy aquí, pero John me ha hablado mucho de ustedes y de lo amables que han sido con él.
SR. TERÁN	– No hay nada que agradecer. Ha sido un placer.
SRA. DE TERÁN	– Yo tengo que darles las gracias por el maravilloso ramo de flores que me han mandado. Es precioso.
SRA. SHORT	– Nos alegramos de que le haya gustado.
SRA. DE TERÁN	– Muchísimo pero, por favor, siéntese. Jaime, ¿quieres servir algo de beber? Si ustedes me perdonan, todavía falta un minuto para la cena. Es que estamos sin muchacha ahora.
SR. SHORT	– No se preocupe por nosotros.
SR. TERÁN	– ¿Qué prefiere usted, señora, jerez, vermouth, whisky?
SRA. SHORT	– Un jerez, por favor.
SR. TERÁN	– ¿Cómo le gusta, seco o dulce?
SRA. SHORT	– Seco . . . Muchas gracias.
SR. TERÁN	– Y usted, Sr. Short. ¿Whisky?
SR. SHORT	– Sí, muchas gracias. Con un poco de agua.
SR. TERÁN	– ¿Hielo?
SR. SHORT	– No, sin hielo.
SR. TERÁN	– Bueno, ¡por ustedes y su estancia en este país!
SR. Y SRA. SHORT	– ¡Muchas gracias! ¡Por ustedes también!
SRA. DE TERÁN	– Bueno, ya está todo. Vamos a cenar.
SR. TERÁN	– Ah, muy bien, vamos. Pasen por aquí . . . Señora, ¿quiere usted sentarse aquí? Y usted, Sr. Short, ahí enfrente, por favor.
SRA. DE TERÁN	– ¿Puedes abrir el vino, Jaime?
SRA. SHORT	– Tienen ustedes un piso realmente bonito.
SRA. DE TERÁN	– Gracias. Estamos bastante contentos con él.
SRA. SHORT	– ¿Llevan mucho tiempo viviendo aquí?
SRA. DE TERÁN	– Pues llevamos casi diez años. ¿O son once? ¿Cuántos son, Jaime?

SR. TERÁN	– ¡Qué memoria tienes, hija mía! Sí, son casi diez años. Van a ser diez en agosto. Han vendido la casa por pisos y como es un buen piso, lo hemos comprado.
SRA. SHORT	– Parece muy grande.
SRA. DE TERÁN	– Sí, son siete habitaciones, más cocina y cuarto de baño. Ahora, después de cenar les enseño la casa.
SR. TERÁN	– ¿Y cómo está la vivienda en Inglaterra? Aquí no está nada fácil.
SR. SHORT	– Ya me doy cuenta. Yo llevo varias semanas buscando algo para nosotros y lo que le gusta a Margaret es un poco caro para mí.
SR. TERÁN	– ¿Van ustedes a comprar algo o solamente alquilar?
SR. SHORT	– De momento vamos a alquilar un piso, o un pequeño hotel. Más adelante, esperamos comprar uno.
SR. TERÁN	– Depende de si se quedan Vds. en España, supongo.
SR. SHORT	– Eso es. Como no sabemos todavía ...
SR. TERÁN	– ¿Y qué parte de la ciudad le gusta más?
SR. SHORT	– No tengo ni idea. El centro es bueno, pero a mi mujer no le gusta mucho la idea.
SRA. SHORT	– No, a mí no me gusta nada el ruido ni el movimiento del centro.
SRA. DE TERÁN	– A mí tampoco. Es que a las mujeres nos gusta más la tranquilidad, o me parece a mí.
SR. TERÁN	– Sí, además, en estos barrios, hay comercios de todas clases y todas las facilidades necesarias.
SRA. DE TERÁN	– Sí, aquí no hay problema.
SR. TERÁN	– Ahora que, hay que tener coche, ¿eh? A Mari le gusta ir al centro una vez a la semana. Yo la llevo conmigo en el coche cuando voy a la oficina, y luego ella vuelve en taxi.
SRA. SHORT	– ¿Y los niños, cómo van al colegio?
SR. TERÁN	– Pues, yo los llevo en coche parte del camino y luego hacen el resto andando. No está muy lejos, y es mejor que gastar dinero en el Metro o en autobuses. Luego, por la tarde, vuelven con sus amigos andando.
SRA. SHORT	– Pues, desde luego viven Vds. en un sitio maravilloso.
SRA. DE TERÁN	– Sí, es muy agradable. Hemos tenido suerte en encontrar este piso. Encontrar un piso barato es lo más difícil que hay hoy en día.
SR. SHORT	– ¡Qué rico está este pescado!
SRA. SHORT	– Sí, está buenísimo.
SR. TERÁN	– El pescado en España es muy bueno en general.
SR. SHORT	– Yo creo que es la cocinera.
SRA. DE TERÁN	– ¡Gracias, Sr. Short! ¿Le sirvo más?
SRA. SHORT	– Sí, por favor, un poquito.
SRA. DE TERÁN	– ¿Y un poco de salsa?
SRA. SHORT	– Gracias.
SRA. DE TERÁN	– ¿Sr. Short?
SR. SHORT	– No, gracias, ya he comido mucho.
SRA. DE TERÁN	– ¿No quiere Vd. más? ¿De verdad?
SR. TERÁN	– Hombre, hay que comer. Tome un poquito más. Sírvele un poco más.
SR. SHORT	– Bueno, desde luego está riquísimo, pero no me sirva mucho, ¿eh? ¡Tengo que guardar la línea!

Terminan la cena, toman café, ven la casa, charlan un rato y a las doce el Sr. Short dice:

SR. SHORT	– Bueno, nos tenemos que marchar. Se hace tarde.
SR. TERÁN	– Hombre, no tienen Vds. prisa. Vamos a tomar otra copita. Mañana es domingo. Y no tenemos que madrugar.

Se quedan media hora más bebiendo y charlando y luego la Sra. de Short dice:

SRA. SHORT	– Bueno, John, creo que es hora de marcharnos. Ya son las doce y media.
SR. SHORT	– Sí, es verdad. Tenemos que irnos.
SR. TERÁN	– Como Vds. quieran. Voy a por los abrigos. Pónganselos porque hace frío.
SR. SHORT	– Bueno, señora, hemos pasado una noche muy agradable.
SRA. SHORT	– Y muchísimas gracias por la cena tan exquisita.
SRA. DE TERÁN	– De nada. Tienen que venir más veces.
SR. SHORT	– Y cuando tengamos nuestro piso, espero que vengan ustedes a visitarnos.
SRA. DE TERÁN	– Con mucho gusto.
SR. TERÁN	– Bueno, amigos, ya saben dónde tienen su casa.
SR. SHORT	– Pues, muchas gracias. Hasta pronto. Y les repito las gracias por una velada tan agradable.
SR. TERÁN	– No hay de qué, hombre. Hasta el lunes. Adiós.
SR. Y SRA. SHORT	– Adiós. Adiós.

Diga si las siguientes afirmaciones son ciertas o no. Si no, corríjalas.

1. The evening is warm.
2. Sr. Terán has met Mrs Short before.
3. Mrs Short has been in Spain for three weeks.
4. Mr and Mrs Smith arrived at their friends' house by car.
5. Mr Short had told his wife a lot about the Teráns.
6. Before dinner Mrs Short has a dry sherry, Mr Short a coñac.
7. At table Mr and Mrs Short sit next to each other.
8. The Teráns rent their flat.
9. Sra. de Terán shows them the house on their arrival as is the custom in Spain.
10. Mr Short has not yet started looking for a flat.
11. He would like to live near the centre.
12. So would his wife.
13. Sra. de Terán goes shopping in town every day.
14. There are not many shops where they live.
15. She goes shopping by bus.

2. Las diversiones

Robert Short invita a Pili, una amiga de Teresa Pérez, a salir un día. Una mañana de domingo de principios de verano van al parque. Aunque empieza a hacer calor corre un airecillo muy fresquito y en el parque a la sombra de los árboles el ambiente es muy agradable.

ROBERT   – ¡Es fantástico! Me encanta que haya siempre tanta gente en la calle.

PILI   – Ten en cuenta que hoy es domingo y después de oir misa a la gente le gusta dar una vuelta y tomar el aperitivo.

ROBERT   – Pero yo tengo la impresión de que no es sólo los domingos, sino todos los días.

PILI   – Sí, desde luego tienes razón, a la gente le gusta salir.

ROBERT   – ¿Y es una costumbre típica vuestra de Madrid?

PILI   – No ¡qué va! En todas las ciudades y los pueblos, cuando la gente ha terminado su trabajo, sale a dar una vuelta. En verano a la puesta del sol es muy agradable sentarse en una terraza a tomar una copa y charlar un rato tranquilamente con tus amigos. También quiero que veas los barrios más modestos y los pueblos más sencillos. Las mujeres sacan sus sillas a la calle y se ponen a coser y hablar; siempre hay un buen pretexto. En invierno por la tarde, a tomar el sol; en verano, el fresco.

ROBERT   – Oigo música o ¿es que se me ha subido el sol a la cabeza y estoy soñando?

PILI   – ¡Claro, como que la oyes! Es la Banda Municipal que todos los domingos y los días de fiesta da un concierto popular aquí.

ROBERT   – ¿Gusta mucho la música?

PILI   – La música sinfónica sólo a una minoría. La música folklórica y popular gusta demasiado. Hay gente que no apaga la radio ni de noche ni de día. En las casas de barrio, con las ventanas abiertas en el verano, se oyen a veces ocho programas distintos a la vez.

ROBERT   – ¿Tantas emisoras tenéis?

PILI   – Hay muchísimas. Para toda España está Radio Nacional, con cinco centros emisores repartidos por todo el país. Luego, sólo en Madrid hay por lo menos otras cinco emisoras, más todas las de provincias.

ROBERT   – ¿Y es muy popular la Radio?

PILI   – Entre las amas de casa, enormemente. Las casas comerciales hacen muchos concursos en los que el público puede tomar parte, que son muy populares. La Radio Nacional, sin embargo, no es comercial.

ROBERT   – Oye ¿y tenéis también televisión?

PILI   – Sí, ya lo creo. Hace ya varios años que la tenemos. Cantidad de gente ha comprado receptores, pero en último caso, si no tienes tele particular y te gusta mucho siempre puedes ir al bar de la esquina.

ROBERT   – Oye, conviene que decidamos lo que hacemos esta tarde ¿no te parece?

PILI   – A mí me da lo mismo, como tú eres el forastero, elige tú.

ROBERT   – ¡Mira! Aquí hay un cartel de toros. Pero ¡son por la noche! ¡Qué raro!

PILI   – Es que no es una corrida. Es sólo en guasa.

ROBERT   – ¿En qué?

PILI   – En guasa, en broma, lo contrario de en serio. No hace falta matar a los animales, que tampoco son peligrosos. En lugar de toreros son actores cómicos.

ROBERT   – Bueno, pues esto no soluciona el problema. Y ¿por qué no vamos al cine?

PILI   – Por mí, encantada. El cine es nuestro vicio nacional. Nos vemos películas de todas partes. Lo único, que conviene que sea un cine refrigerado porque empieza a hacer calor.

ROBERT — Nunca he visto una película española. ¿Vamos a ver una? Además, así, oigo español.

PILI — Por eso no te preocupes, porque aquí, como no sea una cosa muy especial, las doblan todas. Si quieres, podemos ir al teatro.

ROBERT — No, quisiera ver una película española.

PILI — Hay unas cuantas que son demasiado locales, pero en el Capitol ponen una que creo que es graciosa y además el cine está refrigerado . . . pero ¿qué haces con el pie?

ROBERT — Mira, debajo de esta piedra, he encontrado un billete.

PILI — ¡Ahí va, qué suerte! ¡Cien pesetas! Enhorabuena, chico.

ROBERT — ¿Por qué no vamos al casino o a algún sitio así, y nos las jugamos?

PILI — Al Casino imposible, porque no lo hay. Si quieres jugar dinero tienes que ir al frontón o a las carreras de caballos.

ROBERT — El frontón ¿qué es eso?

PILI — Pues en el frontón hay partidos de pelota, individuales o por parejas y la gente apuesta a unos jugadores o a otros. La mayoría de los pelotaris, o sea los jugadores, son de las Vascongadas, que es la tierra del juego de pelota. Si quieres vamos un día a verlo, pero no a apostar, porque si se enteran mis padres no me vuelven a dejar salir contigo.

ROBERT — Como quieras, mujer. Pero ¿qué hago con estas cien pesetas? ¿Las dejo donde las encontré?

PILI — ¡No se te ocurra! Vamos a comernos unas gambas ahora mismito.

ROBERT — Bueno, de acuerdo, vámonos. A comer gambas. Además aquí a la sombra hace fresquito. ¡A . . . chus!

PILI — ¡Jesús!

ROBERT — ¿Qué dices?

PILI — Pues he dicho 'Jesús' porque has estornudado. Cuando una persona estornuda, siempre lo decimos.

ROBERT — ¿Y qué se contesta? ¿Gracias?

PILI — Claro, eso es.

ROBERT — Pues, gracias. Vamos a por las gambas.

Diálogo

El Sr. Short se cruza con un amigo en la calle y charlan un rato. Hable Vd. por el Sr. Short, practicando primero con el libro y después sin él.

AMIGO

MR SHORT

1. Hola, ¿qué tal, amigo Short? — Hola.

2. ¿Cómo va la vida? — Pues bien, hombre, bien ¿y Vds.?

3. Muy bien, gracias a Dios. Por cierto, esta mañana he estado con unos señores que le conocen, los Terán. — Ah, claro. Cenamos con ellos anoche. Muy simpáticos.

4. Sí, es un matrimonio simpático. ¿Cenaron por ahí? — No, nos invitaron a su casa.

5. Ella es gallega, me parece.

6. Terán es arquitecto, ¿no?

7. ¿De dónde le conoce Vd.?

8. Ah, claro. Pues sí, es muy amable, ese señor.

9. Me alegro. Pues yo le conocía hace mucho. Estudiamos juntos en el colegio.

10. Sí, hace muchos años que no le veo. Y Vd., ¿cuándo viene su señora?

11. ¿Ah, sí? Cuándo ha venido?

12. ¿Y los hijos?

13. ¡Cuánto me alegro! Tienen Vds. que venir a casa una noche a cenar con nosotros.

14. ¿Y sigue Vd. en el mismo hotel?

15. ¿Por qué no busca Vd. un piso o una casa, hombre? Es mucho mejor, sobre todo para su mujer.

16. ¿Qué buscan, una casa o un piso?

17. Sí, claro, está más acostumbrada a eso, supongo.

18. Desde luego no es fácil encontrar exactamente lo que uno quiere, hoy en día.

19. ¿Lleva mucho tiempo buscando?

20. ¿Piensan comprar o sólo alquilar?

21. Claro, si no sabe cuánto tiempo va a quedarse en España, no vale la pena invertir dinero en comprar.

22. ¿Qué barrio prefiere? ¿El centro?

23. Por el ruido y todo eso, supongo; pues lo comprendo.

24. Entonces lo que le conviene es una casita, con algún jardín quizá, en los barrios de las afueras. Está bien, porque Madrid, hoy en día, está bastante bien comunicado; es fácil llegar al centro.

25. Bueno, le deseo mucha suerte con eso. Que encuentre algo que le guste.

26. Hasta otro día, amigo. He tenido mucho gusto en saludarle.

27. Recuerdos a su señora.

– ¿Sí? Pues no sé.

– No, es abogado.

– Terán es asesor jurídico de nuestra compañía.

– Mucho. Me ayudó mucho en las primeras semanas. Ha sido muy amable conmigo.

– ¿Ah, sí?

– Pero si ya está aquí.

– Hace sólo tres días.

– También están aquí. Están de vacaciones.

– Encantado, cuando Vd. quiera.

– Sí, todavía estoy allí.

– Pues estamos buscando.

– Mi mujer prefiere una casa.

– Eso es.

– Es dificilísimo.

– Varias semanas.

– De momento, alquilar.

– Claro, tal vez más adelante.

– Sí, pero a mi mujer no le gusta el centro.

– Eso es. Ella prefiere la tranquilidad.

– Sí, eso es, además tengo coche.

– Muchas gracias. Espero que sí.

– Igualmente. Hasta otro día.

– Gracias, de su parte. **Adiós.**

i. El Norte

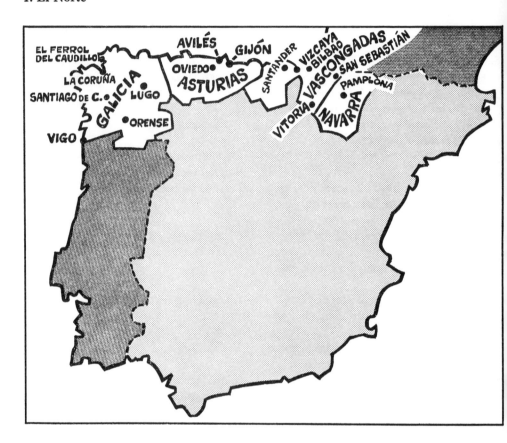

Por la cantidad de lluvia que España recibe y el aspecto que ofrece la tierra al viajero, España, en rasgos generales, puede dividirse en tres partes: la España verde (Norte), la España seca (Centro) y la España árida (Sur). La España Norte comprende, de este a oeste, los Pirineos, Navarra, el País Vasco, Santander, Asturias y Galicia. Santander pertenece en administración a Castilla la Vieja y allí la vamos a ver.

Galicia, situada al noroeste de España, está formada por cuatro provincias: La Coruña, Lugo, Orense y Pontevedra. El aspecto verde de sus campos se debe a la cantidad de lluvia que traen los vientos del Atlántico. El mar penetra en la tierra para formar *las rías* donde desemboca generalmente un río. El clima, aunque húmedo, es suave y dulce, como el habitante de la tierra y la música de su *gaita*. Las mujeres, típicamente morenas, con ojos negros, tienen fama de dulces y cariñosas, de ser excelentes madres y amas de casa – ¡dulce peligro, claro está, para un viajero enamoradizo! En su aspecto general y su ambiente, Galicia es muy parecida a Escocia o a la Bretaña francesa, siendo estos países todos de origen celta.

El campo de Galicia está dividido en pequeñas parcelas (*minifundios*) y la población muy diseminada. En cualquier ladera aparece una casa con su *hórreo*, lugar donde guarda el gallego el forraje para las vacas. Los productos cereales son escasos, sin embargo se cultiva gran cantidad de patatas. También se cultivan las viñas cuyo vino, aunque un poco más ácido que los otros vinos españoles, es sin embargo agradable al paladar. La riqueza fundamental es la ganadería ovina y las industrias derivadas como fabricación de queso, existiendo numerosas marcas diferentes. En la costa gallega abunda el pescado y Vigo, ciudad industrial, tiene más de cuarenta fábricas dedicadas a la conserva del pescado.

Puertos importantes son Vigo, donde hacen escala los transatlánticos que de Europa se dirigen a América, y el Ferrol del Caudillo, con astilleros y base naval.

Santiago de Compostela, en la provincia de La Coruña, es una de las pocas ciudades españolas donde la tradición está viva todavía. El ambiente universitario es único. Fue centro de peregrinación en la Edad Media, como Jerusalén, de los que iban a visitar la tumba del Apóstol Santiago, que dicen estar enterrado allí. La catedral es una joya de estilo románico.

Asturias, con su capital, Oviedo, es muy parecida en su aspecto físico a Galicia. Las montañas asturianas son el único lugar de España y tal vez de Europa, donde aún se encuentran osos. Es rica en maderas que se utilizan especialmente en la fabricación de cubas donde se guarda el vino de Jerez. Producto típicamente asturiano es la sidra y su forma de servirla: sostienen la botella en la mano derecha por detrás de la cabeza y dejan caer el líquido sobre un vaso en la izquierda a la altura de la rodilla. La fuente principal de riqueza es la minería y la industria. Después de la capital, las ciudades más importantes son Gijón, puerto de mar, y Avilés. Esta posee la fábrica siderúrgica más grande de Europa. En el interior se hallan las minas de carbón que producen las cuatro quintas partes del carbón de España. Los asturianos hablan un dialecto especial llamado *bable*. Naturalmente todos hablan y comprenden el castellano también.

El País Vasco tiene tres provincias: Alava, Guipúzcoa y Vizcaya. Es una zona industrial. En Vizcaya, cuya capital es Bilbao, se encuentra el centro más importante de España de la industria y del acero. Posee ricos yacimientos de hierro que han dado lugar a una industria floreciente. La capital de Guipúzcoa es San Sebastián, lugar de veraneo de la alta sociedad española y del gobierno. Su playa principal se llama la Concha, debido a su forma circular, con una isla cerrando el paso a las olas. Alava, cuya capital es Vitoria, es interior. No está tan industrializada como las anteriores. Está regada por el Ebro y es una provincia dedicada a la agricultura y ganadería. El idioma que hablan los vascos, el vascuence, es el más antiguo de Europa, sin que se sepa su origen. Desde luego, no se parece a ningún otro idioma europeo. Es difícil de aprender, tanto por su gramática complicada como por sus palabras largas, de difícil pronunciación. Todos los vascos hablan también el castellano como es natural, aunque a veces con errores. La llamada 'concordancia vizcaína', por ejemplo, consiste en confundir los géneros masculino y femenino al hablar.

Al sur y al este del País Vasco se encuentra *Navarra*. En el Pirineo Navarro el viajero puede visitar valles de belleza incomparable. En esta parte abundan los bosques y el ganado. La capital es Pamplona, famosa por las fiestas de San Fermín, durante las cuales los jóvenes corren delante de los toros por las calles hasta llegar a la plaza para la corrida. Es una semana que el viajero no debe perder, ¡con tal de que tenga fuerzas para bailar, comer, beber y dormir sin irse a la cama durante siete días! La mayoría de los navarros son católicos, tradicionalistas y monárquicos. En la guerra civil, se levantaron en masa para luchar contra la República. En la parte media de Navarra se cultivan cereales y se cría ganado. En la parte sur, bañada por el Ebro, se cultivan los frutales y se han desarrollado industrias derivadas.

Gramática

237. Preterite Tense (*regular forms*)

	– ar	– er	– ir
1	hablé	comí	viví
2	hablaste	comiste	viviste
3	habló	comió	vivió
1	hablamos	comimos	vivimos
2	hablasteis	comisteis	vivisteis
3	hablaron	comieron	vivieron

238. Preterite Tense (*irregular forms*)

	hacer	oir	dormir
1	hice	oí	dormí
2	hiciste	oiste	dormiste
3	hizo	*oyó*	*durmió*
1	hicimos	oímos	dormimos
2	hicisteis	oísteis	dormisteis
3	hicieron	*oyeron*	*durmieron*

239. Adverbs of past time

Pagamos la cuenta *ayer.*
Anteayer les mandamos las carpetas.
Cervantes murió *hace mucho* (*tiempo*).
Volvieron de París *hace poco* (*tiempo*).
Le telefoneé *la semana pasada.*
Fui a España *el año pasado.*

240. Para (*time*)

Lo dejé para el día siguiente.
Voy a dejar este trabajo para mañana.
Compramos unas botellas para hoy.

241. Para que + Subjunctive (*purpose*)

Le escribo para que me manden dinero.
El empleado le da una hoja para que la rellene.
Abre una cuenta para que puedan transferir dinero.

242. Me urge (*I need urgently*)

Me	
Te	
Le	urge la carta.
Nos	urgen las cartas.
Os	
Les	

243. Por (*cause*)

Perdón por la equivocación.
Le doy las gracias por su trabajo.
He venido por el anuncio.

244. A (*time*)

Prometió mandárselas al día siguiente.
Llegué y a los tres días me marché otra vez.
Llegué al mismo tiempo que Vd.

245. ¡Cuánto! (*How much! How!*)

¡ Cuánto me alegro!
¡ Cuánto lo siento!
¡ Cuánto sabe Vd!
¡ Cuánto habla Juan!

246. ... que sea (*indefinite any*)

Venga Vd. el día que sea.
Pida Vd. las cantidades que sean.
Vamos al banco que sea.
Dígale lo que sea.

247. Ponerse algo, quitarse algo

Póngase el abrigo porque hace frío.
Hay que ponerse un abrigo en invierno.
Me pongo los zapatos por la mañana.
Quítense los abrigos, por favor.
Hay que quitarse el sombrero en presencia de una señora.
Me quito los zapatos por la noche.

248. Present = Imperative

Vd. escribe a su banco.
= Escriba Vd. a su banco.
Vd. manda el dinero.
= Mande Vd. el dinero.

249. Seguir, continuar + Gerund

Siga Vd. trabajando.
Continúe Vd. trabajando.
Siguió hablando durante horas.
Continuó hablando durante horas.

250. Diminutives and augmentatives

	Noun	*Adjective*	*Adverb*
– ito	librito	pequeñito	despacito
– illo	librillo	pequeñillo	despacillo
– ico (Aragón)	librico	pequeñico	despacico
– ín (Galicia)	librín	pequeñín	despacín
– ón	hombrón	buenón	
– azo	hombrazo	buenazo	
– ote	hombrote	buenote	

251. Aún = todavía

Aún no hemos recibido las carpetas.
Todavía no hemos recibido las carpetas.

En Asturias aún se encuentran osos.
En Asturias todavía se encuentran osos.

Mr Short buys a present

Today, Mr Short goes into a shop to buy a birthday gift for his wife. He is thinking of a hand-bag and the shop assistant shows him several she has in stock of different styles, colours, material, quality and price. He finally decides on a black leather one costing a thousand pesetas (about six pounds).

After the dictation, the expansion exercise describes a shopping expedition which Mr and Mrs Short made together in order to buy shirts and shoes for Mr Short. Here there is the common vocabulary of description and choice (more than . . ., the same as . . ., not as much as . . ., too much . . ., not . . . either) together with further practice of the Past Tense, including some irregular forms (*dije, hice, puse*, etc.).

In the conversation section, two shopping situations are proposed, one for the men and one for the ladies, and these are followed by a plan for a group discussion on the merits and de-merits of cash purchase or hire purchase. Lastly, there is an outline for a talk describing a shopping expedition you have made yourself. In all of these situations, the vocabulary needs can be very wide. A good number of words are to be found in the illustrations, but it is not intended that they should all be learnt by heart. A pocket dictionary will provide them all when they are required, and it is not wise to spend much time and effort trying to memorize isolated words. It is more profitable to aim at mastering and retaining the structural forms and patterns of sentence and phrase. These are fewer in number, but since they are the framework of the language, they are much more frequent, and their acquisition gives a greater return for the time and effort involved in practising them.

13

14

15

16

17

18

19

20

21

22

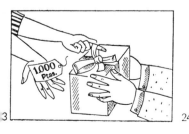

23

24

1.	DEPENDIENTA	– Buenos días. Dígame.
2.	MR SHORT	– Quisiera comprar un regalo para una señora.
3.	DEPENDIENTA	– ¿Tiene Vd. alguna idea ya?
4.	MR SHORT	– No. ¿Me puede indicar Vd. algo?
5.	DEPENDIENTA	– Pues hay una gran variedad de cosas.
6.	MR SHORT	– Tal vez un bolso, como el que tienen Vds. en el escaparate.
7.	DEPENDIENTA	¿Cuál, señor, ése?
8.	MR SHORT	– No, ése no. El otro de piel marrón. ¿Qué precio tiene?
9.	DEPENDIENTA	– Ese vale mil quinientas pesetas.
10.	MR SHORT	– ¡Qué caro! Es demasiado dinero.
11.	DEPENDIENTA	– ¿Qué le parecen estos otros?
12.	MR SHORT	– No me gustan demasiado los colores claros.
13.	DEPENDIENTA	– Aquí tiene Vd. un modelo muy parecido en material plástico. También es oscuro, y es más económico que la piel.
14.	MR SHORT	– No, tampoco me gusta. El material plástico no es tan elegante como la piel.
15.	DEPENDIENTA	– Sí, tiene Vd. razón.
16.	MR SHORT	– Ese de piel negra, ¿qué precio tiene?
17.	DEPENDIENTA	– Mil pesetas, el mismo precio que los claros.
18.	MR SHORT	– Está bien, entonces ése.
19.	DEPENDIENTA	– ¿Quiere Vd. que se lo enviemos?
20.	MR SHORT	– No, no hace falta. Me lo llevo ahora.
21.	DEPENDIENTA	– Un momento, se lo envuelvo enseguida.
22.	MR SHORT	– Quítele el precio, por favor.
23.	DEPENDIENTA	– Ya se lo he quitado, señor. Tenga.
24.	MR SHORT	– Gracias, buenos días.

Dictado 22

Frases acumulativas

Repita la primera frase de cada grupo y añada las otras

1. Ayer el Sr. Short estuvo en una tienda.
   ... y compró un regalo.

   ... para su mujer.

2. Vio una gran variedad de cosas.
   ... en el escaparate.

   ... y decidió comprar un bolso.

3. El primero le pareció caro.
   ... El primero que vio.
   ... demasiado caro.

4. Le enseñaron otro.
   ... que tampoco le gustó.
   ... por ser de un color muy claro.

5. Luego miró otros de material plástico.
   ... pero el material plástico no es elegante.

   ... tan elegante como la piel.

6. Por fin eligió uno de piel negra.
   ... lo envolvieron.

   ... y se lo llevó.

– Ayer el Sr. Short estuvo en una tienda.
– Ayer el Sr. Short estuvo en una tienda y compró un regalo.
– Ayer el Sr. Short estuvo en una tienda y compró un regalo para su mujer.
– Vio una gran variedad de cosas.
– Vio una gran variedad de cosas en el escaparate.
– Vio una gran variedad de cosas en el escaparate y decidió comprar un bolso.
– El primero le pareció caro.
– El primero que vio le pareció caro.
– El primero que vio le pareció demasiado caro.
– Le enseñaron otro.
– Le enseñaron otro que tampoco le gustó.
– Le enseñaron otro que tampoco le gustó por ser de un color muy claro.
– Luego miró otros de material plástico.
– Luego miró otros de material plástico pero el plástico no es elegante.
– Luego miró otros de material plástico pero el plástico no es tan elegante como la piel.
– Por fin eligió uno de piel negra.
– Por fin eligió uno de piel negra y lo envolvieron.
– Por fin eligió uno de piel negra, lo envolvieron y se lo llevó.

Cuestionario

1. ¿Dónde estuvo ayer el Sr. Short?
2. ¿Qué vio en el escaparate?
3. ¿Qué le pareció el primer bolso que vio?
4. ¿Qué le enseñaron después?
5. ¿Qué miró luego?
6. ¿Qué eligió por fin?

Dictado escrito

Escriba el siguiente párrafo dictado por frases enteras:

Ayer el Sr. Short estuvo en una tienda y compró un regalo para su mujer. / Vio una gran variedad de cosas en el escaparate y decidió comprar un bolso. / El primero que vio le pareció demasiado caro. / Le enseñaron otro que tampoco le gustó por ser de un color muy claro. / Luego miró otros de material plástico, pero el material plástico no es tan elegante como la piel. / Por fin eligió uno de piel negra, lo envolvieron y se lo llevó.

1. Comprando camisas

El Sr. Short dice:

1. La semana pasada, fui de compras con mi mujer.   2. Primero fuimos a una camisería.
3. Un dependiente vino a atendernos.   4. y le pedí camisas.   5. Me preguntó mi tamaño.
6. y me trajo varias camisas con rayas.   7. pero no me gustaron.   8. Entonces me trajo otras
blancas y de colores lisos.   9. Estas me gustaron mucho más que las otras,   10. así que compré
una blanca y otra de color.   11. El dependiente las puso en una caja,   12. hizo un paquete,
13. y me lo dio.   14. Me dijo el precio, 350 pesetas cada camisa.   15. Le di un billete de 1,000
pts. y él me dio la vuelta.

Cuestionario

1. ¿Adónde fue el Sr. Short la semana pasada? – Fue de compras con su mujer.
2. ¿Adónde fueron primero? – Fueron a una camisería.
3. ¿Quién vino a atenderles? – Vino un dependiente.
4. ¿Qué le pidió el Sr. Short al dependiente? Le pidió camisas.
5. ¿Qué le preguntó el dependiente al Sr. Short? – Le preguntó su tamaño.
6. ¿Qué trajo? – Trajo varias camisas con rayas.
7. ¿Por qué no las compró? – Porque no le gustaron.
8. ¿Qué trajo el dependiente entonces? – Trajo otras blancas y de colores lisos.
9. ¿Le gustaron estas camisas al Sr. Short? – Sí, le gustaron mucho más que las otras.
10. ¿Cuáles compró? – Compró una camisa blanca y otra de color.
11. ¿Dónde las puso el dependiente? – Las puso en una caja.
12. ¿Qué hizo el dependiente con la caja? – Hizo un paquete.
13. ¿Qué hizo el dependiente con el paquete? – Se lo dio al Sr. Short.
14. ¿Qué le dijo el dependiente al Sr. Short? – Le dijo el precio: 350 pesetas cada camisa.
15. ¿Qué se dieron el Sr. Short y el dependiente el uno al otro? – El Sr. Short le dio un billete de mil pesetas al dependiente y el dependiente le dio la vuelta al Sr. Short.

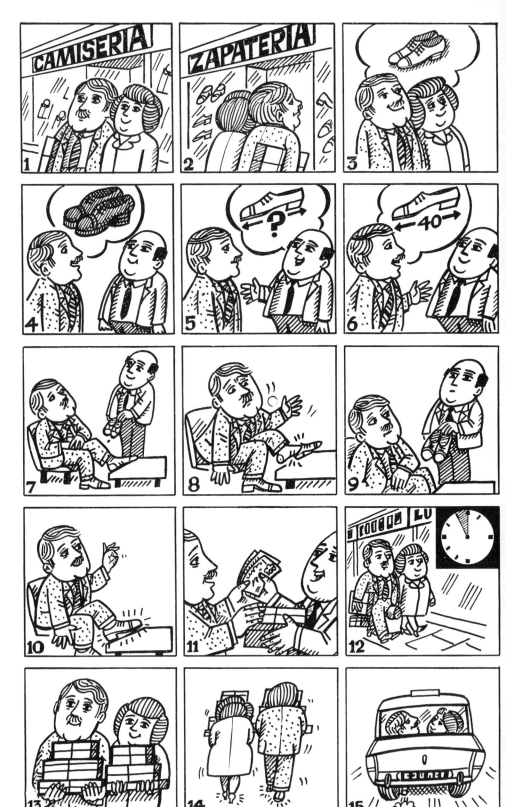

2. Comprando zapatos

El Sr. Short dice:

1. Salimos de la camisería,   2. y luego tuvimos que ir a una zapatería   3. a comprar unos zapatos.   4. Pedí unos zapatos fuertes, de color marrón oscuro.   5. El dependiente me preguntó mi número,   6. y le dije que el cuarenta.   7. Me trajo un par demasiado pequeño, 8. y no pude ponérmelos.   9. Me enseñó otros,   10. que me puse fácilmente,   11. así que los compré.   12. Estuvimos una hora más en la calle,   13. hicimos varias compras,   14. y como nos cansamos de tanto andar,   15.   nos fuimos a casa en un taxi.

Cuestionario

1. ¿De dónde salieron los Sres. de Short? — Salieron de la camisería.
2. ¿Adónde tuvieron que ir luego? — Tuvieron que ir a una zapatería.
3. ¿A comprar qué? — A comprar unos zapatos.
4. ¿Qué pidió el Sr. Short? — Pidió unos zapatos fuertes de color marrón oscuro.
5. ¿Qué le preguntó el dependiente al Sr. Short? — Le preguntó su número.
6. ¿Qué número le dijo el Sr. Short al dependiente? — Le dijo que el cuarenta.
7. ¿Qué le trajo el dependiente? — Le trajo un par de zapatos demasiado pequeños.
8. ¿Pudo ponérselos el Sr. Short? — No, no pudo ponérselos.
9. ¿Qué le enseñó el dependiente? — Le enseñó otros.
10. ¿Se los pudo poner? — Sí, se los pudo poner fácilmente.
11. ¿Los compró? — Sí, los compró.
12. ¿Cuánto tiempo estuvieron en la calle después? — Estuvieron en la calle una hora más.
13. ¿Qué hicieron? — Hicieron varias compras.
14. ¿De qué se cansaron? — Se cansaron de tanto andar.
15. ¿Cómo se fueron a casa? — Se fueron a casa en un taxi.

Prácticas

163 ¿Qué dijo Vd? — No dije nada.
¿Qué hizo Vd.? — No hice nada.
¿Qué trajo Vd.? — No traje nada.
¿Qué dio Vd.? — No di nada.
¿Qué puso Vd.? — No puse nada.
¿Qué pudo Vd. hacer? — No pude hacer nada.
¿Qué quiso Vd. hacer? — No quise hacer nada.

164 Yo no estuve allí. — ¿Por qué no estuvo Vd. allí?
Yo no fui a la tienda. — ¿Por qué no fue Vd. a la tienda?
Yo no vine ayer. — ¿Por qué no vino Vd. ayer?
Yo no pude venir. — ¿Por qué no pudo Vd. venir?
Yo no hice nada. — ¿Por qué no hizo Vd. nada?
Yo no tuve tiempo. — ¿Por qué no tuvo Vd. tiempo?
Yo no dije la verdad. — ¿Por qué no dijo Vd. la verdad?

165 ¿Cuándo estuvieron Vds. allí? — Estuvimos allí ayer.
¿Cuándo vinieron Vds. a clase? — Vinimos a clase ayer.
¿Cuándo hicieron Vds. el viaje? — Hicimos el viaje ayer.
¿Cuándo dijeron Vds. eso? — Dijimos eso ayer.
¿Cuándo fueron Vds. a la reunión? — Fuimos a la reunión ayer.
¿Cuándo dieron Vds. la contestación? — Dimos la contestación ayer.
¿Cuándo trajeron Vds. el regalo? — Trajimos el regalo ayer.
¿Cuándo pusieron Vds. el telegrama? — Pusimos el telegrama ayer.

166 Ayer hice muchas compras. — Ayer hice muchas compras.
Vd. — Ayer Vd. hizo muchas compras.
muchísimo trabajo — Ayer Vd. hizo muchísimo trabajo.
tener — Ayer Vd. tuvo muchísimo trabajo.
la semana pasada — La semana pasada Vd. tuvo muchísimo trabajo.
nosotros — La semana pasada nosotros tuvimos muchísimo trabajo.
hacer — La semana pasada nosotros hicimos muchísimo trabajo.
muchísimos paquetes — La semana pasada nosotros hicimos muchísimos paquetes.
los empleados — La semana pasada los empleados hicieron muchísimos paquetes.
traer — La semana pasada los empleados trajeron muchísimos paquetes.
yo — La semana pasada yo traje muchísimos paquetes.
el cartero — La semana pasada el cartero trajo muchísimos paquetes.

167 Este bolso es muy bonito. — No es tan bonito como el otro.
Esta tienda es muy pequeña. — No es tan pequeña como la otra.
Estos zapatos son muy buenos. — No son tan buenos como los otros.
Estas camisas son muy caras. — No son tan caras como las otras.
Este modelo es muy elegante. — No es tan elegante como el otro.
Estos colores son muy claros. — No son tan claros como los otros.

168 Vd. habla muy bien. — No hablo tan bien como Vd.
Vd. escribe muy de prisa. — No escribo tan de prisa como Vd.
Vd. trabaja muy despacio. — No trabajo tan despacio como Vd.
Vd. pronuncia muy mal. — No pronuncio tan mal como Vd.
Vd. se levanta muy pronto. — No me levanto tan pronto como Vd.
Vd. se acuesta muy tarde. — No me acuesto tan tarde como Vd.

169 Yo tengo mucho trabajo.

Yo hago muchos regalos.

Yo gano mucho dinero.

Yo hago muchas cosas.

Yo tengo muchas ideas.

Yo compro muchos zapatos.

Yo bebo mucha cerveza.

– Vd. no tiene tanto trabajo como yo.

– Vd. no hace tantos regalos como yo.

– Vd. no gana tanto dinero como yo.

– Vd. no hace tantas cosas como yo.

– Vd. no tiene tantas ideas como yo.

– Vd. no compra tantos zapatos como yo.

– Vd. no bebe tanta cerveza como yo.

170 Este coche es muy pequeño.

Esta casa es muy pequeña.

Estas camisas son muy caras.

Estos zapatos son muy claros.

Estos muebles son muy oscuros.

Esta comida es muy fuerte.

Este hotel es muy elegante.

– Sí, es demasiado pequeño para nosotros.

– Sí, es demasiado pequeña para nosotros.

– Sí, son demasiado caras para nosotros.

– Sí, son demasiado claros para nosotros.

– Sí, son demasiado oscuros para nosotros.

– Sí, es demasiado fuerte para nosotros.

– Sí, es demasiado elegante para nosotros.

171 ¿Qué número tiene Vd.?

¿Qué color prefiere Vd.?

¿Qué acciones tiene Vd.?

¿Qué tamaño necesita Vd.?

¿Qué ideas tiene Vd.?

¿Qué cantidad quiere Vd.?

¿Qué zapatos prefiere Vd.?

– Tengo el mismo número que mi amigo.

– Prefiero el mismo color que mi amigo.

– Tengo las mismas acciones que mi amigo.

– Necesito el mismo tamaño que mi amigo.

– Tengo las mismas ideas que mi amigo.

– Quiero la misma cantidad que mi amigo.

– Prefiero los mismos zapatos que mi amigo.

172 Ese señor come mucho.

Ese señor trabaja mucho.

Vds. pagan mucho.

Vds. se cansan mucho.

Vd. bebe mucho.

Vd. pide mucho.

– Sí, come demasiado.

– Sí, trabaja demasiado.

– Sí, pagamos demasiado.

– Sí, nos cansamos demasiado.

– Sí, bebo demasiado.

– Sí, pido demasiado.

173 ¿Han traído el bolso?

¿Han venido de la tienda?

¿Han dicho el precio?

¿Se han ido ya?

¿Han puesto el cable?

¿Han hecho la cuenta?

¿Han estado aquí?

¿Han dado la contestación?

– Lo trajeron hace media hora.

– Vinieron hace media hora.

– Lo dijeron hace media hora.

– Se fueron hace media hora.

– Lo pusieron hace media hora.

– La hicieron hace media hora.

– Estuvieron aquí hace media hora.

– La dieron hace media hora.

174 El primer bolso que vi me pareció muy caro.

camisa

compré

bonita

zapatos

me puse

estrechos

– El primer bolso que vi me pareció muy caro.

– La primera camisa que vi me pareció muy cara.

– La primera camisa que compré me pareció muy cara.

– La primera camisa que compré me pareció muy bonita.

– Los primeros zapatos que compré me parecieron muy bonitos.

– Los primeros zapatos que me puse me parecieron muy bonitos.

– Los primeros zapatos que me puse me parecieron muy estrechos.

En una tienda de ropa de señoras o caballeros. Practíquense conversaciones por parejas de alumnos.
Unos alumnos serán los dependientes y otros los compradores, que comprarán el vestido o traje
que más les guste.

SEÑORAS

Telas

Hilo	lana	nylon
algodón	tergal	seda
franela	gabardina	algodón

Colores

Amarillo	marrón y blanco	rosa
verde	blanco y negro	azul claro
café	rojo y negro	azul turquesa
azul	verde y blanco	rojo

Tallas

34, 36, 38	34, 36, 40	34, 36, 38

Características

Falda recta,	falda recta,	falda de vuelo, tableada,
cuello redondo y	cuello en pico con solapas,	blusa estampada en un color
puños con rayas,	blusa lisa negra o verde	que haga juego, manga corta.
manga tres cuartas.	oscuro, manga larga.	

Precios

Hilo 1.000 pts.	lana 2.000 pts.	nylon 825 pts.
algodón 800 pts.	tergal 1.700 pts.	seda 1.050 pts.
franela 1.200 pts.	gabardina 1.850 pts.	algodón 1.100 pts.

CABALLEROS

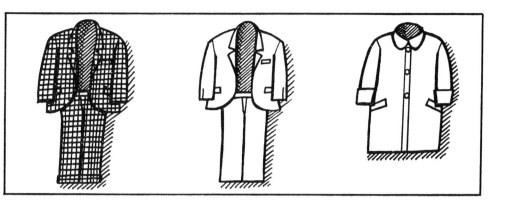

Telas		
Lana	tergal	lana
tweed	hilo	tergal
franela	algodón	gabardina

Colores		
Marrón	beige	negro
gris oscuro	azul marino	gris
verde	gris claro	marrón

Tallas		
Todas: 38, 39, 40, 41, 42, 43.	Falta la talla 40	Falta la talla 40

Características		
Telas de invierno, en colores lisos, con cuadros o con rayas.	Telas de verano. Sólo en colores lisos.	Colores lisos. Manga raglán, cuello cerrado, puños altos.

Precios		
Tallas 38 a 40: 3.500 pts. 41 a 43: 3.750 pts.	Tallas 38 a 40: 4.000 pts. 41 a 43: 4.250 pts.	Tallas pequeñas: 3.300 pts. Tallas grandes: 3.450 pts.

Chaquetas sueltas: 1.500 pts. en tweed y lana.
1.300 pts. en gabardina e hilo.

Pantalones sueltos: 800 pts. en franela y gabardina.
700 pts. en hilo, algodón y tergal.

Comprando a plazos y al contado

Dos alumnos hablan sobre este tema, ayudándose si quieren, con las siguientes preguntas:

1. ¿Qué entiende usted por compra a plazos – cuando se hacen varios pagos parciales o cuando se hace un solo pago total?
2. ¿Qué artículos se pueden comprar a plazos?
3. Y para estos artículos, ¿qué cree usted que es más corriente en este país?
4. Tomemos como ejemplo una lavadora, que cueste £60. ¿Cuántos pagos hay que hacer?
5. ¿Con qué frecuencia? ¿Cada semana?
6. ¿Durante cuánto tiempo?
7. ¿Deben ser todos los pagos iguales?
8. ¿Qué interés hay que pagar?
9. ¿Cómo se hace cada pago? ¿Vengo a la tienda personalmente?
10. ¿Qué garantía hay que dar al vendedor para comprar a plazos?
11. ¿Qué pasa si no se paga uno o varios plazos?
12. ¿Qué hay que hacer para recuperar la mercancía?
13. ¿Hay que pagar algún recargo?
14. ¿Qué sistema de compras prefiere usted personalmente, a plazos o al contado?
15. ¿Por qué?

Charla

Dé una charla a sus compañeros sobre dos o tres objetos que haya comprado Vd. durante el año pasado. Estos objetos pueden ser:

Algo para su casa
Algo para su jardín
Algo para su coche
Algo para su familia
Comida o bebidas
Libros o discos
Artículos de deporte
Entradas para espectáculos
Ropa (vestidos, trajes, jersey, etc.)
Aparatos o máquinas
Billetes para viajar
Objetos de perfumería
Cualquier otro objeto

Siga estas indicaciones para dar su charla:

Lo que compró Vd.
Cuándo lo compró
Dónde lo compró
Cuánto le costó
Cómo lo pagó
Cómo era
Si le ha dado buen resultado
Si se le ha roto o estropeado
Si se le ha terminado
Si lo ha usado
Si nos recomienda que lo compremos
Si piensa comprarlo otra vez

El Sr. Short alquila un coche 23

Mr Short hires a car

As he finds himself having to travel on business to other parts of Spain, Mr Short feels an increasing need for a car. He therefore hires one for a period of three months. In the dialogue we hear him discussing it with a car salesman, choosing the model he wants (a five-seater, strong enough to stand up to long journeys), fixing the prices and arranging to have a trial run in it when he goes to pick it up the next day.

This theme is taken up again in the free conversation section at the end of the Unit, where other hiring situations are suggested for practice, followed by a discussion of roads and of traffic problems in Britain, and the outline of a short talk on your own car.

Further examples are given in this Unit of the use of the Subjunctive form of the verb, revealing one more distinction between Indicative and Subjunctive which is made in Spanish but not in English. The sentence 'The car has five seats' states a fact about the car and Spanish requires for this the Indicative mood of the verb: *tiene*. In the sentence 'We want a car which has five seats' we are not referring to an actual car, but to a hypothetical one. In this case Spanish does not use the Indicative: *que tiene*, but the Subjunctive: *que tenga*. By the same token, the Subjunctive is also used in sentences like: 'It is important that the car should have' (*Es importante que tenga*), 'I prefer the car to have' (*Prefiero que el coche tenga*), 'It's necessary for it to have' (*Es necesario que tenga*), etc.

Another small phrase pattern introduced in this Unit is that expressing rates and proportions, for example: 'eighty miles an hour', 'ten kilometres a litre', 'six thousand pesetas a month'. As will be seen, this pattern is slightly different in English and Spanish.

13

14

15

16

17

18

19

20

21

22

23

24

23

287

Diálogo El Sr. Short alquila un coche

1.	DEPENDIENTE	– ¿En qué puedo servirle?
2.	MR SHORT	– Quisiera alquilar un coche.
3.	DEPENDIENTE	– ¿Qué tipo de coche quiere? ¿Grande, pequeño . . . ?
4.	MR SHORT	– Necesito uno que tenga cinco plazas por lo menos.
5.	DEPENDIENTE	– Tenemos este SEAT 1500.
6.	MR SHORT	– ¿Cuánta gasolina consume?
7.	DEPENDIENTE	– Gasta unos diez litros cada cien kilómetros.
8.	MR SHORT	– ¿Cuánto es el alquiler?
9.	DEPENDIENTE	– Nuestro precio es doscientas cincuenta pesetas al día, más cinco pesetas por kilómetro.
10.	MR SHORT	– Es un poco caro.
11.	DEPENDIENTE	– ¿Es para mucho tiempo?
12.	MR SHORT	– Para unos tres o cuatro meses.
13.	DEPENDIENTE	– Entonces podemos hacerle un precio especial.
14.	MR SHORT	– ¿A cuánto me sale entonces?
15.	DEPENDIENTE	– A seis mil pesetas al mes, más las cinco pesetas por kilómetro.
16.	MR SHORT	– ¿Y el motor, está en buenas condiciones?
17.	DEPENDIENTE	– Perfectas. Además, es un coche muy duro.
18.	MR SHORT	– Es imprescindible que sea duro porque hago viajes muy largos.
19.	DEPENDIENTE	– Entonces es el coche que le conviene.
20.	MR SHORT	– Bien, me decido por éste. Está asegurado, ¿no?
21.	DEPENDIENTE	– Sí. Está asegurado a todo riesgo.
22.	MR SHORT	– Quisiera probarlo. ¿Es posible?
23.	DEPENDIENTE	– ¡Naturalmente! Cuando Vd. quiera.
24.	MR SHORT	– Bueno, mañana, cuando venga a recogerlo. Adiós, buenos días.

Cuestionario

1. ¿Qué quiere hacer el Sr. Short? — Quiere alquilar un coche.
2. ¿Qué tipo de coche quiere, grande o pequeño? — Quiere un coche grande.
3. ¿Cuántas plazas necesita? — Necesita cinco plazas.
4. ¿Qué coche le ofrece el dependiente? — Le ofrece un SEAT 1500.
5. ¿Qué le pregunta el Sr. Short sobre la gasolina? — Le pregunta que cuánta gasolina consume.
6. ¿Cuánta gasolina consume el SEAT 1500? — Consume diez litros cada cien kilómetros.
7. ¿Qué más le pregunta el Sr. Short? — Le pregunta el precio.
8. ¿Cuál es el precio del alquiler al día? — El precio es doscientas cincuenta pesetas al día.
9. ¿Y por kilómetro? — Cinco pesetas por kilómetro.
10. ¿Qué le parece al Sr. Short este precio? — Le parece un poco caro.
11. ¿Para cuánto tiempo necesita el Sr. Short el coche? — Lo necesita para tres o cuatro meses.
12. ¿Es el mismo precio para varios meses? — No, no es el mismo precio. Es un precio especial.
13. ¿A cuánto le sale entonces al mes? — Le sale a seis mil pesetas al mes.
14. ¿Es más barato también por kilómetro? — No, no es más barato por kilómetro. Es lo mismo.
15. ¿Qué pregunta el Sr. Short sobre el motor? — Pregunta que si está en buenas condiciones.
16. ¿Y en qué condiciones está? — Está en perfectas condiciones.
17. ¿Es duro el coche? — Sí, es duro.
18. ¿Es imprescindible que sea duro? — Sí, es imprescindible que sea duro.
19. ¿Por qué? — Porque el Sr. Short hace viajes muy largos.
20. ¿Por qué coche se decide el Sr. Short? — Se decide por el SEAT 1500.
21. ¿Qué pregunta entonces? — Pregunta que si está asegurado.
22. ¿Y qué contesta el dependiente? — Contesta que está asegurado a todo riesgo.
23. ¿Luego, qué quiere hacer el Sr. Short con el coche? — Quiere probarlo.
24. ¿Qué le dice el dependiente? — Dice que puede probarlo cuando quiera.
25. ¿Cuándo lo va a probar? — Lo va a probar mañana cuando vaya a recogerlo.

Ampliación

¿CÓMO ES SU COCHE?
Mi coche es grande,
tiene 6 plazas,
va muy de prisa,
y cuesta poco.

¿CÓMO ES SU EMPLEO?
Mi empleo es fácil,
me gusta,
está bien pagado,
y dura toda la vida.

¿CÓMO ES SU SECRETARIA?
Mi secretaria llega a su hora,
trabaja mucho,
sabe idiomas,
y pide poco sueldo.

¿CÓMO ES SU HOTEL FAVORITO?
Mi hotel favorito está cerca del mar.
No hay niños,
se come bien,
y cobran poco.

¿CÓMO ES SU MUJER?
Mi mujer es inteligente,
tiene sentido del humor,
guisa bien,
y me quiere de verdad.

¿QUÉ CLASE DE COCHE NECESITA VD.?
Necesito un coche que sea grande,
que tenga 6 plazas,
que vaya muy de prisa,
y que cueste poco.

¿QUÉ CLASE DE EMPLEO BUSCA VD.?
Busco un empleo que sea fácil,
que me guste,
que esté bien pagado,
y que dure toda la vida.

¿QUÉ CLASE DE SECRETARIA LE HACE FALTA?
Me hace falta una secretaria que llegue a su
hora,
que trabaje mucho,
que sepa idiomas,
y que pida poco sueldo.

¿QUÉ CLASE DE HOTEL PREFIERE VD. PARA
LAS VACACIONES?
Para las vacaciones, prefiero un hotel que
esté cerca del mar,
donde no haya niños,
donde se coma bien,
y donde cobren poco.

¿QUÉ TIPO DE MUJER QUIERE VD. COMO
SU ESPOSA?
Quiero una mujer que sea inteligente,
que tenga sentido del humor,
que guise bien,
y que me quiera de verdad.

175 Este coche está asegurado.   – Necesito un coche que esté asegurado.
Este coche es duro.   – Necesito un coche que sea duro.
Este coche consume poca gasolina.   – Necesito un coche que consuma poca gasolina.
Este coche cuesta poco.   – Necesito un coche que cueste poco.
Esta mecanógrafa trabaja de prisa.   – Necesito una mecanógrafa que trabaje de prisa.
Esta secretaria no se equivoca nunca.   – Necesito una secretaria que no se equivoque nunca.
Este botones sabe inglés.   – Necesito un botones que sepa inglés.

176 Yo trabajo bien.   – Es importante que Vd. trabaje bien.
Yo gano un buen sueldo.   – Es importante que Vd. gane un buen sueldo.
Yo tengo sentido del humor.   – Es importante que Vd. tenga sentido del humor.
Yo sé español.   – Es importante que Vd. sepa español.
Yo guiso bien.   – Es importante que Vd. guise bien.
Yo soy puntual.   – Es importante que Vd. sea puntual.
Yo gasto poco.   – Es importante que Vd. gaste poco.

177 ¿Es conveniente alquilar un coche?   – No, no es conveniente que alquile Vd. un coche.
¿Hace falta pagar ahora?   – No, no hace falta que pague Vd. ahora.
¿Es necesario probar el coche?   – No, no es necesario que pruebe Vd. el coche.
¿Es importante recogerlo mañana?   – No, no es importante que lo recoja Vd. mañana.
¿Es malo gastar poco?   – No, no es malo que gaste Vd. poco.
¿Es urgente hacer el pedido?   – No, no es urgente que haga Vd. el pedido.

178 ¿Cuándo prefiere Vd. ir?   – Cuando Vd. vaya.
¿Cuándo prefiere Vd. venir?   – Cuando Vd. venga.
¿Cuándo prefiere Vd. comer?   – Cuando Vd. coma.
¿Cuándo prefiere Vd. decidirse?   – Cuando Vd. se decida.
¿Cuándo prefiere Vd. marcharse?   – Cuando Vd. se marche.
¿Cuándo prefiere Vd. telefonear?   – Cuando Vd. telefonee.
¿Cuándo prefiere Vd. acabar?   – Cuando Vd. acabe.

179 ¿Cuándo vamos a comer?   – Cuando Vd. quiera.
¿Dónde vamos a comer?   – Donde Vd. quiera.
¿Qué vamos a comer?   – Lo que Vd. quiera.
¿Cómo vamos a ir?   – Como Vd. quiera.
¿Qué gasolina vamos a comprar?   – La que Vd. quiera.
¿Qué autobús vamos a tomar?   – El que Vd. quiera.
¿Cuántas libras vamos a cambiar?   – Las que Vd. quiera.
¿Qué precios vamos a pedir?   – Los que Vd. quiera.

180 ¿Habla Vd. español?   – Quisiera hablarlo.
¿Tiene Vd. coche?   – Quisiera tenerlo.
¿Sabe Vd. alemán?   – Quisiera saberlo.
¿Ha abierto una cuenta en el banco?   – Quisiera abrirla.
¿Ha transferido su dinero?   – Quisiera transferirlo.
¿Ha asegurado su coche?   – Quisiera asegurarlo.

181 Todas las mañanas me lavo.   – Me lavo cada mañana.
Todas las tardes doy un paseo.   – Doy un paseo cada tarde.
Todos los días voy en coche.   – Voy en coche cada día.
Todas las noches oigo la radio.   – Oigo la radio cada noche.
Todos los domingos hay corrida.   – Hay corrida cada domingo.
Todas las semanas veo una película.   – Veo una película cada semana.
Todos los meses cobro mi sueldo.   – Cobro mi sueldo cada mes.
Todos los años voy a España.   – Voy a España cada año.

182 Voy a misa una vez por semana.
Como tres veces por día.
Nos reunimos dos veces por mes.
Voy a misa una vez a la semana.
Como tres veces al día.
Nos reunimos dos veces al mes.

– Voy a misa una vez a la semana.
– Como tres veces al día.
– Nos reunimos dos veces al mes.
– Voy a misa una vez por semana.
– Como tres veces por día.
– Nos reunimos dos veces por mes.

183 ¿Va Vd. a probar el coche?
¿Va Vd. a cobrar los cheques?
¿Va Vd. a cambiar las divisas?
¿Va Vd. a contestar la carta?
¿Quiere Vd. leer estas revistas?
¿Puede Vd. pagar esta cuenta?

– Sí, lo voy a probar.
– Sí, los voy a cobrar.
– Sí, las voy a cambiar.
– Sí, la voy a contestar.
– Sí, las quiero leer.
– Sí, la puedo pagar.

184 Mi padre llama todos los días, ayer también llamó.
Yo
Nosotros

Mis amigos

Escribir

Nosotros

Mi padre

Yo

– Mi padre llama todos los días, ayer también llamó.
– Yo llamo todos los días, ayer también llamé.
– Nosotros llamamos todos los días, ayer también llamamos.
– Mis amigos llaman todos los días, ayer también llamaron.
– Mis amigos escriben todos los días, ayer también escribieron.
– Nosotros escribimos todos los días, ayer también escribimos.
– Mi padre escribe todos los días, ayer también escribió.
– Yo escribo todos los días, ayer también escribí.

185 El director siempre dice lo mismo.
El director siempre está aquí.
El director siempre da una cena.
El director siempre va a la reunión.
El director siempre viene tarde.
El director siempre tiene razón.
El director siempre hace lo mismo.
El director siempre es amable.

– Anoche también dijo lo mismo.
– Anoche también estuvo aquí.
– Anoche también dió una cena.
– Anoche también fue a la reunión.
– Anoche también vino tarde.
– Anoche también tuvo razón.
– Anoche también hizo lo mismo.
– Anoche también fue amable.

186 Tenemos clase todos los días.
Vamos a Correos todos los días.
Decimos eso todos los días.
Damos clase todos los días.
Hacemos un ejercicio todos los días.
Venimos temprano todos los días.

– Ayer también tuvimos clase.
– Ayer también fuimos a Correos.
– Ayer también dijimos eso.
– Ayer también dimos clase.
– Ayer también hicimos un ejercicio.
– Ayer también vinimos temprano.

(*Drills 185 and 186 are not recorded.*)

Situaciones

1. SE ALQUILA UN COCHE

INGLÉS	– Buenos días, quisiera –
DEPENDIENTE	– ¿tipo?
INGLÉS	– grande, pequeño, mediano, nuevo, duro, elegante
DEPENDIENTE	– ¿tiempo?
INGLÉS	– período largo, período corto, ocasiones especiales, días, semanas, meses
DEPENDIENTE	– ¿para qué?
INGLÉS	– turismo, viajes de negocios, ciudad, excursiones
DEPENDIENTE	– ¿marca?
INGLÉS	– nacional (española), extranjera
DEPENDIENTE	– ¿potencia?
INGLÉS	– 600, 1100, 1500, de 2, 3, 4 litros
DEPENDIENTE	– ejemplos de modelos
INGLÉS	– Es imprescindible que – Prefiero – Conviene que –
DEPENDIENTE	– Otros modelos
INGLÉS	– Me decido – ¿consumo de gasolina?
DEPENDIENTE	– litros cada – kilómetros
INGLÉS	– ¿precio?
DEPENDIENTE	– pesetas al mes, a la semana, al día
INGLÉS	– (elige) ¿probar?
DEPENDIENTE	– día y hora
INGLÉS	– De acuerdo – (se despide)

2. SE ALQUILA UN TAXI POR TELÉFONO

INGLÉS	– Buenos días, quisiera –
DEPENDIENTE	– ¿para cuándo?
INGLÉS	– día, hora
DEPENDIENTE	– ¿para dónde?
INGLÉS	– destino, itinerario
DEPENDIENTE	– ¿para cuánto tiempo?
INGLÉS	– un día, medio día, horas
DEPENDIENTE	– precio
INGLÉS	– caro, bien

Llegan a un acuerdo

3. SE ALQUILA UNA BICICLETA

INGLÉS	– Buenos días, quiero –
DEPENDIENTE	– ¿para qué?
INGLÉS	– paseo, aprender a montar, excursión
DEPENDIENTE	– ¿tipo de bicicleta? ¿de paseo, de carreras, con cambio, sin cambio, ligera, fuerte, dura?
INGLÉS	– (*Elija Vd.*)
DEPENDIENTE	– ¿para cuándo?
INGLÉS	– ahora, esta tarde, mañana
DEPENDIENTE	– ¿ésta?
INGLÉS	– usada, vieja
DEPENDIENTE	– ¿ésta otra?
INGLÉS	– mejor, ¿precio?

Llegan a un acuerdo

Conversación

1. *¿Qué clases de carreteras existen en Inglaterra y adónde van?*

autopistas	carreteras de primer orden
carreteras internacionales	carreteras de segundo orden
caminos	carreteras de tercer orden

2. *¿Qué clases de vehículos existen y por dónde van?*

turismos	autocares	carros
camiones	furgonetas	ciclistas
camionetas	autobuses	peatones

3. *¿Cómo se controla el tráfico?*

semáforos	pasos a nivel
guardias del tráfico	limitación de velocidad
cruces de peatones	permisos de conducir
Código de la carretera	
Reglamentos para doblar, etc.	

4. *Personas que intervienen*

conductores	guardias
chóferes	peatones

5. *Partes del coche y su función*

volante	ruedas	parachoques	cambio
frenos	carrocería	parabrisas	embrague

6. *Los accidentes*

¿dónde?	en la ciudad, en la carretera, en curvas
¿cuándo?	al adelantarse, al frenar, al doblar

7. *¿En qué época hay más accidentes?*

invierno, verano, primavera, otoño
Navidades, fiestas, días corrientes

8. *Causas de los accidentes*

Mal estado de la carretera	Peatones
Mucho tráfico	Pinchazos
Excesiva velocidad	Frenos defectuosos
No reducir la velocidad	Alcohol
Sueño	Tiempo meteorológico

9. *Remedios*

limitar velocidad	edad del conductor	más guardias
limitar carnets	multas, cárcel	guardias especiales
mejora de carreteras	castigos severos	control de la circulación

1. *Describa su propio coche u otro que conozca.*
   Refiérase a los puntos siguientes:

marca
potencia
precio
color
año
plazas
puertas
comodidad
velocidades
seguro
empleo
viajes

2. *Hablando en serio o en broma,*
   describa una de las siguientes personas o casas:

El marido que busco
La mujer que necesito
Quiero un amigo que . . .
Necesito una secretaria que . . .
Prefiero un jefe que . . .
Me conviene un empleo que . . .
Quiero un coche que . . .

This Unit begins with two conversations of the kind in which people are most of the time engaged – casual circumstantial comment on the less important details of daily life. Naturally members of a family use the familiar form of the verb, with *tú* and *vosotros*.. In the first, the Pérez family, mother, father, son and daughter, discuss where to go in the car for a Sunday outing. In the second, Pérez tells Short something about the Spanish press. Short thinks it would help his Spanish if he read a newspaper or two and Pérez makes some suggestions.

Conversation practice is on the subject of transport, public and private, and it is hoped that the talking points will aid discussion. A short taped exercise of a new type follows in which you are asked to act as interpreter between two persons, translating from Spanish into English and vice versa.

The second of the reading passages about Spain deals with those regions that border the Mediterranean, mainly Catalonia, the Levant (Valencia, Murcia and others) and Andalusia – the part of Spain best known to tourists but not necessarily the most typical.

Grammar frames add to the conjugation the irregular forms of the Preterite (Past) Tense, practised in Units 22 and 23. Some uses of the Subjunctive are recapitulated with further examples and a number of minor phrase patterns are introduced.

Comprensión

1. Planeando una excursión

La familia Pérez está hablando de una excursión que va a hacer el domingo que viene:

SR. PÉREZ	– ¿Qué os parece si nos vamos el sábado de excursión?
SRA. DE P.	– ¿Cómo se te ocurre una idea así? ¡Con el tiempo que hace!
PABLO	– Eso no importa. Venga, vámonos de excursión.
TERESA	– Si cuando yo digo que papá es un hombre de grandes ideas.
SRA. DE P.	– ¡Y tan grandes! Luego vas a ver cómo nos llueve.
PABLO	– ¡Qué va a llover! Mamá, no seas aguafiestas.
SR. PÉREZ	– Sí, hombre, vamos a arriesgarnos. ¿Por qué no vamos a una playa de por aquí cerca?
TERESA	– Sí, yo también prefiero la playa.
SRA. DE P.	– ¿No os parece mejor que no vayamos muy lejos? Podemos ir al campo. Para mí es tan agradable como la playa.
TERESA	– Pero, no te puedes bañar, mami.
PABLO	– A mí me da igual en realidad, el caso es que nos vayamos por ahí.
SRA. DE P.	– Muy bien, entonces, decidido. Vamos a la playa. Ahora pensad en qué comida nos llevamos.
SR. PÉREZ	– Por la comida no te preocupes, mujer. Sólo nos hacen falta unos bocadillos de tortilla, chorizo, salchichón y fruta, y las bebidas las compramos en cualquier sitio.
SRA. DE P.	– ¡Anda, qué exagerado! Vamos a llevar comida para un regimiento. Bueno, yo, si me ayudáis, encantada, a ver si encuentro buena fruta.
PABLO	– Oíd ¿por qué no vamos a la playa de la última vez?
TERESA	– Eso es una buena idea, porque lo pasamos de miedo.
SRA. DE P.	– No tan bien, hija, que vaya un susto que nos dio tu hermano.
PABLO	– Bueno, mamá, sólo me fui nadando un poco más lejos que de costumbre.
SR. PÉREZ	– Bueno, no habléis tanto y decidid a qué hora salimos.
PABLO	– Bueno sí, pero a ver qué pasa con eso, porque con lo temprano que te levantas, papá . . .
SR. PÉREZ	– Pues, claro, tenemos que salir lo más temprano posible. Es mucho mejor por el tráfico, y sobre todo porque así podemos estar más tiempo en la playa.
PABLO	– Sí, tienes razón.
TERESA	– ¡Pero a mí es que eso de madrugar . . .! Con lo bien que se está en la cama por la mañana!
PABLO	– ¡Venga, niña, no seas perezosa! Tú, por dormir pierdes cualquier cosa.
TERESA	– ¡Mira tú quién va a hablar!
SRA. DE P.	– Bueno, dejaos de discutir, y decidid qué hora es la mejor.
SR. PÉREZ	– Yo creo que con que salgamos a las ocho, llegamos bien, con tiempo para bañarnos antes de comer.
PABLO	– Sí, porque son dos horas de camino.
TERESA	– Sí, pero no hace falta que madruguemos tanto. Ya conocéis el proverbio, que no por mucho madrugar amanece más temprano.
SR. PÉREZ	– Sí, hija, pero hay otro que dice que al que madruga, Dios le ayuda.
SRA. DE P.	– Tened en cuenta que siempre nos paramos a tomar algo en el camino. Si salimos a las ocho, vamos a llegar sobre las once que es una buena hora.
TERESA	– Muy bien, de acuerdo, me sacrifico. Claro que así tenemos mucho más rato para bañarnos.
PABLO	– Después de comer, podemos subir a los montes que hay detrás de la playa.

SR. PÉREZ	– Ni hablar, ¿eh? ¡De eso ni hablar! A mí después de comer me dejáis tranquilo echando mi siestecita.
SRA. DE P.	– Y a mí también ... que nosotros no estamos ya para esos trotes. Tu padre y yo no podemos hacer esas cosas ya.
SR. PÉREZ	– ¡Oye! ¿Qué quieres decir con que *ya* no podemos ...? ¿Quieres decir que soy viejo?
SRA. DE P.	– No, no eres viejo pero tampoco eres joven.
PABLO	– Muy bien, entonces vosotros os echáis la siesta y nosotros subimos, pero quedamos en que nos vamos el domingo de excursión ¿de acuerdo? Oye, papá ¿nos vas a dejar conducir?
SR. PÉREZ	– No sé, hijos, de momento no, depende del tráfico que haya. Ya sabéis cómo se pone la carretera de la costa y lo peligrosa que es cuando hay muchos coches.
PABLO	– Bueno, pero al menos un rato, antes de que haya mucho tráfico. La última vez que fuimos, conduje yo y no pasó nada.
SR. PÉREZ	– En fin, dejemos la decisión para ese día, porque además tengo que llevarlo primero a que me lo revisen.
SRA. DE P.	– Bueno, entonces a esperar el domingo, y a ver qué tiempo nos hace.

2. La prensa

Los Sres. Pérez y Short cruzan la Puerta del Sol, en Madrid. De entre la gente llegan las voces de un vendedor de periódicos.

VENDEDOR – ¡*A.B.C., Ya, Marca!* ¡*Lea Marca!*

SHORT – Nunca consigo entender lo que anuncian estos hombres.

PÉREZ – Son vendedores ambulantes y anuncian la prensa del día.

SHORT – ¿Pero no se vende en los quioscos?

PÉREZ – Pues claro. Las revistas y los periódicos se venden en los quioscos pero además hay estos vendedores que recorren las calles y entran en los cafés. Y le advierto que es muy agradable que le sirvan a uno el periódico además del café.

SHORT – Pues, oiga, sin embargo, aquí la gente no lee tantos periódicos como en Inglaterra. Allí es una verdadera manía. Al desayunar, al comer, en el metro, por donde uno va hay gente leyendo.

PÉREZ – Tan exagerados no somos, desde luego, aunque sí nos gusta leer nuestro periódico. Claro que quizá los periódicos españoles son más uniformes que los de Vds. y con leer uno al día tenemos bastante. Y por otro lado el español prefiere leer en casa. En público prefiere charlar, comunicarse con la gente.

SHORT – Pues, yo quisiera empezar a leer periódicos aquí. Creo que es muy útil para mejorar mi español. ¿Cuál me recomienda Vd.?

PÉREZ – Ya le digo, no hay gran diferencia, pero tiene Vd. en Barcelona *La Vanguardia*, pero como Vd. va a estar en Madrid, pues el *A.B.C.* y el *Ya* que son los más interesantes. *La Vanguardia* es un periódico de una larga tradición, más bien liberal. El *A.B.C.* es de tradición monárquica y el *Ya* es el órgano principal de la Prensa Católica. Está muy bien ilustrado y tiene una gran variedad de artículos tanto sobre la política como sobre temas sociales, culturales – teatro, cine, libros, etcétera, deportes, en fin es un periódico bastante completo, de unas treinta y dos páginas muy grandes.

SHORT – ¿Y qué tirada tienen estos periódicos?

PÉREZ – No sé exactamente. Calculo que el *Ya* debe tener una tirada de unos 350.000 ejemplares diarios.

SHORT – ¿Y hay algún periódico que exprese el punto de vista oficial del Gobierno?

PÉREZ – Del Gobierno, concretamente, no. Pero ya sabe Vd. que en España hay un solo partido político, que es la Falange y ellos tienen su periódico.

SHORT – ¿Cuál es?

PÉREZ – El *Arriba*. Todos los periódicos que le he dicho, *La Vanguardia*, el *A.B.C.*, el *Ya*, etcétera, son los grandes diarios que se leen en casi todo el país. Pero la característica de España en este aspecto es que en las distintas regiones del país, lo que se lee no son estos grandes diarios sino los periódicos locales y de éstos hay a montones. Cada ciudad tiene el suyo y eso parece que es lo que interesa a la gente.

SHORT – En Inglaterra es más bien lo contrario. Hay periódicos regionales importantes, pero los que se leen más en todo el país son unos cuantos nacionales. ¿Y tienen Vds. también periódicos de la tarde?

PÉREZ – Sí, sí, por la tarde salen el *Madrid, Informaciones, Pueblo.* Y hay muchísima gente que prefiere leer éstos, que son más sencillos en su forma y presentación, más populares, que no los grandes diarios serios que he mencionado. El *Pueblo* representa la opinión de los Sindicatos. Puede ser interesante para Vd. conocer todas las distintas opiniones que existen aquí ¿no?

SHORT	– Sí, desde luego. Veo que hay mucho interés por el fútbol. ¿Tienen también algún periódico deportivo?
PÉREZ	– Efectivamente, aquí la gente está loca por el fútbol. Hay varios periódicos pero el más popular es *Marca*. Ese sí que se ve por todas partes, en los cafés, en el Metro, en todos los lados.
SHORT	– ¿Por qué se llama *Marca*?
PÉREZ	– Ya sabe Vd. lo que significa 'marcar' ¿no?
SHORT	– Bueno, marcar un número en el teléfono, pero en deporte no sé.
PÉREZ	– Pues en el fútbol, marcar un gol . . .
SHORT	– ¡Ah, claro!
PÉREZ	– Y luego, tenemos un periódico que no tienen Vds. Se llama *El Ruedo*. Sabe lo que es el ruedo ¿no? El círculo, o sea, la plaza de toros.
SHORT	– Sí, ya lo sé. Como Vd. dice, eso sí que no lo tenemos en Inglaterra. Lo único que tenemos organizado allí en ese aspecto es una sociedad en contra de las corridas de toros.
PÉREZ	– Claro, para los ingleses es un poco fuerte. Pero sin embargo, a lo mejor les parece bien *El Caso*.
SHORT	– ¿Qué es eso?
PÉREZ	– Es un periódico sensacionalista donde puede uno leer todos los crímenes y cosas horribles que suceden.
HORT	– No me hable de ese tema. La prensa inglesa a veces abusa de él. Aunque también debo reconocer que nuestros periódicos serios son muy buenos.
PÉREZ	– Bueno, se dice de la prensa de Vds. que es la peor y la mejor del mundo. ¿No es eso?
HORT	– Eso es. Bueno, aquí estamos. ¿Qué periódico compro por fin?
PÉREZ	– ¡Hombre! Pues compre el *A.B.C.* a ver si le gusta.

Cuestionario

1. How are newspapers sold in Spain?
2. Do Spaniards read many newspapers?
3. Name some dailies.
4. What points of view do they represent?
5. Name some evening papers.
6. What is the readership of *Ya*, for example?
7. Are the big national dailies read all over the country?
8. Is the Spanish Press sensationalist?
9. What do you buy if you want to read about murders?
10. What do you buy if you want to read about sport?
11. Give two translations of 'marcar'.
12. What is sometimes said about England as regards its Press?

¿Qué sistemas de transporte público existen en Inglaterra?
¿Son modernos o antiguos?
¿Son cómodos o incómodos?
¿Son baratos o caros?
¿Son suficientes los medios actuales?
¿Cómo se transportan las mercancías?
¿Cuáles son los medios de transporte particular?
¿Qué marcas de coche conoce Vd.?
¿Qué opina de los problemas del tráfico: accidentes, aparcamiento, etc.?

2. LA MODA

¿Cuál es la moda actual en el vestido femenino?
¿Cuál es la moda actual en el vestido masculino?
¿Qué modas existen en: las vacaciones, las películas, los bailes, la manera de hablar, los modales sociales y el esnobismo?
¿A qué se debe la existencia de las modas?

3. LA PRENSA

Describa las distintas categorías de periódicos en Inglaterra.
Hable de la prensa sensacionalista.
Hable de la prensa que se publica los domingos.
Hable de la prensa que se publica por las tardes.
¿Hay censura en Inglaterra? ¿Qué opina Vd. de ella?
Describa las distintas secciones de un periódico.

Un director de la compañía del Sr. Short está en España, y recibe a un periodista que ha solicitado una entrevista. Como el director no habla español, el Sr. Short interpreta entre los dos.

PERIODISTA   – ¿Cuánto tiempo piensa Vd. estar en España?

DIRECTOR   *– I expect to be here about two weeks.*

PERIODISTA   – ¿Es la primera vez que visita nuestro país?

DIRECTOR   *– Yes, it's the first time.*

PERIODISTA   – ¿Le gusta?

DIRECTOR   *– Yes, I like it very much.*

PERIODISTA   – ¿Para qué ha venido a España?

DIRECTOR   *– I have come here to form a new company.*

PERIODISTA   – ¿Es una compañía exclusivamente inglesa o mixta con participación española?

DIRECTOR   *– It's a joint company, half British, half Spanish.*

PERIODISTA   – ¿A qué va a dedicarse la nueva compañía?

DIRECTOR   *– We are going to manufacture electrical circuits.*

PERIODISTA   – ¿Cuántos empleados y operarios van a necesitar?

DIRECTOR   *– We are going to need about 15 office staff at first and about 100 workmen.*

PERIODISTA   – ¿Dónde van a montar la fábrica?

DIRECTOR   *– About 5 miles from Madrid on the road to Getafe.*

PERIODISTA   – Y a esa distancia ¿dónde espera encontrar obreros?

DIRECTOR   *– We intend to build houses for them near the factory.*

PERIODISTA   – ¿Y los que viven en Madrid?

DIRECTOR   *– Those living in Madrid can come to work in the company bus.*

PERIODISTA   – ¿Cómo ve Vd. el futuro económico de España?

DIRECTOR   *– I see an excellent economic future for Spain.*

PERIODISTA   – ¿Es una señal de optimismo y confianza el que Vds. hayan decidido invertir dinero en España?

DIRECTOR   *– Certainly, I'm very optimistic and have great confidence in Spain's economic stability and progress.*

PERIODISTA   – Bueno, muchas gracias, Sr. Director, le estoy muy agradecido por esta información.

DIRECTOR   *– Not at all. It's a pleasure.*

2. La España mediterránea

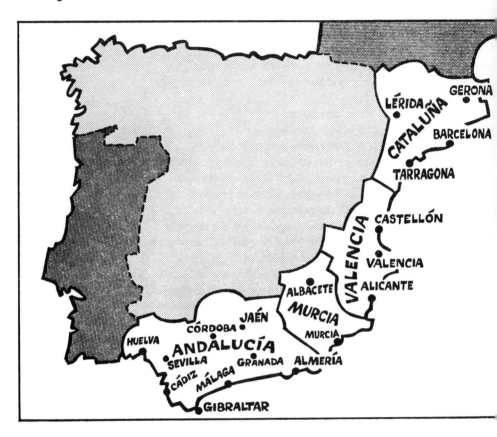

La España mediterránea se extiende desde Port-Bou, en la frontera con Francia, hasta Gibraltar. Está formada por las regiones de Cataluña, Valencia, Murcia y Andalucía.

Cataluña tiene cuatro provincias: Barcelona, Tarragona, Lérida y Gerona. Esta región es montañosa en la parte donde se hallan los Pirineos y en el este. El clima es suave en la costa pero la temperatura va bajando poco a poco según se va acercando a las montañas hasta encontrar nieves perpetuas en los Pirineos. Cataluña es la región más industrializada de España siendo la más importante la industria textil. Es a su vez muy rica en agricultura, cultivándose frutales, hortalizas y vinos. Los catalanes tienen la reputación de ser muy trabajadores y quizá más prácticos que el resto de los españoles; no es tan fácil hacer amigos en Cataluña como en Andalucía por ejemplo, pero la amistad es muy duradera. Si el viajero no habla catalán, que no se preocupe; todos hablan castellano también.

Barcelona, a pesar de sus industrias es una ciudad hermosa, con anchas avenidas, parques y jardines, museos y edificios artísticos, muy interesante para el viajero cansado de tomar el sol en la Costa Brava.

Valencia tiene tres provincias: Castellón, Valencia y Alicante. El clima de Valencia es ideal: los inviernos son suaves y los veranos cálidos; en general llueve poco, y si uno se cansa del calor, puede separarse de la costa y subir a la montaña donde las temperaturas son más bajas y agradables en verano. Una visita a Valencia en cualquier época del año queda grabada para siempre en la memoria. Aquí está el vergel de España; es la tierra de las flores y de la luz. El suelo parece que está cubierto por una alfombra de verdura. Este paisaje se extiende también hasta Murcia con sus dos provincias de Murcia y Albacete.

Dos productos típicos de esta región son el arroz con el que se hace la paella valenciana, plato de la región, y el turrón, especie de dulce hecho de azúcar, miel, almendras, y frutas. Pero la riqueza de la región se basa, claro está, en la exportación de frutas y en varias industrias ligeras, desarrolladas especialmente en Alicante, tales como el calzado y el papel de fumar (la costumbre de liar los cigarrillos está todavía muy extendida en España).

Andalucía tiene ocho provincias, cinco de ellas marítimas: Almería, Granada, Málaga, Cádiz y Huelva, y tres interiores: Jaén, Córdoba y Sevilla. El clima de la costa es más caluroso que el de Valencia, de tal forma que se dan algunos productos tropicales.

La provincia de Sevilla, concretamente en Ecija, es la parte más cálida de España con temperaturas de hasta 50°C a la sombra.

La parte norte de Andalucía está separada de Castilla por Sierra Morena, y en el centro de la región, corriendo de este a oeste se halla el Sistema Penibético con el pico más alto de la Península: el Mulhacén. En Sierra Nevada se puede esquiar. Por la mañana el viajero puede esquiar en la sierra y por la tarde a 80 kilómetros de distancia puede darse un baño en el Mediterráneo.

La tierra andaluza, rica en agricultura, está dividida en grandes *latifundios*, y debido a la existencia de estas enormes extensiones de tierra pertenecientes a un solo propietario, siempre ha habido mucha emigración de Andalucía a América del Sur, y últimamente a Europa. Es una región riquísima en vinos y en aceite, y el paisaje típico es de viñedos y olivos. También posee minas de cobre (en Huelva), de oro (en Almería) y de hierro y carbón (en Jaén).

Debido a la temperatura, es en Andalucía donde echarse la siesta no sólo es costumbre sino una necesidad, pues con 35° entre las dos y las cinco de la tarde es muy difícil trabajar. Con el calor el apetito se pierde y las comidas han de ser refrescantes; por eso el gazpacho es el plato ideal, una especie de sopa fría hecha de tomate, pepino, lechugas y agua, condimentada con sal, vinagre y aceite.

Para los turistas, Andalucía es la tierra del sol, de la luz, de la alegría y del flamenco, del buen vino, de los gitanos y de los toros. Todo eso que a veces se considera lo más típico de España es sólo una pequeña parte de la riqueza folklórica y artística española. Para el viajero que no sólo busca sol y música de guitarra hay otras cosas más duraderas e interesantes: Granada con sus parques y sus palacios árabes, joyas incomparables del arte de construir de los musulmanes, tan distinto del gótico europeo, Córdoba, antigua capital del califato árabe, con su mezquita convertida ahora en iglesia, Cádiz reluciente de blancura bajo el sol del mediodia, Sevilla - 'quien no ha visto Sevilla, no ha visto maravilla' - centro y corazón de la vida andaluza. Todo esto espera al viajero que quiera buscarlo y tenga tiempo para apreciarlo. Porque a Andalucía nadie va con prisas.

252. Preterite Tense (irregular forms)

poder	poner	querer
pude	puse	quise
pudiste	pusiste	quisiste
pudo	puso	quiso
pudimos	pusimos	quisimos
pudisteis	pusisteis	quisisteis
pudieron	pusieron	quisieron

servir	seguir	pedir
serví	seguí	pedí
serviste	seguiste	pediste
sirvió	siguió	pidió
servimos	seguimos	pedimos
servisteis	seguisteis	pedisteis
sirvieron	siguieron	pidieron

elegir	preferir	leer
elegí	preferí	leí
elegiste	preferiste	leíste
eligió	prefirió	leyó
elegimos	preferimos	leímos
elegisteis	preferisteis	leísteis
eligieron	prefirieron	leyeron

dar	ir, ser	traer
di	fui	traje
diste	fuiste	trajiste
dio	fue	trajo
dimos	fuimos	trajimos
disteis	fuisteis	trajisteis
dieron	fueron	trajeron

decir	tener	estar
dije	tuve	estuve
dijiste	tuviste	estuviste
dijo	tuvo	estuvo
dijimos	tuvimos	estuvimos
dijisteis	tuvisteis	estuvisteis
dijeron	tuvieron	estuvieron

253. Quisiera (= quiero)

Quisiera comprar un regalo.
Quisiera alquilar un coche.
Quisiera enviar un cable.

254. Valer = be all right (colloquial)

¿Quiere más café? — No, vale.
¿Abro la otra maleta? — No, vale.
He terminado. — Vale, márchese.

255. Valer (be worth)

Este bolso vale 1.500 ptas.
¿Cuánto vale ése de piel negra?
El profesor vale mucho.
Este libro no vale nada. Es estúpido.

256. Hacer falta (be needed)

(Me) (Nos) (Te) (Os)	hace falta	comprar un coche. estudiar mucho. mucho dinero. gasolina.
(Le) (Les)	hacen falta	tres billetes. más ejemplos. diez pesetas.

257. Hubo (there was)

Ayer hubo un accidente aquí.
Cerraron la puerta y no hubo posibilidad de entrar.
Cuando llegamos, el tren salió y no hubo tiempo de comprar nada.

258. Impersonal verbs + Subjunctive

Es importante que Vd. *sepa* español.
Conviene que el coche *sea* duro.
Es necesario que *tenga* 5 plazas.
Hace falta que *deje* un depósito.

259. Subjunctive in noun modifiers

Necesito un coche *que sea* amplio.
Quiero uno *que tenga* 5 plazas.
¿Hay alguien allí *que hable* inglés?

260. Con que + Subjunctive (provided that)

Con que salgamos a las ocho, llegamos amplia mente.
Puede pasar el examen con que estudie.

261. Cuando + Subjunctive (= future)

Avíseme cuando Vd. venga.
Vaya cuando Vd. quiera.
Hable cuando se lo pidan.

262. Other uses of the Subjunctive

Puedes conducir el coche antes de que haya mucho tráfico.
Depende del tráfico que haya.

263. *Ponerse algo, quitarse algo*

No pudo ponerse los zapatos.
Después de ponérselos, se los quitó.
Quítese la chaqueta, por favor.

264. *(Hacer) algo a alguien (o a algo)*

Short le pidió camisas al dependiente.
Le preguntó al Sr. Short su número.
Le quitó la etiqueta al bolso.

265. *Por + Infinitive* (= *cause*)

No compró el coche por ser muy caro.
No fui a Madrid, por no tener amigos.
No fui a España, por no saber español.

266. *El que, la que, los que, las que*

Quiero un bolso como el que tiene en el escaparate.
¿Qué camisa le gusta? – La que ve Vd. allí.
¿Qué libros necesita? – Traiga los que quiera.
De todas las cosas, me gustaron más las que Vd. ha comprado.

267. *A + Infinitive* (= *purpose*)

Vengo a recoger un paquete.
Vienen a Madrid a ver a su padre.
Voy al concierto a oír al pianista.

268. *A* (*distributive*)

Trabajo seis horas al día.
Gano seis mil pesetas al mes.
Voy a España una vez al año.
Voy a misa dos veces a la semana.

269. *Por* (*distributive*)

Gasto 10 litros de gasolina por cada 100 kilómetros.
Pago mi alquiler por meses.
Se vende el vino por litros.
Mi coche va a 100 kms. por hora.

270. *Cualquier* (*adj.*) = *any*

¿Cuándo quiere Vd. venir?
– Cualquier día me vale.
Cualquier niño sabe eso.
Venga Vd. a cualquier hora.

271. *Cualquiera, cualesquiera* (*pron.*)

¿Qué libro quiere Vd.?
– Cualquiera.
¿Qué días le convienen?
– Cualesquiera. (literary)

272. *Negative expressions*

No me interesa nada.
Nada me interesa.

No voy nunca al cine.
Nunca voy al cine.

No vino nadie.
Nadie vino.

De todas las cartas, no llegó ninguna.
De todas las cartas, ninguna llegó.

273. *Tanto* (*so much, so long*)

. . . cansados de tanto andar.
. . . cansados de andar tanto.
Se aburrieron de tanto esperar.
Se aburrieron de esperar tanto.

274. *Gran = grande*

un gran escritor
un gran susto
una gran variedad
una gran sorpresa

unos grandes escritores.
unos grandes sustos
unas grandes variedades
unas grandes sorpresas

275. Demasiado (*adj., adv., pron.*)

adj.	Es demasiado dinero. Son demasiados estudiantes. Hay demasiada gente.
adv.	Vd. pide demasiado. Este hotel cobra demasiado.
pron.	Trabajo 8 horas; demasiadas me parecen. **Treinta** estudiantes en una clase son demasiados. ¿Tiene Vd. trabajo? – Demasiado.

276. El mismo que (*the same as*)

Tengo el mismo número que mi amigo.
Short no fuma los mismos cigarrillos que Pérez.
Cobro la misma cantidad que Vd.
Teresa tiene las mismas ideas que Pablo.

277. Que (*not translated in English*)

Le preguntó que cuánta gasolina consume.
Contestó que 10 litros por 100 kms.
Dijo que sí. Dijo que no.

278. Así que = so that (*= result*)

Le gustaron las camisas, así que las compró.
Hubo un accidente, así que el tren llegó tarde.
... Así que no quiere ir ¿eh?

279. Tan (*+ adj.*)   *... como ...* (*as ... as ...*)

Este bolso no es tan elegante como el otro.
Nuestra casa no es tan grande como la de Vds.
Los coches ingleses son tan buenos como los franceses.

280. Tan + adv. + como ... (*as ... as ...*)

No hablo tan bien como Vd.
No escribo tan de prisa como él.
Yo comprendo tan fácilmente como cualquier otra persona.

281. Tanto (*+ noun*)   *... como ...* (*as much ... as ...*)

No quiero gastar tanto dinero como antes.
Le sirven tanta comida como quiere Vd.

282. Reciprocal pronouns: se, nos

Se escriben todos los días.
– *They write to each other every day.*
  You write to each other every day.
Nos escribimos todos los días.
– *We write to each other every day.*

¿Qué se dieron el Sr. Short y el dependiente el uno al otro?
– *What did Mr. Short and the shop assistant give each other?*

Juan y María se quieren el uno al otro.
Juan y María se quieren uno a otro.
– *John and Mary love each other.*

Los buenos amigos se ayudan los unos a los otros.
Los buenos amigos se ayudan unos a otros.
– *Good friends help one another.*

El Sr. Short visita una fábrica

Mr Short visits a factory

One of the customers whom Mr Short has been supplying with machines has invited him to have a look round his factory. In the dialogue they discuss the history of the company and the present state of the market. The firm used to be in Catalonia where it manufactured refrigerators, but the competition was keen and they decided to move to Madrid. Here they have doubled their production and now manufacture all kinds of electrical household appliances (*aparatos electro-domésticos*). In any case, Madrid, being central, is better for distribution.

In this conversation, the two speakers several times compare the present and the past and also refer to a particular state of affairs giving rise to an event. Spanish has two distinct sets of verb endings for these two concepts. That expressing past events (with the endings *-é*, *-ó*, *-amos*, *-aron*, *-í*, *-ió*, *-imos*, *-ieron*) has already been practised. It is now necessary to study the other, usually known as the Imperfect Tense, used to describe either a past condition or state of affairs, or a continuous or habitual action that acted as a background to certain events. It will be noticed that the *-ar* verbs have one set of endings (*-aba*, *-ábamos*, *-aban*) and the *-er* and *-ir* ones another set (*-ía*, *-íamos*, *-ían*).

The various uses of the Imperfect Tense mentioned above are again practised, after the Dialogue and Questionnaire, in the Expansion exercise, which deals with the theme of what we did in our childhood. An opportunity for free application of the Imperfect is given in the Conversation section, first in a discussion between two drivers at the scene of a car accident (a situation which we hope will not occur), and then in a talk on your last holidays. Both themes call for the use of the two past tenses – the Imperfect and the Preterite (or Simple Past).

Diálogo El Sr. Short visita una fábrica **25**

1.	DIRECTOR	– Bueno, ¿qué le parece nuestra fábrica, Sr. Short?
2.	MR SHORT	– No sabía que era tan grande.
3.	DIRECTOR	– Sí, es grande.
4.	MR SHORT	– Parece nueva también.
5.	DIRECTOR	– Lo es; acabamos de construirla.

6.	MR SHORT	– Y ¿dónde estaban Vds. antes?
7.	DIRECTOR	– Estábamos en Cataluña.
8.	MR SHORT	– ¿Qué fabricaban Vds. allí?
9.	DIRECTOR	– Allí fabricábamos solamente frigoríficos.
10.	MR SHORT	– ¿Y ahora?
11.	DIRECTOR	– Ahora fabricamos toda clase de aparatos electro-domésticos.

12.	MR SHORT	– ¿Por qué han venido aquí?
13.	DIRECTOR	– Porque en Cataluña teníamos tantos competidores que no podíamos continuar.
14.	MR SHORT	– ¿Resultaba costosa la distribución desde allí?
15.	DIRECTOR	– Sí, mucho, por las largas distancias a otras partes de España.
16.	MR SHORT	– ¿Distribuían Vds. mismos sus propios productos?
17.	DIRECTOR	– Antes sí los distribuíamos nosotros, pero ahora lo hace otra casa.

18.	MR SHORT	– ¿Se vende mucho?
19.	DIRECTOR	– Enormemente.
20.	MR SHORT	– ¿Ah sí? No sabía que había un mercado tan grande.
21.	DIRECTOR	– Es que en los últimos diez años ha aumentado mucho.
22.	MR SHORT	– Claro, antes, la gente no tenía tanto dinero como ahora.
23.	DIRECTOR	– Ni había tantos artículos que comprar como hoy en día.
24.	MR SHORT	– Es cierto. Es lo mismo en toda Europa.

1. ¿Adónde fue el Sr. Short ayer?	– Fue a una fábrica.
2. ¿Estaba solo?	– No, no estaba solo.
3. ¿Quién estaba con él?	– El director de la fábrica estaba con él.
4. ¿Era una fábrica grande o pequeña?	– Era una fábrica grande.
5. ¿Sabía el Sr. Short que era tan grande?	– No, no lo sabía.
6. ¿Era una fábrica nueva o vieja?	– Era una fábrica nueva.
7. ¿Dónde estaba la fábrica antes?	– Estaba en Cataluña.
8. ¿Qué fabricaban?	– Fabricaban frigoríncos.
9. ¿Y ahora, ¿qué fabrican?	– Fabrican toda clase de aparatos electro-domésticos.
10. ¿Por qué se fueron a Madrid?	– Porque tenían tantos competidores en Cataluña que no podían continuar.
11. ¿Cómo resultaba la distribución desde Cataluña?	– Resultaba costosa.
12. ¿Por qué resultaba tan cara?	– Porque las distancias eran muy largas a otras partes de España.
13. ¿Quién distribuía antes los productos de la casa?	– Ellos mismos distribuían sus propios productos.
14. ¿Quién los distribuye ahora?	– Los distribuye otra casa.
15. ¿Se vende mucho?	– Sí, se vende enormemente.
16. ¿Hay un mercado grande?	– Sí, hay un mercado muy grande.
17. ¿Lo sabía el Sr. Short?	– No, no lo sabía.
18. ¿Hay mucha demanda ahora?	– Sí, hay mucha demanda.
19. ¿Y había tanta demanda hace diez anos?	– No, hace diez años no había tanta demanda.
20. ¿Qué ha pasado?	– La demanda ha aumentado mucho.
21. ¿La gente tenía más dinero o menos dinero en esa época?	– Tenía menos dinero.
22. ¿Había más o menos artículos que comprar?	– Había menos artículos que comprar.

Ampliación

CUANDO VD. ERA PEQUEÑO, ¿QUÉ HACÍA?

1. Pasaba las vacaciones en el campo.
2. Estudiaba poco.
3. Jugaba al fútbol.
4. Nadaba en el río.
5. Andaba por el monte.
6. Hacía excursiones.
7. Comía al aire libre.
8. Bebía agua del río.
9. Volvía a casa cansado.
10. Leía cuentos por la noche.
11. Pedía dinero a mis padres.
12. Salía a la calle.
13. Me reunía con mis amigos.
14. Iba al cine.
15. Vivía feliz.

CUANDO VDS. ERAN PEQUEÑOS, ¿QUÉ HACÍAN?

1. Pasábamos las vacaciones en el campo.
2. Estudiábamos poco.
3. Jugábamos el fútbol.
4. Nadábamos en el río.
5. Andábamos por el monte.
6. Hacíamos excursiones.
7. Comíamos al aire libre.
8. Bebíamos agua del río.
9. Volvíamos a casa cansados.
10. Leíamos cuentos por la noche.
11. Pedíamos dinero a nuestros padres.
12. Salíamos a la calle.
13. Nos reuníamos con nuestros amigos.
14. Ibamos al cine.
15. Vivíamos felices.

CUANDO SUS AMIGOS ERAN PEQUEÑOS, ¿QUÉ HACÍAN?

1. Pasaban las vacaciones en el campo.
2. Estudiaban poco.
3. Jugaban al fútbol.
4. Nadaban en el río.
5. Andaban por el monte.
6. Hacían excursiones.
7. Comían al aire libre.
8. Bebían agua del río.
9. Volvían a casa cansados.
10. Leían cuentos por la noche.
11. Pedían dinero a sus padres.
12. Salían a la calle.
13. Se reunían con sus amigos.
14. Iban al cine.
15. Vivían felices.

187 ¿Juega Vd. al fútbol?

— Ahora no juego al fútbol, pero jugaba al fútbol cuando era joven.

¿Gasta Vd. mucho dinero?

— Ahora no gasto mucho dinero, pero gastaba mucho cuando era joven.

¿Se levanta Vd. temprano?

— Ahora no me levanto temprano, pero me levantaba temprano cuando era joven.

¿Se acuesta Vd. tarde?

— Ahora no me acuesto tarde, pero me acostaba tarde cuando era joven.

¿Fuma Vd. mucho?

— Ahora no fumo mucho, pero fumaba mucho cuando era joven.

188 Cuando yo era pequeño, me levantaba siempre a las ocho de la mañana.

— Cuando yo era pequeño, me levantaba siempre a las ocho de la mañana.

usted

— Cuando Vd. era pequeño, se levantaba siempre a las ocho de la mañana.

nosotros

— Cuando nosotros éramos pequeños, nos levantábamos siempre a las ocho de la mañana.

mi hermano

— Cuando mi hermano era pequeño, se levantaba siempre a las ocho de la mañana.

mis hermanos

— Cuando mis hermanos eran pequeños, se levantaban siempre a las ocho de la mañana.

189 Juan ya tiene coche.
Juan ya vive aquí.
Juan ya conduce.
Juan ya sabe inglés.
Juan ya comprende francés.
Juan ya escribe a máquina.

— Pero ¿no lo tenía ya hace mucho?
— Pero ¿no vivía aquí ya hace mucho?
— Pero ¿no conducía ya hace mucho?
— Pero ¿no sabía inglés ya hace mucho?
— Pero ¿no comprendía francés ya hace mucho?
— Pero ¿no escribía a máquina ya hace mucho?

190 Antes, la gente no tenía tanto dinero como ahora.

— Antes, la gente no tenía tanto dinero como ahora.

usted

— Antes, Vd. no tenía tanto dinero como ahora.

nosotros

— Antes, nosotros no teníamos tanto dinero como ahora.

ustedes

— Antes, Vds. no tenían tanto dinero como ahora.

los fabricantes

— Antes, los fabricantes no tenían tanto dinero como ahora.

tú

— Antes, tú no tenías tanto dinero como ahora.

vosotros

— Antes, vosotros no teníais tanto dinero como ahora.

191 Hoy estoy contento.
Hoy está Vd. contento.
Hoy están Vds. contentos.
Hoy estamos contentos.
Hoy tú estás contento.
Hoy vosotros estáis contentos.

— Ayer también estaba contento.
— Ayer también estaba Vd. contento.
— Ayer también estaban Vds. contentos.
— Ayer también estábamos contentos.
— Ayer también estabas contento.
— Ayer también estabais contentos.

192 Yo no tengo coche.
Nosotros no tenemos coche.
Vds. no tienen coche.
Ellos no tienen coche.
Yo no salgo de noche.
Vds. no salen de noche.
Ellos no salen de noche.

— No, pero antes sí tenía Vd. coche.
— No, pero antes sí tenían Vds. coche.
— No, pero antes sí teníamos coche.
— No, pero antes sí tenían coche.
— No, pero antes sí salía Vd. de noche.
— No, pero antes sí salíamos de noche.
— No, pero antes sí salían de noche.

193 Hace años esta compañía fabricaba frigoríficos.
nosotros
importar
estas casas
aceite
producir
nosotros
exportar
coches
mi compañía

– Hace años esta compañía fabricaba frigoríficos.
– Hace años nosotros fabricábamos frigoríficos.
– Hace años nosotros importábamos frigoríficos.
– Hace años estas casas importaban frigoríficos.
– Hace años estas casas importaban aceite.
– Hace años estas casas producían aceite.
– Hace años nosotros producíamos aceite.
– Hace años nosotros exportábamos aceite.
– Hace años nosotros exportábamos coches.
– Hace años mi compañía exportaba coches.

194 ¿Cuándo han construído Vds. la fábrica?
¿Cuándo han comprado Vds. el frigorífico?
¿Cuándo han distribuído Vds. los folletos?
¿Cuándo ha vendido Vd. su coche?
¿Cuándo ha aumentado Vd. el precio?
¿Cuándo ha recibido Vd. estos aparatos?

– Acabamos de construirla.
– Acabamos de comprarlo.
– Acabamos de distribuirlos.
– Acabo de venderlo.
– Acabo de aumentarlo.
– Acabo de recibirlos.

195 ¿Han llegado los paquetes?
¿Han terminado Vds.?
¿Ha terminado Vd.?
¿Ha venido el director?
¿Han vuelto los chicos?
¿Ha salido el chico?

– Sí, acaban de llegar.
– Sí, acabamos de terminar.
– Sí, acabo de terminar.
– Sí, acaba de venir.
– Sí, acaban de volver.
– Sí, acaba de salir.

196 ¿Ha comprado Vd. muchas cosas?
¿Ha visitado Vd. muchas fábricas?
¿Ha visto Vd. muchos monumentos?
¿Ha hecho Vd. muchas excursiones?
¿Ha gastado Vd. mucho dinero?
¿Ha distribuído Vd. muchos folletos?

– No, no había muchas cosas que comprar.
– No, no había muchas fábricas que visitar.
– No, no había muchos monumentos que ver.
– No, no había muchas excursiones que hacer.
– No, no había mucho dinero que gastar.
– No, no había muchos folletos que distribuir.

197 ¿Qué compañía dirige Vd.?
¿Qué dinero ha invertido Vd.?
¿Qué productos distribuye Vd.?
¿Qué ideas sigue Vd.?
¿Qué compañía dirigen Vds.?
¿Qué dinero han invertido Vds.?
¿Qué productos distribuyen Vds.?

– Dirijo mi propia compañía.
– He invertido mi propio dinero.
– Distribuyo mis propios productos.
– Sigo mis propias ideas.
– Dirigimos nuestras propias compañías.
– Hemos invertido nuestro propio dinero.
– Distribuimos nuestros propios productos.

198 El mercado es grande.
La fábrica está cerca.
Los sueldos son altos.
Los empleados están contentos.
Hay muchos competidores.
Hay mucha demanda.
Hay muchos clientes.

– No sabía que era tan grande.
– No sabía que estaba tan cerca.
– No sabía que eran tan altos.
– No sabía que estaban tan contentos.
– No sabía que había tantos competidores.
– No sabía que había tanta demanda.
– No sabía que había tantos clientes.

(Drill 198 is not recorded.)

Hace unos días, cuando el Sr. Short conducía su coche, tuvo un pequeño accidente. Chocó con un camión en una curva de la carretera. Ahora él y el conductor del camión están en la Comisaría y tienen que contestar a las preguntas del guardia. Este hace las preguntas siguientes, primero a uno y luego al otro. Después de contestar a las preguntas cada conductor da su versión del accidente. Realícese esta situación por grupos de tres alumnos y mirando el dibujo.

PREGUNTAS DEL GUARDIA

1. ¿Cómo se llama Vd. ?
2. ¿Nombre ?
3. ¿Dónde vive ?
4. ¿Puedo ver su tarjeta de identidad ?
5. ¿Cuál es su profesión ?
6. ¿De qué marca es el coche ?
7. ¿Qué potencia ?
8. ¿De qué año es ?
9. ¿Número de la matrícula ?
10. ¿De qué color es ?
11. ¿Tiene carnet de conducir ?
12. ¿De qué clase ?
13. ¿Me permite verlo ?
14. ¿Está asegurado el coche ?
15. ¿Iban otras personas con Vd. ?
16. ¿De dónde venía ?
17. ¿Adónde iba ?
18. ¿A qué velocidad iba cuando chocó con el otro vehículo ?
19. ¿Y por qué lado de la carretera iba Vd. ?
20. ¿Venía el otro vehículo a mucha velocidad ?
21. ¿Por qué lado de la carretera venía el otro ?
22. ¿Frenó Vd. ? (¿Redujo la velocidad ?)
23. ¿Por qué no frenó Vd. ? (¿Por qué no redujo ?)
24. ¿Quién cree Vd. que fue el culpable ?
25. ¿Había testigos ?

Conversación Las últimas vacaciones

¿Dónde?	– Inglaterra, el extranjero, playa, campo, pueblo, monte, río
¿Medio de viaje?	– coche, moto, autocar, bicicleta, tren, avión, barco, auto-stop
¿Cuánto tiempo?	– días, semanas, meses, estuve, me alojé
¿Qué hacía?	– levantarse pronto o tarde, salir, hacer compras, desayunar, comer merendar, cenar, andar, leer, nadar, pescar, jugar al tenis, jugar a golf, ir de campo, salir en barco, guateques, salas de fiestas, fiestas particulares, bailar, tomar el sol
Alojamiento	– hotel, pensión, casa de huéspedes, casa particular, piso alquilado tienda de campaña, remolque, motel
La comida	– buena, mala, rica, abundante, platos típicos, comida de mucho alimento
Excursiones	– visitas a monumentos, sitios de interés, solo, en grupo, con familia
¿Qué tiempo hacía?	– hacer calor, hacer frío, hacer fresco, hacer sol, hacer aire, hacer viento llover, nevar, helar, brillar, ponerse moreno
Ropa	– ropa ligera, abrigo, camisa, shorts, corbata, manga corta

Lo que más me gustó
Lo que menos me gustó

Charla

1. Dé Vd. una charla breve sobre sus últimas vacaciones, basándose si quiere en la conversación.

2. Describa Vd. un accidente de tráfico que haya visto o que le haya ocurrido a Vd.

On one of his business trips, Mr Short has a breakdown in his car. It has not been pulling very well and finally stalls. He manages to get to a garage, however, and after filling up with petrol, asks the mechanic to have a look at the engine. It turns out to be only a dirty plug and Mr Short is soon on his way again.

No new grammatical forms are introduced in this dialogue, but there are some new examples of the Present Subjunctive, in sentences beginning *Quiero que Vd.* . . (I want you to . . .), *No creo que* . . . (I don't think that . . .), and *Quizá* . . . (Perhaps . . .)

A new tense is introduced in the expansion section: the Pluperfect (She had prepared, . . . he had gone). It is formed exactly like its English equivalent with the auxiliary verbs *había*, *habían, habíamos* (had) and the past participles, which have already been learnt. Thus *ella había preparado*, 'she had prepared', and *él había ido*, 'he had gone'. The expansion exercise describes an outing Mr and Mrs Short had to the country one Sunday, and combines three of the past tenses which have been studied so far: the Preterite, the Imperfect and the Pluperfect.

In the conversation section, you are asked to deal with a situation in which your car has a breakdown and you have to take it in for repair. This is followed by a discussion of any car trips you may have made yourself.

1.	EMPLEADO	– Buenos días.
2.	MR SHORT	– Buenos días. Diez litros de gasolina, por favor.
3.	EMPLEADO	– ¿Le echo aceite también?
4.	MR SHORT	– Sí, échele un bote de aceite.
5.	EMPLEADO	– ¿Compruebo las ruedas?
6.	MR SHORT	– Sí, están un poco bajas.

7.	EMPLEADO	– ¿Algo más?
8.	MR SHORT	– ¿Tienen un mecánico?
9.	EMPLEADO	– Yo mismo. ¿Necesita alguna reparación?
10.	MR SHORT	– Quiero que eche un vistazo al motor.

11.	EMPLEADO	– ¿Qué le pasa?
12.	MR SHORT	– Falla un poco.
13.	EMPLEADO	– ¿Cuándo lo notó por primera vez?
14.	MR SHORT	– Lo noté esta mañana cuando subía una cuesta.

15.	EMPLEADO	– ¿Qué pasó?
16.	MR SHORT	– Pues subía con dificultad, y de repente se paró.
17.	EMPLEADO	– ¿Hasta entonces iba bien?
18.	MR SHORT	– Iba estupendamente.
19.	EMPLEADO	– ¿Tiene idea de lo que es?
20.	MR SHORT	– Creo que es el carburador.

21.	EMPLEADO	– Pues, vamos a ver . . . No creo que sea el carburador . . . No. Funciona perfectamente.
22.	MR SHORT	– Quizá esté sucia una bujía.
23.	EMPLEADO	– Puede que sea eso . . . Sí, claro que es eso. Mire, estas dos bujías están sucísimas.
24.	MR SHORT	– Pues me alegro de que no sea nada grave.

Cuestionario

1. ¿Dónde estuvo el Sr. Short ayer? — Estuvo en un garaje.
2. ¿Qué pidió? — Pidió gasolina.
3. ¿Cuántos litros echó el empleado? — Echó diez litros.
4. ¿Qué echó además? — Echó además un bote de aceite.
5. ¿Qué comprobó? — Comprobó las ruedas.
6. ¿Por qué? — Porque estaban un poco bajas.
7. ¿Qué más preguntó el Sr. Short? — Preguntó si tenían un mecánico.
8. ¿Qué le preguntó el empleado? — Le preguntó si necesitaba alguna reparación.
9. ¿Qué le pasaba al motor? — Fallaba un poco.
10. ¿Cuándo lo notó el Sr. Short por primera vez? — Lo notó por primera vez esa mañana, cuando subía una cuesta.
11. ¿Hasta ese momento, había ido bien? — Sí, había ido estupendamente.
12. ¿Cuál creía el Sr. Short que era la causa? — Creía que era el carburador.
13. ¿Lo creía también el empleado? — No, no lo creía.
14. ¿Era eso? — No, no era eso.
15. ¿Cuál era la causa del fallo? — Dos bujías eran la causa.
16. ¿Cómo estaban las bujías? — Estaban sucísimas.
17. ¿Era un fallo grave? — No, no era grave.
18. ¿Se puso contento el Sr. Short? — Sí, se puso muy contento.

Ampliación Una excursión **26**

1. El domingo pasado, a las siete de la mañana, hacía un tiempo maravilloso. Hacía sol y no había ni una sola nube en el cielo.   2. Los Sres. de Short se levantaron pronto, porque habían decidido ir a pasar el día en el campo. Después de desayunar, la Sra. de Short preparó la merienda y el Sr. Short fue al garaje a sacar el coche.   3. Era maravilloso ir en el coche descubierto. Los dos llevaban ropa ligera, pero no sentían frío, porque se habían puesto jerseys. 4. Al pasar por un pueblo, vieron una taberna y se pararon allí a tomar una cerveza. Luego siguieron el camino hasta llegar a un bosque, donde decidieron comer.   5. Corría un aire delicioso. La temperatura era muy agradable a la sombra de los pinos. Cantaban los pájaros. No se veía a nadie. Estaba todo tan tranquilo que parecía un paraíso.   6. Los Sres. de Short se sentaron debajo de un árbol, sacaron la merienda que la señora había preparado y se pusieron a comer y a beber. Después dieron un paseo, sacaron unas fotos y cuando se puso el sol volvieron en el coche a su casa. Habían pasado un día muy agradable.

1. ¿Cuándo hicieron la excursión? — La hicieron el domingo pasado.
2. ¿A qué hora se levantaron? — Se levantaron pronto, a las siete de la mañana.
3. ¿Por qué se levantaron tan pronto? — Porque habían decidido pasar el día en el campo.
4. ¿Qué tiempo hacía? — Hacía un tiempo maravilloso.
5. ¿Hacía sol? — Sí, hacía sol.
6. ¿Había nubes? — No, no había ni una sola nube en el cielo.
7. ¿Desayunaron en casa? — Sí, desayunaron en casa.
8. ¿Qué hizo la señora después? — Preparó la merienda.
9. ¿Qué hizo el Sr. Short? — Fue al garaje a sacar el coche.
10. ¿No lo había dejado en la calle? — No, no lo había dejado en la calle, lo había metido en el garaje.

11. ¿Era agradable ir en el coche descubierto? — Sí, era maravilloso.
12. ¿Qué ropa llevaban? — Llevaban ropa ligera.
13. ¿Sentían frío? — No, no sentían frío.
14. ¿Por qué no sentían frío? — Porque se habían puesto jerseys.
15. Al pasar por un pueblo, ¿qué vieron? — Vieron una taberna.
16. ¿Qué hicieron? — Se pararon allí.
17. ¿Qué bebieron? — Bebieron una cerveza.
18. ¿Desayunaron en la taberna? — No. No desayunaron allí.
19. ¿Por qué? — Porque ya habían desayunado en casa.
20. Después ¿qué hicieron? — Siguieron el camino.
21. ¿Hasta dónde? — Hasta llegar a un bosque.
22. ¿Qué decidieron hacer? — Decidieron comer allí.
23. ¿Hacía aire? — Sí, corría un aire delicioso.
24. ¿Estaban al sol? — No, estaban a la sombra de los pinos.
25. ¿Qué temperatura hacía? — Hacía una temperatura muy agradable.
26. ¿Qué hacían los pájaros? — Los pájaros cantaban.
27. ¿Se veía a mucha gente? — No, no se veía a nadie.
28. ¿Cómo estaba todo? — Todo estaba tranquilo.
29. ¿Qué parecía? — Parecía un paraíso.
30. ¿Dónde se sentaron los Sres. de Short? — Se sentaron debajo de un árbol.
31. ¿Qué hicieron? — Sacaron la merienda y se pusieron a comer.
32. ¿Habían comprado la merienda? — No, la señora la había preparado.
33. Y después de comer ¿qué hicieron? — Dieron un paseo.
34. ¿Habían traído la máquina fotográfica? — Sí, la habían traído.
35. ¿Qué hicieron con la máquina? — Sacaron unas fotos.
36. ¿Cuándo volvieron a casa? — Cuando se puso el sol.
37. ¿Cómo? — En coche.
38. ¿Qué tal día habían pasado? — Habían pasado un día muy agradable.

Repítase el Cuestionario, dirigiendo las preguntas al Sr. Short, que contestará apropiadamente.

1. ¿Cuándo hicieron Vds. la excursión? — La hicimos el domingo pasado.
2. ¿A qué hora se levantaron Vds.? — Nos levantamos pronto, a las siete de la mañana?
3. ¿Por qué se levantaron tan pronto? — Porque habíamos decidido pasar el día en el campo.
4. ¿Qué tiempo hacía? — Hacía un tiempo maravilloso.
5. ¿Hacía sol? — Sí, hacía sol.
6. ¿Había nubes? — No, no había ni una sola nube en el cielo.
7. ¿Desayunaron Vds. en casa? — Sí, desayunamos en casa.
8. ¿Qué hizo su señora después? — Preparó la merienda.
9. ¿Qué hizo Vd.? — Fui al garaje a sacar el coche.
0. ¿No lo había dejado en la calle? — No, no lo había dejado en la calle, lo había metido en el garaje.

1. ¿Era agradable ir en el coche descubierto? — Sí, era maravilloso.
2. ¿Qué ropa llevaban Vds.? — Llevábamos ropa ligera.
3. ¿Sentían frío? — No, no sentíamos frío.
4. ¿Por qué no sentían Vds. frío? — Porque nos habíamos puesto jerseys.
5. Al pasar por un pueblo, ¿qué vieron Vds.? — Vimos una taberna.
6. ¿Qué hicieron? — Nos paramos allí.
7. ¿Qué bebieron? — Bebimos una cerveza.
8. ¿Desayunaron Vds. en la taberna? — No, no desayunamos allí.
9. ¿Por qué? — Porque ya habíamos desayunado en casa.
0. Después ¿qué hicieron? — Seguimos el camino.
1. ¿Hasta dónde? — Hasta llegar a un bosque.
2. ¿Qué decidieron Vds. hacer? — Decidimos comer allí.
3. ¿Hacía aire? — Sí, corría un aire delicioso.
4. ¿Estaban al sol? — No, estábamos a la sombra de los pinos.
5. ¿Qué temperatura hacía? — Hacía una temperatura muy agradable.
6. ¿Qué hacían los pájaros? — Los pájaros cantaban.
7. ¿Se veía a mucha gente? — No, no se veía a nadie.
8. ¿Cómo estaba todo? — Todo estaba tranquilo.
9. ¿Qué parecía? — Parecía un paraíso.
0. ¿Dónde se sentaron Vds.? — Nos sentamos debajo de un árbol.
1. ¿Qué hicieron Vds.? — Sacamos la merienda y nos pusimos a comer.

2. ¿Habían comprado Vds. la merienda? — No, mi señora la había preparado.
3. Y después de comer, ¿qué hicieron? — Dimos un paseo.
4. ¿Habían traído la máquina fotográfica? — Sí, la habíamos traído.
5. ¿Qué hicieron Vds. con la máquina? — Sacamos unas fotos.
6. ¿Cuándo volvieron a casa? — Cuando se puso el sol.
7. ¿Cómo? — En coche.
8. ¿Qué tal día habían pasado Vds.? — Habíamos pasado un día muy agradable.

Prácticas

199
¿Cree Vd. que es una bujía? — Puede que sea una bujía.
¿Cree Vd. que hace falta aceite? — Puede que haga falta aceite.
¿Cree Vd. que necesita gasolina? — Puede que necesite gasolina.
¿Cree Vd. que las ruedas están bajas? — Puede que las ruedas estén bajas.
¿Cree Vd. que tienen un mecánico? — Puede que tengan un mecánico.
¿Cree Vd. que es grave? — Puede que sea grave.
¿Cree Vd. que hay garaje? — Puede que haya garaje.

200
¿Cree Vd. que es una bujía? — No creo que sea una bujía.
¿Cree Vd. que hace falta aceite? — No creo que haga falta aceite.
¿Cree Vd. que necesita gasolina? — No creo que necesite gasolina.
¿Cree Vd. que las ruedas están bajas? — No creo que las ruedas estén bajas.
¿Cree Vd. que tienen un mecánico? — No creo que tengan un mecánico.
¿Cree Vd. que es grave? — No creo que sea grave.
¿Cree Vd. que hay garaje? — No creo que haya garaje.

201
¿Echo un vistazo al motor? — Sí, quiero que eche un vistazo al motor.
¿Compruebo las ruedas? — Sí, quiero que compruebe las ruedas.
¿Paro el motor? — Sí, quiero que pare el motor.
¿Miro el carburador? — Sí, quiero que mire el carburador.
¿Voy al garaje? — Sí, quiero que vaya al garaje.
¿Sigo el camino? — Sí, quiero que siga el camino.
¿Vuelvo en coche? — Sí, quiero que vuelva en coche.
¿Corro un poco más? — Sí, quiero que corra un poco más.

202
¿No funciona el motor? — Quizá no funcione.
¿Está sucia la bujía? — Quizá esté sucia.
¿No es necesario? — Quizá no sea necesario.
¿Necesita una reparación? — Quizá necesite una reparación.
¿Tengo razón? — Quizá tenga razón.
¿Vamos al campo? — Quizá vayamos al campo.

203
Hace calor — Me alegro de que haga calor.
No hace frío. — Me alegro de que no haga frío.
No hay nubes. — Me alegro de que no haya nubes.
Sale el sol. — Me alegro de que salga el sol.
No llueve. — Me alegro de que no llueva.
Está nevando. — Me alegro de que esté nevando.

204
Siempre conduzco de prisa. — Pero ayer no conduje de prisa.
Siempre digo la verdad. — Pero ayer no dije la verdad.
Siempre traigo dinero. — Pero ayer no traje dinero.
Juan siempre dice la verdad. — Pero ayer no dijo la verdad.
Juan siempre trae dinero. — Pero ayer no trajo dinero.
Siempre conducimos de prisa. — Pero ayer no condujimos de prisa.
Siempre decimos la verdad. — Pero ayer no dijimos la verdad.
Siempre reduzco la velocidad. — Pero ayer no reduje la velocidad.

205
¿Hay muchas nubes? — No hay ni una nube.
¿Tienes muchas pesetas? — No tengo ni una peseta.
¿Has leído muchos libros? — No he leído ni un libro.
¿Has hecho muchos errores? — No he hecho ni un error.
¿Has visto muchas películas? — No he visto ni una película.

206 Antes Juan no cantaba nunca.
Antes Juan no conducía nunca.

Antes Juan no iba nunca.
Antes Juan no bebía nunca.
Antes las chicas no bailaban nunca.

– Antes Juan no cantaba nunca, pero ayer cantó.
– Antes Juan no conducía nunca, pero ayer condujo.
– Antes Juan no iba nunca, pero ayer fue.
– Antes Juan no bebía nunca, pero ayer bebió.
– Antes las chicas no bailaban nunca, pero ayer bailaron.

207 ¿Ha leído Vd. este periódico?
¿Ha visto Vd. este periódico?
¿Ha comprado Vd. este periódico?

¿Han notado Vds. ese ruido?

¿Han oído Vds. ese ruido?

– Sí, lo leí ayer; antes no lo había leído nunca.
– Sí, lo vi ayer; antes no lo había visto nunca.
– Sí, lo compré ayer; antes no lo había comprado nunca.
– Sí, lo notamos ayer; antes no lo habíamos notado nunca.
– Sí, lo oímos ayer; antes no lo habíamos oído
– nunca.

208 Cuando salieron ya habían desayunado.
comer
preparar la merienda

ponerse los jerseys
reparar el coche
salir el sol

– Cuando salieron ya habían desayunado.
– Cuando salieron ya habían comido.
– Cuando salieron ya habían preparado la merienda.
– Cuando salieron ya se habían puesto los jerseys.
– Cuando salieron ya habían reparado el coche.
– Cuando salieron, ya había salido el sol.

209 ¿Estudia Vd. español todos los días?
¿Y ayer?
¿Cuándo era pequeña?
¿Antes de venir aquí?
¿Juegan Vds. al fútbol?
¿Ayer?
¿Y cuándo eran jóvenes?
¿Y antes de venir aquí?

– Sí, todos los días estudio español.
– Sí, ayer estudié español.
– Sí, cuando era pequeña estudiaba español.
– Sí, antes de venir aquí había estudiado español.
– Sí, jugamos al fútbol.
– Sí, ayer jugamos al fútbol.
– Sí, cuando éramos jóvenes, jugábamos al fútbol.
– Sí, antes de venir aquí habíamos jugado al fútbol.

210 ¿Qué está Vd. haciendo?
¿Y cuándo yo llegué?
¿Y ayer?
¿Y antes de llegar yo?
¿Qué están Vds. haciendo?
¿Y cuándo yo llegué?
¿Y ayer?
¿Y antes de llegar yo?
(*Drills 209 and 210 are not recorded.*)

– Estoy trabajando.
– Estaba trabajando.
– Estuve trabajando.
– Había estado trabajando.
– Estamos trabajando.
– Estábamos trabajando.
– Estuvimos trabajando.
– Habíamos estado trabajando.

Durante un viaje por España, un inglés tiene una avería en pleno campo. Se le para el coche. Para a otro coche en la carretera y le explica la situación al conductor. Este ofrece su ayuda, pero después de examinar el coche deciden que es mejor remolcarlo al garaje más próximo. Allí, el inglés le da las gracias a su amigo y habla con el mecánico. Se va a comer mientras éste arregla el coche, y después el mecánico le dice lo que estaba estropeado y lo que ha tenido que hacer. El inglés paga y continúa su viaje. Practíquese en grupos de tres alumnos que representarán al inglés, al conductor, al mecánico:

EN LA CARRETERA

INGLÉS	– Perdone Vd. que . . .
ESPAÑOL	– ¿Qué . . .? ¿Puedo . . .?
INGLÉS	– No sé . . .
ESPAÑOL	– ¿gasolina? . . . ¿agua? . . . ¿radiador? . . . ¿volante? . . . ¿frenos? . . . ¿funcionan?
INGLÉS	– ¿garaje cerca?
ESPAÑOL	– Lejos . . . kilómetros . . . pequeño pueblo . . . ciudad.
INGLÉS	– ¿llevarme?
ESPAÑOL	– remolcar . . . ¿cuerda? . . . ¿cadena?
INGLÉS	– gracias.

EN EL TALLER

INGLÉS	– (saludos)
MECÁNICO	– ¿qué le pasa . . .?
INGLÉS	– (explica)
MECÁNICO	– Voy a examinar . . . vuelva más tarde.
INGLÉS	– ¿comer?
MECÁNICO	– fonda del pueblo.

DESPUÉS

INGLÉS	– ¿qué?
MECÁNICO	– (veánse los dibujos)
INGLÉS	– ¿qué ha tenido que hacer . . .?
MECÁNICO	– reponer . . . repuestos . . . poner . . . nuevo.
INGLÉS	– ¿cuánto?
MECÁNICO	– en total . . .
INGLÉS	– (se despide)
MECÁNICO	– . . .

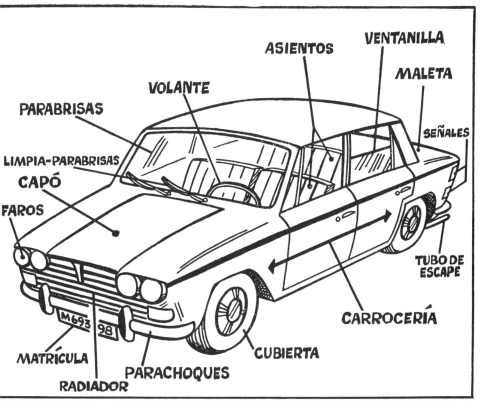

ASIENTOS
VENTANILLA
MALETA
VOLANTE
PARABRISAS
SEÑALES
LIMPIA-PARABRISAS
CAPÓ
FAROS
TUBO DE ESCAPE
CARROCERÍA
MATRÍCULA
CUBIERTA
PARACHOQUES
RADIADOR
M693 98

PINCHAZO EN UNA RUEDA

FALTA ACEITE

FALTA AGUA

BATERÍA DESCARGADA

FRENO DESGASTADO

BUJÍA SUCIA

EMBRAGUE ESTROPEADO

CONDUCTO DE GASOLINA DEL CARBURADOR OBSTRUIDO

CAJA DE CAMBIOS

Un amigo le pregunta a Vd. los detalles de una excursión que ha hecho:

1. ¿Adónde fue Vd. ?
2. ¿Cuándo ?
3. ¿Con quién fue ?
4. ¿Cómo fue Vd. ? ¿tren ? ¿autocar ? etc.
5. ¿A qué hora se levantó ?
6. ¿Qué tiempo hacía ?
7. ¿Llevó merienda o comió en un restaurante ?
8. ¿Cuánto le costó el viaje ?
9. ¿A qué hora salió ?
10. ¿Cuál fue el itinerario ?
11. ¿A qué hora llegó ?
12. ¿Llevaba cosas para leer ?
13. ¿Qué ropa llevaba ?
14. ¿Sentía frío o calor ?
15. ¿Se paró en el camino ?
16. ¿Dónde comió ?
17. ¿Qué hizo después de comer ?
18. ¿Cómo era el sitio ?
19. ¿Había mucha gente allí ?
20. ¿Qué hizo por la tarde ?
21. ¿A qué hora volvió a casa ?
22. ¿Estaba cansado ?
23. ¿Qué hizo al llegar a casa ?
24. ¿A qué hora se acostó ?

Charla

Describa Vd. en forma de charla breve una excursión interesante que haya hecho alguna ve

At this stage in the course, most students find that they can understand much more than they can say. This is natural since comprehension – even in our own language – always precedes expression. For this reason the comprehension (listening) passages in this and the remaining Revision Units (30, 33, 36) have been made less conversational and more continuous. It is useful to be able to follow a native of the language speaking for several minutes on end, as they often in fact do this, and if one is not trained to follow sustained speech, one's attention simply goes and the whole train of ideas is lost.

In this Unit the first passage is a news bulletin, containing a number of short news items on political affairs. The second is a group of short jokes (*chistes*) and anecdotes.

The conversation practice consists of a shopping situation and a discussion about an imaginary accident on a car journey you have made in Spain. The reading section gives the third and last brief description of a part of Spain, here the central region.

The grammar deals mainly with the Imperfect and Pluperfect tenses of the verb, a little revision of the Subjunctive, and certain phrase patterns which have been introduced in the Units but not necessarily drilled nor systematically presented so far.

Comprensión

1. Diario hablado

Escuche el siguiente boletín de noticias políticas y resuma Vd. cada párrafo en inglés:

NOTICIAS DEL EXTRANJERO

Francia. Siete organizaciones femeninas se han dirigido al General de Gaulle solicitándole qu admita a las mujeres en su Gabinete ministerial como ocurre en algunos países del mundo por ejemplo Gran Bretaña, Suecia, Finlandia, etc.

Irak. El Presidente de la República del Irak murió en un accidente cuando hacía un viaje d inspección por el sur del país. Noticias no confirmadas informan que el helicóptero en qu viajaba fue derribado por armas de fuego que dispararon contra él.

Italia. Los cristianodemócratas han ganado una gran cantidad de votos a los partidos d derecha y de izquierda en las elecciones municipales celebradas en Roma. Con ello los comu nistas pierden las esperanzas de convertirse en el partido político más fuerte de esta ciudad.

Venezuela. Se ha celebrado en Caracas la Conferencia de Ministros de Trabajo de la Organi zación de Estados Americanos (O.E.A.). El ministro español ha sido el único no pertenecient a la O.E.A. que ha asistido como invitado. Dijo que España se siente unida al mundo de His pano-América y está dispuesta a cooperar con ella en todos los campos.

Argentina. El gobierno argentino declaró ayer, después del consejo de ministros, que exist en el país un real clima de paz interior y orden social. No existen perspectivas de violencia de ninguna clase, y la fuerza pública ejerce un perfecto control de la situación después de l inestabilidad de los últimos días.

La O.N.U. Ante la cuarta comisión de la Asamblea General de las Naciones Unidas ha pro nunciado un importante discurso el líder nacionalista de la Guinea Ecuatorial quien mani festó: "Por decisión propia mi pueblo consiguió su autogobierno y el Gobierno de España h expresado su deseo de que Guinea escoja cuando quiera su independencia total."

Méjico. Según nuestros informes y de acuerdo con lo que se había anunciado, se han dictad las disposiciones oportunas para que a partir de mañana se supriman los visados especiale que los españoles necesitaban para entrar en Méjico y que tenían que solicitar del Ministeri de Inmigración. Se ha suprimido también el depósito de 10.000 pesos que había que hacer e el mismo aeropuerto.

India. La policía de Calcuta disparó contra los manifestantes que lanzaron bombas de man contra los cuarteles generales de la policía y hubo cuatro muertos. Los manifestantes protesta ban contra el hambre y la carestía.

La U.R.S.S. Un avión soviético que volaba sobre Berlín se estrelló en uno de los lagos de sector británico de la ciudad. Un testigo que presenció el accidente dijo que el piloto se estrell con el avión.

Cuba. "Che Guevara vive y está bien" ha afirmado el padre del que fue lugarteniente de Fid Castro a un periodista en Buenos Aires. Se suponía que Che Guevara estaba en Argentin ya que según una llamada telefónica anónima se le había visto salir del despacho de su padre.

El Vaticano. "Antes la sociedad orientaba a la juventud, pero ahora resulta que la juventud orienta a la sociedad", dijo el Papa mientras hablaba a los jóvenes en su sermón del domingo pasado.

Estados Unidos. El Presidente de los Estados Unidos ha pedido al Congreso que se incrementen los lazos comerciales con los países comunistas. Con ello intenta acercar esas naciones al mundo occidental, al mismo tiempo que aumenta los intereses económicos de Norteamérica.

2. Cosas de mujeres

1. CÓMODO Y SEGURO

El viajero del autobús ve a una señora que se baja y deja un paquete en el asiento. La llama:
- ¡Oiga, señora! ¡Que se deja un paquete!
- Sí, ya lo sé. Muchas gracias, caballero. Pero es mejor que lo deje Vd. donde estaba.
- Bien, como quiera. Pero, la verdad, no comprendo . . .
- Es la comida de mi marido. Y dejarla ahí es una forma muy fácil de que la reciba: Trabaja en el departamento de objetos perdidos.

2. UNA ESPOSA EXIGENTE

Los novios están visitando la instalación del nuevo piso en que van a vivir cuando se casen. La novia se fija sobre todo en el cuarto de estar, puesto con todo lujo y que el novio ha amueblado él mismo. Después de verlo todo, él le dice a su novia:
- ¿Te gusta, cariño?
- Es precioso. ¿Son muebles tuyos?
- Todos.
- ¿Me aseguras que ninguna mujer se ha sentado en este sillón antes que yo?
- Fíjate en lo que me dices, querida. Es un sillón del siglo *XVI*.

3. CORTESÍA EQUIVOCADA

Un muchacho bastante despistado asiste a un té, pero se equivoca de hora y llega con dos horas de retraso. Al saludarle, la señora de la casa le dice al joven:
- ¡Oh! Viene Vd. muy tarde, cuando todas las mujeres guapas se han marchado.
- Yo no vengo, señora, a ver a las mujeres guapas, sino a verla a Vd.

4. EL ZAPATO IDEAL

La señora lleva dos horas probándose zapatos y aún no se decide por ninguno. El dependiente le dice:
- ¿No le gustan éstos, señora?
- No, no del todo. Mire, lo que yo quiero son unos zapatos que sean pequeños por fuera pero anchos y cómodos por dentro. ¿Quiere sacarme algunos de ese tipo?

5. UN NOVIO ASTUTO

En una fiesta, presentan a un joven a una señorita y él empieza a hacerle la corte sin parar, hora tras hora. No deja a la señorita ni un momento en toda la tarde y al fin, cuatro horas después de conocerse, el joven le dice:
– Señorita, ¿quiere casarse conmigo?
La muchacha se queda sorprendida y no sabe qué contestarle. Al fin le dice:
– ¡Pero si apenas hace cuatro horas que nos conocemos! ¡Si no sabemos nada el uno del otro!
– Perdón, señorita, pero Vd. se equivoca. Hace tres años que trabajo en el banco donde su papá tiene la cuenta corriente.

6. UNA MADRE ASTUTA

La madre dice a la hija:
– Si esta tarde el joven ese que sale contigo te pide que seas su mujer, contéstale que venga a hablar conmigo.
– ¿Y si no me pide nada?
– Entonces dile que tengo yo que hablar con él.

7. SIEMPRE IGUAL

La mujer le pregunta a su marido:
– Cuando mi pelo se vuelva blanco, ¿me vas a querer lo mismo que ahora?
– Naturalmente, querida. ¿No te he querido siempre con el pelo de todos los colores?

8. UNAS DEPENDIENTAS INTELIGENTES

Una señora entra en una tienda para comprarse un vestido. A las dos horas todos los vestidos de la tienda están sobre el mostrador y la señora sigue sin decidirse. Por fin dice:
– Pero en esta tienda no hay una dependienta más inteligente que Vd.?
– Todas son más inteligentes que yo, señora. En cuanto la han visto a Vd. entrar se han escondido.

Diálogo Unas compras

Vd. entra en una tienda para comprar un jersey, unos pantalones, y una cartera. Conteste al dependiente:

1. ¿De qué color quiere el jersey?
2. ¿De lana de Shetland?
3. ¿Qué número necesita?
4. ¿Le gusta éste o quiere otro más claro?
5. ¿Quiere probárselo?
6. Le sienta muy bien, pero tal vez sea un poco pequeño. Aquí tiene otra talla.
7. Sí, está mejor ¿no le parece?
8. ¿Y cómo quiere los pantalones?
9. Mire, éstos son muy buenos y muy modernos.
10. También tenemos éstos otros. ¿Qué le parecen?
11. Si quiere ver éstos . . .
12. ¿Qué talla es la suya?
13. ¿Quiere probárselos?
14. Creo que le quedan un poco grandes. A ver si éstos le van mejor.
15. Sí, están muy bien ¿no le parece?
16. ¿Y cómo quiere la cartera, de piel o de plástico?
17. ¿La quiere grande o pequeña?
18. ¿Qué color prefiere?
19. ¿Le gusta ésta?
20. Le puedo enseñar éstas otras si quiere Vd.
21. Están muy bien de precio. Estas cuestan 1.000 pesetas y las otras 600 pesetas.
22. También hay otras más baratas si prefiere.
23. Mire, ésta vale 200 pesetas. ¿Le gusta?
24. ¿Quiere algo más?
25. Pues tenga la bondad de pasar por caja.

En España, después de alquilar un coche, Vd. ha hecho un viaje en que ha tenido primero una avería y luego un accidente. Hoy habla Vd. con un amigo de todo eso.

1. EL ALQUILER

tipo de coche
marca
tamaño
precio

2. LA AVERÍA

¿Cuándo tuvo la avería?
¿Dónde fue?
¿Qué pasó?
¿Cómo lo arregló Vd.? ¿Garaje?
¿Cuánto costó?

3. EL ACCIDENTE

¿Dónde fue? ¿Campo? ¿Ciudad?
¿Velocidad? ¿Iba de prisa?
¿Otro coche, bicicleta, camión?
¿Vio al otro?
¿Tocó el claxón?
¿Qué hizo el otro? ¿Paró? ¿Aceleró?
¿Chocaron Vds.?
¿Iba Vd. solo en el coche?
¿Fueron heridos?
¿Quedó estropeado el coche?
¿Se rompió algo?
¿Qué hizo Vd. con el coche?
¿Vino la policía? ¿Qué dijo?
¿Le costó mucho?

3. **La España central**

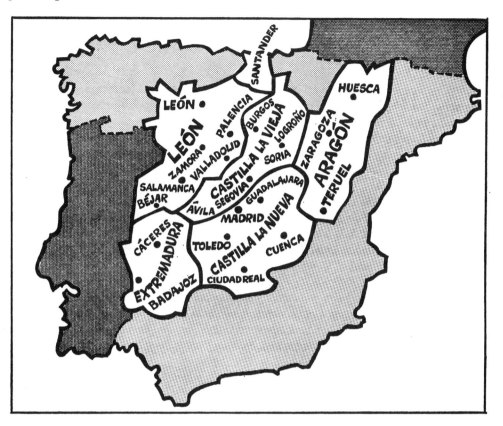

La parte central de España forma una meseta que puede dividirse en dos partes: la submeseta norte que comprende las regiones de León, Castilla la Vieja, y la submeseta sur formada por Castilla la Nueva, Extremadura y Albacete (provincia de Murcia).

El clima de toda la España central es continental: los inviernos son largos y fríos con temperaturas bajo cero en muchas partes, y los veranos son cortos y calurosos con temperaturas normales por encima de los 30°.

La lluvia es escasa en todas las regiones y el paisaje, después de la recolección en junio, tiene toda la gama de colores menos el verde. El viajero que penetra en España por el noreste y avanza hacia el sur pronto se da cuenta de que ha abandonado la España verde y montañosa, para entrar en la España llana y parda con campos de trigo dorados en el mes de junio.

León tiene cinco provincias: León, Zamora, Salamanca, Valladolid y Palencia. *Castilla la Vieja* está formada por seis provincias: Santander, Burgos, Logroño, Soria, Segovia y Avila. Todas las capitales, excepto Valladolid, tienen menos de 100.000 habitantes. La población se dedica a la agricultura y ganadería y viven en pequeños pueblos. Yendo de un lugar a otro, puede ser que no encuentre a nadie en el camino durante todo el día, pero una vez en el pueblo, en la taberna donde vaya para refrescarse, encontrará Vd., sobre todo por la tarde, un grupo que juega a las cartas y otro que canta. La industria consiste principalmente en derivados de la agricultura y ganadería, pero hay también fábricas de textiles (en Béjar), automóviles (en Valladolid) y hace poco en Burgos se ha encontrado petróleo.

En la submeseta sur, la región mayor es Castilla la Nueva, que se compone de cinco provincias: Madrid, Toledo, Ciudad Real, Cuenca y Guadalajara. En el centro geográfico del país está situada su capital, Madrid, ciudad de dos millones y medio de habitantes, centro de la vida política y administrativa del país. Extremadura, la otra región central de España, tiene dos provincias que son Badajoz y Cáceres.

Gran parte de esta zona que se extiende desde Madrid hasta Andalucía es una gran llanura despoblada de árboles, abierta al cielo, de clima implacable, sin agua apenas y donde la vista se pierde a lo lejos en un horizonte aparentemente sin límites. La gente en esta zona vive en pueblos bastante grandes pero muy alejados entre sí. Igual que en Castilla la Vieja, se dedican al cultivo de la tierra y a la cría del ganado. En una de sus poblaciones, Almadén, se encuentran las minas de mercurio más importantes del mundo.

Aquí estamos lejos de la España turística de playas populares, bares y hoteles. Pocos turistas se aventuran por aquí si no es el amante de España en busca de tradiciones o siguiendo la ruta del famoso Don Quijote de la Mancha. Porque ésta es La Mancha, escenario de las aventuras del célebre loco y en donde todavía hoy se ven los molinos de viento contra los que él luchó tomándolos por gigantes.

En Castilla todo es tierra y aire, vida dura y lucha continua de sus habitantes contra los elementos. Sin embargo, hoy en día, las condiciones están cambiando a medida que se crean nuevas industrias como sucede prácticamente por toda España. Con ellas aparecen también nuevos pueblos con viviendas más cómodas, escuelas, hospitales y todas las demás características de la vida moderna.

Gramática

283. Imperfect Tense (regular forms)

–ar	–er	–ir
hablaba	comía	vivía
hablabas	comías	vivías
hablaba	comía	vivía
hablábamos	comíamos	vivíamos
hablabais	comíais	vivíais
hablaban	comían	vivían

284. Imperfect Tense (irregular forms)

ir	ser
iba	era
ibas	eras
iba	era
íbamos	éramos
ibais	erais
iban	eran

285. Imperfect indicating condition or state

Cuando *estábamos* en Cataluña fabricábamos frigoríficos.
No *sabía* que era tan grande.

286. Imperfect indicating continuous action

Cuando *íbamos* al cine, vimos a Pablo.
Mientras Vd. *dormía*, yo *trabajaba*.

287. Imperfect indicating repeated or customary action

En Londres *iba* mucho al cine.
En España *comíamos* mucha fruta.

288. Había (there was, there were)

En Cataluña había un mercado muy grande.
En Cataluña había muchos competidores.

289. Hay que, había que (necessary to)

Hay que trabajar para comer.
En la universidad había que estudiar mucho.

No hay mucho dinero que gastar.
No había muchas cosas que comprar.

290. Resultar (to be, to prove)

No resulta fácil encontrar piso.
No resulta económico viajar en taxi.
Hemos gastado mucho dinero en las vacaciones, pero no han resultado muy buenas.

291. Es que ... (the reason is that ...)

¿Por qué se vende tanto?
– Es que la demanda ha aumentado.
¿Por qué no trabaja nadie?
– Es que el jefe está de vacaciones.
¿Por qué han venido a Madrid?
– Es que había muchos competidores.

292. Imperfect-v-Preterite

Lo *noté* esta mañana cuando *subía* une cuesta.
El coche *subía* con dificultad y de repente se *paró*.

293. Pluperfect Tense

había comido
habías comido
había comido
habíamos comido
habíais comido
habían comido

294. Use of the Pluperfect Tense

Sacaron la merienda que Mrs Short había preparado.
No sentían frío porque se habían puesto jerseys.
Se levantaron pronto porque habían decidido pasar el día en el campo.

295. Subjunctive after a negative

No creo que *sea* el carburador.
No es que *trabaje* Vd. mal, es que trabaja poco.

296. Subjunctive indicating possibility

Quizá *sea* el carburador.
Tal vez una bujía *esté* sucia.
Quizá *llegue* tarde.
Puede que *sea* una bujía.
Es posible que no *venga*.

297. Subjunctive expressing emotion

Me alegro de que la casa le *guste*.
Siento que no *pueda* Vd. venir.

298. Haya (subjunctive of 'hay')

¿Hay tiempo? – No creo que haya tiempo.
No hay uvas. Siento que no haya uvas.

299 *Haya* (*subjunctive of 'ha' and 'he'*)

> Ha hecho Vd. la carta ¿no? Pues, venga cuando
> haya hecho Vd. la carta.
> Haga el favor de escribir la carta cuando haya
> terminado el informe.

300. *Conducir*

Pres.	Pret.	Imperf.
conduzco	conduje	conducía
conduces	condujiste	conducías
conduce	condujo	conducía
conducimos	condujimos	conducíamos
conducís	condujisteis	conducíais
conducen	condujeron	conducían

301. *Reducir*

Pres.	Pret.	Imperf.
reduzco	reduje	reducía
reduces	redujiste	reducías
reduce	redujo	reducía
reducimos	redujimos	reducíamos
reducís	redujisteis	reducíais
reducen	redujeron	reducían

302. *Meanings of 'ponerse'*

> Mr Short se puso los zapatos. (put on)
> Mr Short se puso contento. (was, became)
> Mr Short se puso a comer. (began to)
> El sol se puso. (set)

303. *Hasta* + (*until*) *Infinitive*

> Siga Vd. hasta llegar al semáforo.
> Luchaba hasta morir.

304. *Hasta* (*as far as; until*)

place	hasta el semáforo
	hasta su casa
time	hasta las seis
	hasta mañana

305. *A* (*place*)

> estar al sol
> estar a la sombra
> estar al aire libre

306. *Debajo* (*under*)

> Se sentaron debajo de un árbol.

307. *De* (*in adverbial expressions*)

de pronto	de día
de prisa	de noche
de repente	de mañana
de paso	de momento

308. *Tanto(s) que* (*so much, so many . . . that*)

> La comida costaba tanto (dinero) que no tenía
> bastante para pagarla.
> Había tantos competidores que no hacíamos
> negocios.
> Había tanta gente en el bar que no pudimos
> entrar.
> Había tantas dificultades que no se podía seguir
> con el plan.

309. *Tan* (*so, such a*)

> No me gusta ese vestido tan rojo.
> No me gustan esos vestidos tan rojos.
> Estaba tan tranquilo todo que parecía un
> paraíso.

310. *Todo = cada* (*every*)

> Fabricamos toda clase de aparatos.

311. *Lo* (*predicative*)

Parece nuevo.	– Sí, lo es.
Parecen nuevas.	– Sí, lo son.
¿Está Vd. contento?	– Lo estoy.
¿Están contentos?	– Lo estamos.
¿Era interesante?	– Lo era.
¿Eran fáciles?	– Lo eran.

312. *Special use of the personal pronoun*

> Se *me* paró el coche.
> *Me* voy a tomar un café.
> A Juan se *le* ha muerto su madre.

En una agencia de viajes At a travel agency   **28**

Mr Short is going to visit some customers in Catalonia and he decides to take advantage of the trip to have a week's holiday on the Costa Brava. Mrs Short will go with him but she will have to travel back alone as her husband will be staying on for another week to tie up his business affairs. In the dialogue, we hear them booking their tickets at a travel agency. They go by first class rail as far as Barcelona and from there by coach to Tossa, where they have arranged to stay.

Holidays are also the theme of the expansion section in which, following the details of a page of illustrations, you describe how you will spend your next summer holidays at the seaside.

In this Unit, the talk is mostly about things that are going to happen in the future. In order to do so it is necessary to know another set of verb endings that convey the meaning of futurity, expressed in English not by verb endings but by the auxiliary verbs 'shall' and 'will'. The endings are: *-é, -á, -emos, -án*; they are tacked on to the Infinitive and are the same for all verbs in the language. This combination of 'Infinitive + ending' is known as the Future Tense. There are one or two irregularities, and these are not in the endings but in the stem. For example, *hacer* becomes *haré* (not *haceré*), *poder* becomes *podré* (not *poderé*).

Besides the Future Tense, a further very common use of the Present Subjunctive is introduced. In phrases like 'when I go' and 'as soon as you come', Spaniards feel that it is not logical to use the Present Indicative (as English does) since the actions will take place in the future, nor the Future Indicative (as French does) since this indicates that the actions will definitely take place whereas it is, in fact, only supposed that they will. Spanish therefore uses the Present Subjunctive (*cuando yo vaya . . ., en cuanto Vd. venga . . .*). There is a Future Subjunctive in Spanish but it is used only for very formal and legalistic purposes and is therefore not practised in this course. Ample opportunity for practising these two verbal forms, the Future Indicative and the Present Subjunctive, is given in the Conversation sections of the Unit which contain a travel situation, a discussion of what the world will be like in the year 2000 and a short talk on what you yourself expect to do when you go to Spain.

Los Sres. de Short entran en una agencia de viajes:

1.	EMPLEADO	– Buenos días. ¿En qué puedo servirles?
2.	MR SHORT	– Queremos reservar dos billetes para Tossa, en la Costa Brava.
3.	EMPLEADO	– ¿Para cuándo los quieren?
4.	MR SHORT	– Para el lunes próximo.

5.	EMPLEADO	– ¿Cómo prefieren ir, en tren, en avión o en autocar?
6.	MR SHORT	– En tren.
7.	EMPLEADO	– El tren les llevará hasta Barcelona solamente.
8.	MR SHORT	– ¿Y desde allí?
9.	EMPLEADO	– Desde allí pueden tomar un autocar.
10.	MR SHORT	– De acuerdo. Así lo haremos.

11.	EMPLEADO	– ¿Quieren billetes de ida y vuelta?
12.	MR SHORT	– Para mi mujer sí, pero para mí no.
13.	EMPLEADO	– Entonces son dos billetes para Barcelona, uno de ida y vuelta y otro de ida solamente.
14.	MR SHORT	– Eso es. ¿Cuánto es en total?
15.	EMPLEADO	– Son 1.350 pesetas en segunda y 1.800 en primera.
16.	MR SHORT	– Pues, de primera. ¿Hace falta pagar ahora?
17.	EMPLEADO	– No, no hace falta que pague ahora.

18.	MR SHORT	– ¿Cuándo podré recoger los billetes?
19.	EMPLEADO	– Mañana mismo estarán listos.
20.	MR SHORT	– ¿A qué hora puedo pasar?
21.	EMPLEADO	– A primera hora de la mañana.
22.	MR SHORT	– Bien. Pasaré cuando vaya a la oficina.
23.	EMPLEADO	– Cuando Vd. quiera.
24.	MR SHORT	– Hasta mañana, entonces.

Conteste a las preguntas:

1. ¿Adónde irán de vacaciones los Sres. de Short? — Irán a Tossa de Mar.
2. ¿Dónde está Tossa de Mar? — Está en la Costa Brava.
3. ¿Cuándo se marcharán? — Se marcharán el lunes próximo.
4. ¿Cómo irán? — Irán en tren.
5. ¿Les llevará el tren hasta Tossa? — No, no les llevará hasta Tossa.
6. ¿Hasta dónde les llevará? — Les llevará hasta Barcelona solamente.
7. ¿Qué podrán hacer en Barcelona? — Podrán tomar un autocar.
8. ¿Lo harán? — Sí, así lo harán.
9. ¿Volverán juntos después? — No, no volverán juntos.
10. ¿Cuánto cuestan los billetes de segunda clase? — Cuestan mil trescientas cincuenta pesetas.
11. ¿Y los de primera? — Mil ochocientas pesetas.
12. ¿En qué clase irán? — Irán en primera.
13. ¿Hace falta que paguen hoy? — No, no hace falta que paguen hoy.
14. ¿Cuándo pagarán? — Pagarán mañana.
15. ¿Estarán listos hoy los billetes? — No, hoy no estarán listos.
16. ¿Cuándo podrán recogerlos? — Podrán recogerlos mañana.
17. ¿A qué hora podrá pasar el Sr. Short a recogerlos? — Podrá pasar a primera hora de la mañana.
18. ¿Cuándo pasará el Sr. Short? — Pasará cuando vaya a la oficina.
19. ¿Qué le dice el empleado? — Le dice que puede pasar cuando quiera.
20. ¿Hasta cuándo se despide el Sr. Short? — Se despide hasta mañana.

Conteste por el Sr. Short:

1. ¿Adónde irán Vds. de vacaciones? — Iremos a Tossa de Mar.
2. ¿Dónde está Tossa de Mar? — Está en la Costa Brava.
3. ¿Cuándo se marcharán Vds.? — Nos marcharemos el lunes próximo.
4. ¿Cómo irán? — Iremos en tren.
5. ¿Les llevará el tren hasta Tossa? — No, no nos llevará hasta Tossa.
6. ¿Hasta dónde les llevará? — Nos llevará hasta Barcelona.
7. ¿Qué podrán Vds. hacer en Barcelona? — Podremos tomar un autocar.
8. ¿Lo harán Vds.? — Sí, así lo haremos.
9. ¿Volverán Vds. juntos después? — No, no volveremos juntos.
10. ¿Cuánto cuestan los billetes de segunda clase? — Cuestan mil trescientas cincuenta pesetas.
11. ¿Y los de primera? — Mil ochocientas pesetas.
12. ¿En qué clase irán Vds.? — Iremos en primera.
13. ¿Hace falta que paguen Vds. hoy? — No, no hace falta que paguemos hoy.
14. ¿Cuándo pagará Vd.? — Pagaré mañana.
15. ¿Estarán listos hoy los billetes? — No, no estarán listos hoy.
16. ¿Cuándo podrá Vd. recogerlos? — Podré recogerlos mañana.
17. ¿A qué hora podrá Vd. pasar? — Podré pasar a primera hora de la mañana.
18. ¿Cuándo pasará Vd.? — Pasaré cuando vaya a la oficina.
19. ¿Qué le ha dicho el empleado? — Me ha dicho que puedo pasar cuando quiera.
20. ¿Hasta cuándo se ha despedido Vd.? — Me he despedido hasta mañana.

En agosto iré de vacaciones con mi familia a Alicante, una de las playas más populares de España.
El día que nos vayamos...

1. Me levantaré a las seis.
2. Mi mujer también se levantará a las seis.
3. Los niños se levantarán a las siete.
4. Haré las maletas.
5. Mi mujer preparará unos bocadillos.
6. Desayunaremos juntos.
7. Luego iremos a la estación en un taxi.
8. El tren saldrá a las diez.
9. Viajaremos en segunda.
10. Habrá mucha gente en el departamento.
11. Al mediodía nos tomaremos los bocadillos.
12. El tren llegará a las cuatro y media de la tarde . . .
13. . . . e iremos enseguida a la pensión.
14. Por las mañanas, estaremos todos en la playa.
15. Yo leeré,
16. y mi mujer verá jugar a los niños.
17. Ellos se pondrán muy morenos.
18. Después de la playa, tendremos hambre y comeremos con apetito.
19. Por las tardes haremos excursiones en autocar . . .
20. . . . o descansaremos.
21. Por la noche, dormiremos como troncos.
22. Desgraciadamente, las vacaciones serán cortas y no querremos volver.
23. No me quedará mucho dinero, . . .
24. . . . pero sí nos quedarán recuerdos felices.

Preguntas

1. ¿A qué hora se levantará Vd. ?
2. ¿A qué hora se levantará su mujer ?
3. ¿A qué hora se levantarán los niños ?
4. ¿Quién hará las maletas ?
5. ¿Qué hará su mujer ?
6. ¿Desayunarán Vds. ?
7. ¿Cómo irán Vds. a la estación ?
8. ¿A qué hora saldrá el tren ?
9. ¿En qué clase viajarán ?
10. ¿Estará vacío el departamento ?
11. ¿Qué harán Vds. al mediodía ?
12. ¿A qué hora llegará el tren ?
13. ¿Dónde irán ?
14. ¿Dónde estarán Vds. por las mañanas ?
15. ¿Qué hará Vd. personalmente ?
16. ¿Y su mujer ?
17. ¿Cómo se pondrán los niños ?
18. ¿Qué harán Vds. después de la playa ?
19. Por las tardes ¿qué harán ?
20. ¿Y si no hacen una excursión ?
21. ¿Dormirán bien ?
22. ¿Serán largas sus vacaciones ?
23. ¿Le quedará mucho dinero ?
24. ¿Qué es lo que les quedará ?

211 ¿A qué hora pasarán Vds. mañana?
¿A qué hora llegarán Vds. mañana?
¿A qué hora estarán Vds. mañana?
¿A qué hora se marcharán Vds. mañana?

¿A qué hora se irán Vds. mañana?
¿A qué hora volverán Vds. mañana?
¿A qué hora se levantarán Vds. mañana?

- Yo pasaré a las 11, mi amigo pasará a las 12.
- Yo llegaré a las 11, mi amigo llegará a las 12.
- Yo estaré a las 11, mi amigo estará a las 12.
- Yo me marcharé a las 11, mi amigo se marchará a las 12.
- Yo me iré a las 11, mi amigo se irá a las 12.
- Yo volveré a las 11, mi amigo volverá a las 12.
- Yo me levantaré a las 11, mi amigo se levantará a las 12.

212 ¿Cuándo llegarán Vds.?
¿Cuándo estarán Vds.?
¿Cuándo pasarán Vds.?
¿Cuándo se irán Vds.?
¿Cuándo se marcharán Vds.?
¿Cuándo volverán Vds.?
¿Cuándo pagarán Vds.?
¿Cuándo descansarán Vds.?

- Llegaremos el lunes próximo.
- Estaremos el lunes próximo.
- Pasaremos el lunes próximo.
- Nos iremos el lunes próximo.
- Nos marcharemos el lunes próximo.
- Volveremos el lunes próximo.
- Pagaremos el lunes próximo.
- Descansaremos el lunes próximo.

213 ¿Va Vd. a venir por la mañana?
¿Va Vd. a salir por la mañana?
¿Va Vd. a hacer las cartas por la mañana?
¿Va Vd. a poner el cable por la mañana?
¿Va Vd. a tener tiempo por la mañana?
¿Va Vd. a poder ir por la mañana?

- No, vendré por la tarde.
- No, saldré por la tarde.
- No, las haré por la tarde.
- No, lo pondré por la tarde.
- No, lo tendré por la tarde.
- No, podré ir por la tarde.

214 No vengan Vds.
No salgan Vds.
No hagan Vds. nada.
No digan Vds. nada.
No pongan Vds. mi nombre.
No se vayan Vds.

- No, no vendremos.
- No, no saldremos.
- No, no haremos nada.
- No, no diremos nada.
- No, no lo pondremos.
- No, no nos iremos.

215 Tenemos que pasar hoy ¿no?
Tenemos que pagar hoy ¿no?
Tenemos que irnos hoy ¿no?
Tenemos que volver hoy ¿no?
Tenemos que hacerlo hoy ¿no?
Tenemos que salir hoy ¿no?

- No, no hace falta que pasemos hoy.
- No, no hace falta que paguemos hoy.
- No, no hace falta que nos vayamos hoy.
- No, no hace falta que volvamos hoy.
- No, no hace falta que lo hagamos hoy.
- No, no hace falta que salgamos hoy.

216 ¿Cuándo va Vd. a venir?
¿Cuándo va Vd. a desayunar?
¿Cuándo va Vd. a comer?
¿Cuándo va Vd. a levantarse?
¿Cuándo va Vd. a escribir?
¿Cuándo va Vd. a irse?
¿Cuándo va Vd. a despedirse?
¿Cuándo va Vd. a descansar?

- Yo vendré cuando Vd. venga.
- Yo desayunaré cuando Vd. desayune.
- Yo comeré cuando Vd. coma.
- Yo me levantaré cuando Vd. se levante.
- Yo escribiré cuando Vd. escriba.
- Yo me iré cuando Vd. se vaya.
- Yo me despediré cuando Vd. se despida.
- Yo descansaré cuando Vd. descanse.

217 ¿Vendrán Vds. el lunes y el martes?
¿Se quedarán Vds. hoy y mañana?
¿Quiere Vd. billetes para Vd. y para su señora?
¿Va Vd. a comprar el pequeño y el grande?
¿Quiere Vd. comer y cenar?
¿María es guapa e inteligente?
¿Trabaja Vd. aquí y allí?

- El lunes sí, pero el martes no.
- Hoy sí, pero mañana no.
- Para mí sí, pero para mi señora no.
- El pequeño sí, pero el grande no.
- Comer sí, pero cenar no.
- Guapa sí, pero inteligente no.
- Aquí sí, pero allí no.

218 Dos millones, dos mil, doscientos veintidós   – Dos millones, dos mil, doscientos veintidós
tres   – tres millones, tres mil, trescientos treinta y tres
cuatro   – cuatro millones, cuatro mil, cuatrocientos cuarenta y cuatro
cinco   – cinco millones, cinco mil, quinientos cincuenta y cinco
seis   – seis millones, seis mil, seiscientos sesenta y seis
siete   – siete millones, siete mil, setecientos setenta y siete
ocho   – ocho millones, ocho mil, ochocientos ochenta y ocho
nueve   – nueve millones, nueve mil, novecientos noventa y nueve

219 Comemos estupendamente.   – Comemos estupendamente.
el año pasado   – El año pasado comimos estupendamente.
cuando estábamos de vacaciones   – Cuando estábamos de vacaciones, comíamos estupendamente.
cuando vayamos de vacaciones   – Cuando vayamos de vacaciones, comeremos estupendamente.
hoy   – Hoy hemos comido estupendamente.
todos los días   – Todos los días comemos estupendamente.

220 ¿Es muy caro el hotel?   – Sí, nos cuesta mucho.
¿Fue muy caro el hotel?   – Sí, nos costó mucho.
¿Era muy caro el hotel?   – Sí, nos costaba mucho.
¿Será muy caro el hotel?   – Sí, nos costará mucho.
¿Ha sido muy caro el hotel?   – Sí, nos ha costado mucho.

221 Alicante es una ciudad muy bonita.   – Alicante es una de las ciudades más bonitas de España.
Valencia es un sitio muy importante.   – Valencia es uno de los sitios más importantes de España.
El Duero es un río muy largo.   – El Duero es uno de los ríos más largos de España.
El Guadarrama es una sierra muy alta.   – El Guadarrama es una de las sierras más altas de España.
Los Andes son unas montañas muy altas.   – Los Andes son unas de las montañas más altas de América.

222 Han llegado algunos de los motores.   – ¿Cuándo llegarán los otros?
Han venido algunas de las facturas.   – ¿Cuándo vendrán las otras?
Han salido algunas de las cartas.   – ¿Cuándo saldrán las otras?
Se han fabricado algunas de las máquinas.   – ¿Cuándo se fabricarán las otras?
Se han cobrado algunas de las facturas.   – ¿Cuándo se cobrarán las otras?
Se han hecho algunos de los pedidos.   – ¿Cuándo se harán los otros?

(*Drill 218 is not recorded.*)

Situación

Un viajero reserva unos billetes en una agencia de viajes para un viaje que tiene que hacer. Habla con el empleado de los siguientes puntos introduciendo algunas de las expresiones indicadas a continuación:

EMPLEADO		VIAJERO	
	Destino		Precios de las distintas clases
	Fecha		Cambios, transbordos
	Medio de Transporte		Mejores épocas para ir
	Número de billetes		Alojamiento
	Clase		Coste de los billetes
	Itinerario		Equipaje
	Horarios		Comidas en el tren
			Cuándo puede recoger los billetes
			Cuándo hay que pagar
			Depósito

EXPRESIONES Creo que ...
No creo que ... (+ *subjuntivo*)
Será necesario que ... (+ *subjuntivo*)
Será conveniente que ... (+ *subjuntivo*)
En cuanto ... (+ *subjuntivo*)
Pienso ... (+ *infinitivo*)

Charla Cuando vaya al extranjero

Dentro de unos días irá Vd. a España u otro país de habla española. Dé Vd. una breve charla diciendo lo que hará cuando esté allí. Siga este guión si quiere:

Cuando llegue a la frontera o al puerto:

bajaré ....
pasaré ....
tomaré ....
seguiré ....

Cuando llegue a mi destino:

bajaré ....
saldré ....
buscaré ....
iré ....
reservaré ....
me instalaré ....

Una vez instalado:

abriré (maletas) ....
arreglaré ....
me lavaré ....
cambiaré (de traje) ....
comeré (cenaré) ....

Durante mi estancia:

iré a ver ....
haré excursiones ....
procuraré hablar ....
intentaré aprender ....
hablaré ....
leeré ....
escribiré ....
me divertiré ....
asistiré (espectáculos) ....
comeré ....
beberé ....
volveré ....

355

*Háganse conversaciones sobre algunos de los **temas** siguientes:*

Cosas personales

¿Qué edad tendrá Vd. en el año 2000?
¿En qué estado de salud estará Vd.?
¿Dónde vivirá, probablemente?
¿Qué familia tendrá?
¿Estará trabajando? ¿en qué?
¿Cuánto dinero tendrá?
¿Cómo viajará Vd.?

Política

¿Los Estados Unidos de Europa?
¿Necesitaremos pasaportes? ¿Habrá aduanas?
¿Esperanto? ¿Otros idiomas importantes?
¿Qué actividades serán internacionales?
¿Habrá un gobierno internacional?
¿Cuál será la población del mundo?
¿Habrá guerra? ¿Habrá paz?

Comunicaciones

¿Podremos ir a la luna?
¿Dónde pasaremos las vacaciones?
¿Cómo iremos al trabajo? ¿Helicópteros?
¿Tendremos todos un avión particular?
¿Cómo solucionarán el problema del tráfico?

Trabajo

¿Máquinas ordenadoras y calculadoras?
¿Habrá todavía trabajos manuales?
¿Trabajo en las minas? ¿En las fábricas?
¿Trabajaremos menos? ¿Más?

Comida

¿Comeremos todavía carne, cereales, etc. o solamente comida concentrada y artificial?
¿Comeremos a las mismas horas o a horas diferentes?
¿Comeremos en casa o en restaurantes?
¿Se distribuirán algunas cosas gratis?

Vivienda

¿Viviremos en casas pequeñas o en grandes manzanas de pisos?
¿Costará más, o menos, o será gratis?
¿Cómo será la calefacción? ¿Y la luz?

Para expresar su opinión

creo que . . .	mi opinión es que . . .	espero que . . .
opino que . . .	en mi opinión . . .	supongo que . . .
estimo que . . .	a mi modo de ver . . .	mi punto de vista es que . . .

El Sr. Short alquila una casa 29
Mr Short rents a house

Mr and Mrs Short have decided to rent a house for the rest of their stay in Spain. They have seen a suitable one advertised in the paper and Mr Short has made an appointment with the owner to call and see the house on his way home from the office. In the dialogue, we hear him discussing the matter with the owner, a lady.

The kitchen proves to be a large one, with plenty of light. The owner undertakes to replace the rather old-fashioned gas cooker with a new one if Mr Short takes the house. There is a central heating system and a garden. The rent is agreed and Mr Short is told he can move in at the beginning of next month.

The verb forms practised in this conversation are mainly those of the Future Tense, introduced in the previous Unit. After the question section in which Mr Short narrates the previous conversation to a friend, the expansion exercise describes the house of our dreams, where it would be, how big it would be, how much it might cost, how it might be furnished – if the money were available. In fact, the theme of this Unit is 'If' . . . This calls for another set of verb endings which express the meaning conveyed by the auxiliary verbs 'should' and 'would' in English. These forms constitute what is known as the Conditional mood, and like those of the Future Tense, they are the same for all verbs, and are merely added to the Infinitive. The endings themselves (*-ía, -ían, -íamos*) are easy to learn. They are the same as the Imperfect Tense endings of *-er* and *-ir* verbs, but whereas the Imperfect adds them to the root of the verb (*com+ía=comía*, was eating), the Conditional adds them to the Infinitive (*comer+ía=comería*, would eat). The main problem for you in speaking now consists in choosing the right tense out of the several that have now been studied. To help in acquiring verbal 'agility', drills are introduced to practise tense changes. Only time and constant practice can give ease and fluency.

A choice of conversation exercises at the end of the Unit allows for discussion either of the house in which you are living now, or of an imaginary house you are asking an architect to build for you, or of how you would ideally like to live, if you could choose the conditions freely.

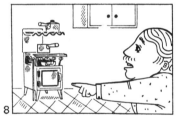

13

14

15

16

17

18

19

20

21

22

23

24

1.	DUEÑA	– Buenos días.
2.	MR SHORT	– Buenos días. Soy el Sr. Short. Le telefoneé ayer.
3.	DUEÑA	– Ah, sí, es para ver la casa ¿no? Pase Vd.
4.	MR SHORT	– Gracias.
5.	DUEÑA	– Mire, ésta es la cocina. Es muy amplia.
6.	MR SHORT	– Sí, aquí cabe toda la familia.
7.	DUEÑA	– Sí, y tiene mucha luz.
8.	MR SHORT	– La cocina de gas no me parece muy moderna.
9.	DUEÑA	– Es verdad, pero si se quedan Vds., les instalaré una nueva.
10.	MR SHORT	– ¿Hay agua caliente?
11.	DUEÑA	– Sí, hay un sistema central para agua y calefacción.
12.	MR SHORT	– Bueno, si es tan amable de enseñarme el resto de la casa.

DESPUÉS DE VER LA CASA

13.	DUEÑA	– ¿Qué le parece?
14.	MR SHORT	– Me gusta. ¿Cuánto es el alquiler?
15.	DUEÑA	– Nueve mil pesetas al mes.
16.	MR SHORT	– Es un poco caro.
17.	DUEÑA	– Tenga Vd. en cuenta que tiene jardín.
18.	MR SHORT	– Bueno, me quedo con ella. ¿Cuándo podremos entrar?
19.	DUEÑA	– La tengo alquilada hasta fines de este mes.
20.	MR SHORT	– Entonces ¿a principios del mes que viene podremos venir?
21.	DUEÑA	– Eso es. Y mañana mismo le enviaré el contrato.
22.	MR SHORT	– De acuerdo. Le agradeceré que instale la cocina nueva.
23.	DUEÑA	– No se preocupe. Y espero que estén Vds. contentos aquí.
24.	MR SHORT	– Estoy seguro de que lo estaremos.

Por la tarde el Sr. Short cuenta su visita a la Sra. de Pérez

AMIGO	SR. SHORT
1. ¿Fue Vd. a ver la casa?	– Sí, fui a verla.
2. Había telefoneado antes, ¿no?	– Sí, había telefoneado antes.
3. ¿Vio Vd. la cocina?	– Sí, vi la cocina.
4. ¿Cómo era?	– Era muy amplia.
5. ¿Tenía luz?	– Sí, tenía mucha luz.
6. ¿Tenía cocina eléctrica?	– No, tenía cocina de gas.
7. ¿Y qué le pareció?	– No me pareció muy moderna.
8. ¿Y se lo dijo Vd. a la señora?	– Sí, se lo dije.
9. ¿Y qué dijo ella?	– Dijo que instalaría una nueva.
10. ¿Había agua caliente?	– Sí, había un sistema central para agua y calefacción.
11. ¿Vio Vd. toda la casa?	– Sí, la vi.
12. ¿Le gustaron las otras habitaciones?	– Sí, me gustaron.
13. ¿Cuál es el alquiler?	– 9.000 pesetas al mes.
14. ¿Qué le parece?	– Me parece un poco caro.
15. ¿Qué le parecerá la casa a su mujer?	– Creo que le gustará.
16. ¿Hay jardín?	– Sí, hay jardín.
17. Así que, en general ¿qué tal le pareció la casa?	– Me pareció bien.
18. ¿Era bonita?	– Sí, era bonita.
19. ¿Se va a quedar con la casa?	– Sí, me voy a quedar con ella.
20. ¿Van a entrar enseguida?	– No, no podemos.
21. ¿Por qué?	– Porque está alquilada hasta últimos de este mes.
22. ¿Entonces cuándo podrán entrar?	– Entraremos a principios del mes que viene.
23. ¿Cuándo va a enviarle el contrato la señora?	– Dijo que me lo enviará mañana.
24. Bueno, muy bien, espero que estén Vds. contentos allí.	– Gracias, estoy seguro de que lo estaremos.

La casa de mis sueños se llamaría 'Mi Hogar'. Estaría situada en el campo cerca de un río. Miraría hacia el sur y estaría rodeada por un jardín, donde plantaría muchos árboles frutales y cultivaría muchas flores. También construiría una piscina. Desde la casa se vería la sierra al fondo. Como no tendríamos solamente un coche sino varios, uno para cada miembro de la familia, habría un garaje muy grande para guardarlos.

Mi habitación favorita sería la biblioteca. Sería muy grande y tendría una chimenea enorme, además, claro está, de calefacción central. Todos los muebles de la casa serían cómodos, pero especialmente los de la biblioteca. Pondría en el suelo una alfombra magnífica que elegiría yo mismo.

Iría a 'Mi Hogar' a pasar todas las vacaciones. En verano nadaría en mi piscina, en otoño pescaría en el río, en invierno leería en mi biblioteca, y en primavera subiría a la sierra para andar. Mi familia y yo recibiríamos a nuestros amigos y, en fin, viviríamos muy contentos.

Cuestionario

1. ¿Cómo se llamaría la casa de sus sueños?
2. ¿Dónde estaría situada?
3. ¿Estaría cerca del mar?
4. ¿Hacia dónde miraría la casa?
5. ¿Qué habría alrededor?
6. ¿Qué haría Vd. en el jardín?
7. ¿Qué más haría?
8. ¿Qué construiría?
9. ¿Qué se vería desde la casa?
10. ¿Tendrían Vds. un solo coche?
11. ¿Qué habría para guardarlos?
12. ¿Cómo sería el garaje?
13. ¿Qué habitación preferiría Vd.?
14. Descríbala.
15. ¿Qué sistema de calefacción tendría?
16. ¿Cómo serían los muebles?
17. ¿Qué pondría en el suelo?
18. ¿Quién la elegiría?
19. ¿Cuándo iría a 'Su Hogar'?
20. ¿Qué haría Vd. en el verano y en el otoño?
21. ¿Y en el invierno y en la primavera?
22. ¿Viviría Vd. solo?
23. ¿Qué harían Vd. y su familia?
24. ¿Le gustaría volver a su trabajo?

223 ¿Qué dijo Juan?
ir
nosotros
venir
Vd.
telefonear
Yo
marcharse
los clientes

– Juan dijo que vendría enseguida.
– Juan dijo que iría enseguida.
– Nosotros dijimos que iríamos enseguida.
– Nosotros dijimos que vendríamos enseguida.
– Vd. dijo que vendría enseguida.
– Vd. dijo que telefonearía enseguida.
– Yo dije que telefonearía enseguida.
– Yo dije que me marcharía enseguida.
– Los clientes dijeron que se marcharían enseguida.

224 ¿Le gustaría quedarse con la casa?
¿Y a su mujer?
¿Y a su hijo?
¿Y a sus dos hijas?
¿Y a sus padres?
¿A todos Vds.?

– Sí, a mí me gustaría quedarme con la casa.
– Sí, a ella le gustaría quedarse con la casa.
– Sí, a él le gustaría quedarse con la casa.
– Sí, a ellas les gustaría quedarse con la casa.
– Sí, a ellos les gustaría quedarse con la casa.
– Sí, a nosotros nos gustaría quedarnos con la casa.

225 ¿Instalará la señora la cocina?
¿Enviará la señora el contrato?
¿Se quedará el Sr. Short con la casa?
¿Entrará a principios de mes?
¿Estará contento en la casa?

– Dijo que la instalaría.
– Dijo que lo enviaría.
– Dijo que se quedaría con ella.
– Dijo que entraría a principios de mes.
– Dijo que estaría contento en la casa.

226 Estaremos muy contentos.
La casa es muy bonita.
La cocina de gas no era moderna.
La casa será un poco cara.
Los muebles son muy buenos.
El barrio está un poco lejos.
Mi familia sería feliz allí.
La señora ha sido muy amable.

– Sí, lo estaremos.
– Sí, lo es.
– No, no lo era.
– Sí, lo será.
– Sí, lo son.
– Sí, lo está.
– Sí, lo sería.
– Sí, lo ha sido.

227 *En la casa de sus sueños ¿qué harían Vd. y su mujer:*
en el comedor?
en el jardín?
en la biblioteca?
¿Y qué harían los niños:
en el jardín?
en la piscina?
en el río?
en el dormitorio?

– Comeríamos.
– Cultivaríamos flores.
– Leeríamos.

– Jugarían.
– Nadarían.
– Pescarían.
– Dormirían.

228 ¿Ha visto Vd. la casa?
¿Ha visitado Vd. a la dueña?
¿Ha pagado Vd. el alquiler?
¿Ha comprado Vd. la cocina?
¿Ha firmado Vd. el contrato?
¿Ha instalado Vd. los muebles?
¿Ha preguntado Vd. el precio?
¿Ha pedido Vd. el dinero?

– Sí, fui a verla ayer.
– Sí, fui a visitarla ayer.
– Sí, fui a pagarlo ayer.
– Sí, fui a comprarla ayer.
– Sí, fui a firmarlo ayer.
– Sí, fui a instalarlos ayer.
– Sí, fui a preguntarlo ayer.
– Sí, fui a pedirlo ayer.

229 ¿Quiere Vd. una bebida fría? — No, quiero una caliente.
¿Quiere Vd. una cocina eléctrica? — No, quiero una de gas.
¿Quiere Vd. un local grande? — No, quiero uno pequeño.
¿Quiere Vd. un jardín pequeño? — No, quiero uno grande.
¿Quiere Vd. un coche español? — No, quiero uno extranjero.
¿Quiere Vd. un traje de verano? — No, quiero uno de invierno.
¿Quiere Vd. una silla cara? — No, quiero una barata.

230 La familia Short estará contenta. — Espero que esté contenta.
Les gustará la casa. — Espero que les guste la casa.
Comprarán la casa. — Espero que compren la casa.
Habrá buena calefacción. — Espero que haya buena calefacción.
Vivirán muchos años allí. — Espero que vivan muchos años allí.
Sus negocios irán bien. — Espero que sus negocios vayan bien.
Todo esto será verdad. — Espero que sea verdad.

231 Espero que la familia Short esté contenta. — Estoy seguro de que estará contenta.
Espero que les guste la casa. — Estoy seguro de que les gustará la casa.
Espero que compren la casa. — Estoy seguro de que comprarán la casa.
Espero que haya buena calefacción. — Estoy seguro de que habrá buena calefacción.
Espero que vivan muchos años allí. — Estoy seguro de que vivirán muchos años allí.
Espero que sus negocios vayan bien. — Estoy seguro de que sus negocios irán bien.
Espero que sea verdad. — Estoy seguro de que será verdad.

232 ¿Hay sitio para toda la familia? — Sí, cabe fácilmente.
¿Hay sitio para todos nosotros? — Sí, caben Vds. fácilmente.
¿Hay sitio para Vd.? — Sí, quepo fácilmente.
¿Hay sitio para Vds.? — Sí, cabemos fácilmente.
¿Caben todos? — Sí, hay sitio para todos.
¿Cabe mi coche? — Sí, hay sitio para su coche.
¿Cabemos nosotros? — Sí, hay sitio para Vds.
¿Quepo yo? — Sí, hay sitio para Vd.

33 Pérez no es inglés, es español. — Pérez no es inglés sino español.
No tengo un coche, tengo varios. — No tengo un coche sino varios.
No voy a la sierra, voy a la playa. — No voy a la sierra sino a la playa.
No nadamos en el río, nadamos en la piscina. — No nadamos en el río sino en la piscina.
No cultivamos fruta, cultivamos flores. — No cultivamos fruta sino flores.

34 Hay jardín, y eso me gusta. — Me gusta que haya jardín.
La biblioteca es grande, y eso me conviene. — Me conviene que la biblioteca sea grande.
Nuestra casa está en el campo y eso me encanta. — Me encanta que nuestra casa esté en el campo.
La casa no tiene calefacción central, pero eso no me importa. — No me importa que la casa no tenga calefacción central.
Hace frío y eso me molesta. — Me molesta que haga frío.

El Sr. Short ha decidido construir una pequeña casa de campo en la costa del Mediterráneo. Habla con el arquitecto sobre el plano de la casa, y en la conversación emplean las expresiones siguientes.

Es importante que	+ subjuntivo
Es indispensable que	+ subjuntivo
Es imprescindible que	+ subjuntivo
Es muy interesante que	+ subjuntivo
No es necesario que	+ subjuntivo
No hace falta que	+ subjuntivo
¿Quiere Vd. que?	+ subjuntivo

Tratan de los siguientes puntos:

Los pisos
- ¿cuántos?
- ¿material de construcción?
- ¿orientación de la casa?

Las habitaciones
- ¿cuántas?
- ¿cuáles? cuarto de estar, dormitorios cuarto de baño, cuarto trastero (trastos) wáter, comedor, cocina
- ¿dimensiones, distribución?
- ¿tipo de suelos? Ladrillos, mosaico, madera parquet
- ¿paredes pintadas o empapeladas, colores
- ¿armarios empotrados o corrientes?
- balcones, terraza, rejas
- ventanas, tamaño, ¿cuántas? persianas cortinas

Calefacción
- ¿sistema? central, individual, eléctrica de gas, aceite, carbón, radiadores, estufa eléctricas o de gas, chimenea

Luz
- corriente alterna, continua, enchufes, lu fluorescente, de techo, de pared

Garaje
- tamaño, situación

Situación
- ¿distancia de la ciudad? ¿distancia de l carretara?

Coste
- ¿coste total?
- ¿pago inicial?

Fechas
- de comienzo
- de terminación

*Los Sres. de Pérez hablan con los Sres. de Short de la instalación de la casa que éstos han alqui-
lado. Introducen frases como:*

¿Qué piensas comprar . . . ?	¿Qué te gustaría . . . ?
¿Qué piensas poner . . . ?	¿Qué prefieres . . . ?
Necesitaremos . . . ?	¿Nos hará falta . . . ?
Recomiendo que . . .	Les aconsejo que . . .

tratan de los siguientes puntos:

los suelos — alfombras, hule, linóleo, parquet

las cortinas — color, tela, terciopelo, cretona

El comedor — mesa, sillas, aparador

El cuarto de estar — tresillo, sillones, butacas, mesa, sillas, estantes, escritorio, espejo, cuadros, lámparas

la cocina — cocina, frigorífico, lavadora, armarios, pila, mesa, taburetes, sillas, estufa, radiador; cubiertos: cucharas, tenedores, cuchillos; vajilla: platos, tazas, fuentes; vasos, copas; cacharros: sartén, cacerolas, olla a presión, cazo

los dormitorios — camas, cómoda, mesillas, roperos, butaca, espejos

El cuarto de baño — armario, botiquín con espejo, repisas, lavabo, baño, retrete, enchufes para máquina de afeitar

la limpieza — escoba, cepillo, aspiradora, paños del polvo, jabón, cubo

Dé Vd. una breve charla sobre este tema, refiriéndose a algunas de las ideas y expresiones si guientes:

¿Dónde le gustaría vivir?

país
lugar
isla
ciudad
pueblo
campo
monte
mar

¿Qué clima le gustaría?

– frío o caluroso o tropical
hacer calor o hacer frío
hacer sol
hacer viento
llover, la lluvia

¿Cuánto tiempo le gustaría vivir allí?

– toda la vida
fines de semana
vacaciones
unos años

¿Con quién preferiría vivir?

– familia
amigos
solo
animales
mucha gente o poca gente

¿Qué tipo de casa sería?

– casa grande o casita
palacio o pisito
sencilla o lujosa
número de habitaciones
jardín
estilo antiguo o moderno
vistas

¿Qué haría todo el día?

– horario
trabajo
comidas
diversiones
amigos

Les deportes Sport

For listening practice, another news bulletin, dealing this time with sports items and a further series of anecdotes entitled *Cosas de Hombres*.

Conversation practice includes another short exercise in interpreting between a Spaniard and an English person, and some suggestions for a discussion of foreign travel.

The reading passages of this and the next 'extensive' Unit describe the main features of the Spanish political régime, both its organization and the political ideas behind it. In Unit 33 an opportunity is offered to discuss the present political situation and the relations between the two countries.

The main grammatical items summarized at the end of the Unit are the Future and Conditional tenses of the verb. These are the same for all verbs whether of the -ar, -er or -ir type, and consist of endings added to the Infinitive. Some revision is also made of the all-important uses of the Subjunctive, essential for even simple conversation in Spanish, and other expressions of time that accompany sentences in the Future and the Conditional. Among several new verbs is the verb *caber*, which has no one equivalent in English, but which means roughly 'to be able to be contained', or 'there is room for'.

1. Diario hablado

Escuche el siguiente boletín de noticias deportivas y resuma cada párrafo en inglés:

Fútbol. En el primer partido de la Copa de Europa de Campeones de Liga, el Real Madrid derrotó al Inter de Milán por un gol a cero. El gol fue marcado por Gento en el segundo tiempo.
– El equipo nacional de fútbol ha derrotado a un equipo belga con gran facilidad. Al final de la primera parte el resultado era de cero a cero, pero al terminar el partido los españoles habían logrado 6 goles.
– Es muy probable que el partido Barcelona-Chelsea sea retransmitido a Londres por la Televisión. Los espectadores londinenses podrán verlo en ocho pantallas gigantes instaladas en el campo del Chelsea en Londres. Esta será la primera vez que se transmita un partido de fútbol directamente a un campo de juego en la Gran Bretaña.
– Cuatro personas acertaron las quinielas el domingo pasado. De estos nuevos millonarios, uno es un obrero madrileño que siempre ha hecho la quiniela exactamente de la misma forma.
– El entrenador del equipo nacional de fútbol, señor Villalonga, está muy contento con la última prueba y ha dicho que todos trabajaron mucho y cumplieron muy bien. El señor Villalonga lleva solamente tres meses como entrenador y tiene grandes esperanzas en el futuro de nuestro fútbol nacional.

Tenis. El torneo internacional de tenis del Club Puerta de Hierro comenzará el lunes próximo. Hay una importante noticia relacionada con él: Manolo Santana, el gran tenista mundial, reaparecerá después de una semana de descanso.
– Santana ha vencido a Gulyas de Hungría en partido individual de tenis que se ha jugado en el Club Reina de Londres. El partido fue corto y Santana logró su victoria con bastante facilidad.

Aviación. El día tres del próximo mes empezará la vuelta aérea a España que durará hasta el día ocho. Más de cincuenta pilotos tomarán parte en las competiciones y entre ellos se encuentran dos mujeres.

Atletismo. A partir de este año las mujeres participarán en los Juegos Mediterráneos. Se celebrarán en el mes de Septiembre en Túnez. Dos mil atletas de ambos sexos representarán a las 15 naciones del Mediterráneo.
– El francés Jazy ha batido el récord europeo en carreras de 1.500 metros que antes estaba en poder del alemán May. Tardó en recorrer esa distancia tres minutos y 36 segundos.

Baloncesto. Las finales de la Copa del Generalísimo tendrán lugar el sábado y domingo próximos en Tarrasa. Durante estos encuentros se inaugurará el nuevo pabellón de deportes de esa ciudad catalana.

Automovilismo. En el Gran Premio Automovilista de Bélgica, ha vencido el inglés Surtees con un Ferrari, realizando los 395 kms. de recorrido en un tiempo de dos horas y 9 minutos, a una velocidad media de 183 kms. por hora. En segundo lugar llegó Rindt con un Maserati.

Boxeo. En el estadio londinense de Wembley se ha celebrado el combate de boxeo, valedero para el título mundial, entre el italiano Burruni y el escocés McGowan. El escocés venció por puntos en 15 asaltos. Sesenta mil personas presenciaron el combate.
– El alemán Mildenberger ha conservado el título europeo de los pesos pesados al derrotar a Prebeg por puntos en 15 asaltos. El combate se celebró en Francfort.

2. Cosas de Hombres

1. OBSERVACIÓN

En un cruce del centro de la ciudad, el conductor de un lujoso automóvil se olvida de que el semáforo está en rojo y pasa tranquilamente sin detenerse. Hay allí dos guardias, uno de los cuales le dice al otro:
– ¿Has tomado el número de ese coche?
– No, iba muy de prisa y no me ha dado tiempo.
– ¿Te has fijado en la rubia que iba junto al conductor?
– Sí, estupenda.

2. PARA AUTOMOVILISTAS

Se vende en los Estados Unidos un modelo de San Cristóbal, santo patrón de los viajeros, adecuado para colocar en los coches. La novedad es que la pequeña estatua se comunica por medio de un cable con el cuentakilómetros y cuando la velocidad pasa de ciento veinte, deja oír una voz profunda que dice:
– Muy bien, desde este momento yo me lavo las manos.

3. HORAS DE TRABAJO

Un industrial telefonea a un colega suyo para pedirle información sobre un individuo que desea entrar como empleado en su compañía.
– ¿Cuánto tiempo ha trabajado en tu casa?
– Pues . . . unas cuatro o cinco horas.
– ¡Pero si dice que ha estado colocado tres años ahí!
– Sí, sí . . . eso es verdad. Tres años colocado.

4. EQUIVOCACIÓN

Suena el teléfono:
– Oiga, ¿hablo con la casa del señor Marcos de Julián?
– No, señor; ésta es la casa del señor Julián de Marcos.
– ¡Ah, perdone! Debe de ser que he marcado el número al revés.

5. MALA SEMANA

Dos amigos se encuentran por la calle.
– Te veo preocupado. ¿Te ocurre algo?
– Pues . . . hace dos semanas se murió un tío mío y me dejó dos millones.
– ¡Hombre! La cosa no es para ponerse triste.
– Verás. A la semana siguiente, o sea, esta semana pasada, se me murió una tía y me dejó millón y medio.
– Pues sigo sin ver la causa . . .
– La causa es que esta semana estamos a viernes y todavía nada . . .

6. EL HIMNO NACIONAL

Durante el reinado de Jorge V de Inglaterra, un profesor de medicina de Oxford se presentó muy contento en clase diciendo:
– Señores alumnos, les comunico que he sido nombrado médico de Su Majestad el Rey de Inglaterra.
Los alumnos aplauden y luego, puestos en pie, como un solo hombre, cantan el himno nacional: "Dios salve al Rey".

7. ALEGRÍA

Un amigo le dice a otro:
– Pienso ir esta tarde a ver a Pérez. ¿Crees tú que le gustará verme?
– Hombre . . ., no lo sé, pero no tienes por qué preocuparte.
– ¿Por qué?
– Si no le agrada verte cuando llegues, se pondrá muy contento cuando te vayas.

8. EL PROFESOR DISTRAÍDO

Un profesor está viajando en un tren pero no encuentra su billete por ninguna parte. El revisor le dice:
– Búsquelo con calma, volveré dentro de un cuarto de hora.
Pero a los quince minutos el billete sigue sin aparecer. El revisor, muy simpático, le dice:
– Bueno, no se preocupe, estoy seguro de que usted compró el billete.
– Sí, pero si no lo encuentro ¿cómo sabré adónde voy?

Interpretación

Un amigo de Vd. va a ir a España y Vd. le acompaña a una agencia de viajes española en Londres para comprar el billete. Como su amigo no habla español y el empleado de la agencia no habla inglés, Vd. interpreta entre ellos:

1. *I want to buy a ticket to go to Madrid.*
2. Sí, señor. ¿Cuándo piensa Vd. ir?
3. *In the middle of July.*
4. ¿Quiere Vd. billete de primera o de turista?
5. *It will have to be tourist.*
6. Hay plazas para el 13, el 15 y el 17 de Julio. ¿Qué día le conviene más?
7. *The 15th is not possible. I'd better settle for the 17th. What day of the week is that?*
8. Es viernes.
9. *That'll be fine.*
10. ¿Entonces le reservamos la plaza para el 17?
11. *Yes. Can you tell me what time the plane leaves?*
12. Ahora le daré el horario junto con el billete.
13. *Do I have to go to the Terminal or can I go straight to the airport?*
14. Como usted guste o como le sea a usted más fácil.
15. *The thing is I live quite near the airport and it would be a nuisance if I had to go all the way to the terminal and then back again.*
16. En caso de que quiera ir directamente al aeropuerto, tiene que estar allí una hora antes de que el avión salga.
17. *How much is it going to cost me?*
18. El precio es de 22 libras con 9 chelines, la ida solamente.
19. *That's fine. I shall probably come back by car with friends. Can you give me the ticket now?*
20. Sí, cómo no. Si espera usted cinco minutos, se lo entrego.

¿Prefiere viajar solo o en grupo ?
¿Qué es más barato ?
¿Hay precios especiales para estudiantes o grupos ?
¿Cuál es la mejor época para viajar ?
¿Se necesita pasaporte ?
¿Se necesita visado ?
¿Qué otros documentos se necesitan ?
¿Tienen que pasar por las Aduanas ?
¿Qué restricciones hay ?
¿Prefiere conocer un solo país o varios ?
¿A qué país le gustaría más ir ?
¿Por qué allí ?
¿Cómo viajaría ?
¿Cuánto tiempo estaría en cada ciudad ?
¿Le gusta conocer lo típico o sólo lo moderno ?
¿ Qué cosas le interesan más ? ¿La vida de la gente ? ¿Canciones ? ¿Bailes ? ¿Comidas ?
¿Visitaría monumentos ? ¿Cuáles ?
¿Museos ?
¿Bibliotecas ?
¿Iría Vd. al cine, al teatro, a conciertos ?
¿Qué lugares prefiere, de montaña o de mar ?
¿Practicaría deportes ?
¿Dónde se hospedaría ?
¿Le gustaría hacer auto-stop y caminar con mochila y tienda de campaña ?
¿Dónde acamparía ?
¿Trabajaría allí ?
¿Qué se llevaría de recuerdo ?

EL RÉGIMEN ESPAÑOL

Actualmente España es una monarquía pero no tiene rey. El actual Jefe del Estado es Regente vitalicio. Franco es el Jefe del Estado Español y al mismo tiempo Jefe del Gobierno. Tiene muchas funciones y poderes: facultad de decretar leyes, de nombrar ministros y otros cargos importantes, y, como Generalísimo, es el Jefe Supremo de las Fuerzas Armadas.

Por la Ley de Sucesión del 27 de julio de 1942, se asegura la sucesión de Franco si muere o se retira. De acuerdo con esta ley, Franco puede proponer a las Cortes una persona para sucederle. La ley dice también que si Franco muere sin nombrar sucesor, El Consejo de Regencia tiene que tomar inmediatamente sus poderes y convocar en el plazo de tres días al Gobierno y al Consejo del Reino. Ellos tienen que decidir la persona de sangre real digna de sucederle. En caso de no encontrarla, o si las Cortes no la aceptaran, pueden proponer a las Cortes un regente de sangre no real.

El sucesor de Franco, sea monarca o regente, debe ser varón, español, tener treinta años, ser católico, poseer las cualidades requeridas para ocupar tal puesto y jurar obediencia a los principios del Movimiento Nacional (véase Unidad 33).

EL GOBIERNO ESPAÑOL

Constituyen el Gobierno Español diversos organismos pero normalmente cuando se habla del Gobierno, uno se refiere al Consejo de Ministros. Este Consejo tiene un Presidente, un Vice-Presidente y dieciséis ministros. Los ministerios son: Presidencia del Gobierno, Asuntos Exteriores, Trabajo, Industria, Gobernación, Justicia, Educación y Ciencia, Ejército, Marina, Aire, Hacienda, Obras Públicas, Agricultura, Comercio, Información y Turismo, y Vivienda, Hay también tres ministros sin cartera: El Presidente del Consejo de Economía Nacional, el Presidente del Plan de Desarrollo Nacional, y el Secretario General del Movimiento.

Las Cortes o Parlamento español se remontan a los primeros años del siglo XIII, aunque su forma actual data de 1942. Su misión principal es promulgar leyes. Sus miembros se llaman Procuradores en Cortes y logran sus asientos o escaños por elección en unos casos o debido a sus cargos en otros. Los cuatro grupos principales que integran las Cortes son: 1°, representantes de los Sindicatos, 2°, representantes de los Municipios, 3°, representaciones profesionales o culturales (Rectores de Universidades, Presidente del Instituto de España, etc.) 4°, Ministros, Presidentes del Consejo de Estado, del Tribunal Supremo, del Tribunal Superior de Justicia Militar, Consejeros Nacionales del Movimiento y otros nombrados directamente por el Jefe del Estado.

EL CONSEJO DE REGENCIA

Es un organismo cuya misión es asumir los poderes del Jefe del Estado en caso de su fallecimiento; es presidente de este Consejo el Presidente de las Cortes, y los miembros que lo
integran son el Prelado de mayor jerarquía y el Capitán General de los Ejércitos de Tierra,
Mar y Aire, o en su sustitución el Teniente General más antiguo.

Otro organismo del Régimen español es el Consejo del Reino. Su función permanente consiste
en ayudar al Jefe del Estado en los momentos o circunstancias difíciles de su mandato.
También tiene que actuar en los casos mencionados en la Ley de Sucesión o en otros momentos,
como por ejemplo, si las Cortes no aprueban un decreto y el decreto vuelve al Consejo o si
hay que firmar un tratado de paz o declarar una guerra.

GOBIERNO PROVINCIAL

Actualmente el territorio español se divide en 50 *provincias*, incluyendo las (Islas) Baleares
y Canarias. Cada provincia lleva, generalmente, el nombre de su capital y está regida por un
gobernador. Este es nombrado por el Gobierno y tiene amplios poderes políticos y económicos.
Las provincias a su vez se dividen en 9.255 ayuntamientos o municipios, cuyo presidente es
el *alcalde* ayudado por una junta de concejales. Los ayuntamientos se dividen en *barrios*
y al frente de cada uno de éstos está un *alcalde de barrio*.

Existe también en cada provincia un organismo llamado Diputación Provincial que vigila
los intereses municipales; si un municipio necesita dinero para la construcción de escuelas,
fuentes, etc., el dinero no viene del Ministerio de Hacienda sino de la Diputación. Hay
municipios muy ricos que se bastan económicamente a sí mismos, y otros que necesitan
recursos económicos. La Diputación se encarga de ello, siempre que no sea de interés nacional,
en cuyo caso es el Gobierno quien actúa. En el primer caso el Gobernador es consejero y
árbitro de la inversión de dinero en mejoras municipales. La conservación y extensión de
las llamadas carreteras provinciales corren a cargo de la Diputación también. Su presidente
es nombrado por el Ministerio de la Gobernación.

El Alcalde, nombrado por la Administración Central, con los concejales, nombrados como
se indica a continuación, gobiernan el municipio. Los cabezas de familia eligen un tercio del
número de concejales elegibles; otro tercio es elegido por los Sindicatos, y el otro tercio es
elegido por los ya concejales de los dos tercios anteriores.

Gramática

313. Future Tense (regular forms)

hablar	comer	vivir
hablaré	comeré	viviré
hablarás	comerás	vivirás
hablará	comerá	vivirá
hablaremos	comeremos	viviremos
hablaréis	comeréis	viviréis
hablarán	comerán	vivirán

314. Future Tense (irregular forms)

hacer	decir	querer
haré	diré	querré
harás	dirás	querrás
hará	dirá	querrá
haremos	diremos	querremos
haréis	diréis	querréis
harán	dirán	querrán

poder	poner	tener
podré	pondré	tendré
podrás	pondrás	tendrás
podrá	pondrá	tendrá
podremos	pondremos	tendremos
podréis	pondréis	tendréis
podrán	pondrán	tendrán

salir	venir	haber
saldré	vendré	habré
saldrás	vendrás	habrás
saldrá	vendrá	habrá
saldremos	vendremos	habremos
saldréis	vendréis	habréis
saldrán	vendrán	habrán

saber
sabré
sabrás
sabrá
sabremos
sabréis
sabrán

315. Conditional mood (regular forms)

hablar	comer	vivir
hablaría	comería	viviría
hablarías	comerías	vivirías
hablaría	comería	viviría
hablaríamos	comeríamos	viviríamos
hablaríais	comeríais	viviríais
hablarían	comerían	vivirían

316. Conditional mood (irregular forms)

hacer	decir	querer
haría	diría	querría
harías	dirías	querrías
haría	diría	querría
haríamos	diríamos	querríamos
haríais	diríais	querríais
harían	dirían	querrían

poder	poner	tener
podría	pondría	tendría
podrías	pondrías	tendrías
podría	pondría	tendría
podríamos	pondríamos	tendríamos
podríais	pondríais	tendríais
podrían	pondrían	tendrían

salir	venir	haber
saldría	vendría	habría
saldrías	vendrías	habrías
saldría	vendría	habría
saldríamos	vendríamos	habríamos
saldríais	vendríais	habríais
saldrían	vendrían	habrían

saber
sabría
sabrías
sabría
sabríamos
sabríais
sabrían

317. Future and Conditional Progressive

Future	Conditional
estaré trabajando	estaría trabajando
estarás trabajando	estarías trabajando
estará trabajando	estaría trabajando
estaremos trabajando	estaríamos trabajando
estaréis trabajando	estaríais trabajando
estarán trabajando	estarían trabajando

318. Caber (there is room for)

Present (Indic.)	Present (Subj.)
quepo	quepa
cabes	quepas
cabe	quepa
cabemos	quepamos
cabéis	quepáis
caben	quepan
Imperfect	Preterite
cabía	cupe
cabías	cupiste
cabía	cupo
cabíamos	cupimos
cabíais	cupisteis
cabían	cupieron
Future	Conditional
cabré	cabría
cabrás	cabrías
cabrá	cabría
cabremos	cabríamos
cabréis	cabríais
cabrán	cabrían

319. Present Subjunctive = Future

El día que *nos vayamos*, me levantaré pronto.
En cuanto *salga* el tren, nos comeremos los bocadillos.
Pasaré mañana, cuando *vaya* a la oficina.

320. Agradeceré que ... + Subjunctive

Le agradeceré que *instale* la cocina nueva.
Le agradeceré que *sea* puntual.
La agradeceré que me *hable* despacio.

321. Creer (+ Indicative) no creer (+ Subjunctive)

Indicative
Creo que *es* la hora.
Creo que *vendrá* Juan.
Creo que *habrá* tiempo.

Subjunctive
No creo que *sea* la hora.
No creo que *venga* Juan.
No creo que *haya* tiempo.

322. Esperar (expect, hope)

Indicative = expect
Espero que *vendrá* Juan.
Espero que *comeremos* pronto.

Subjunctive = hope
Espero que *venga* Juan.
Espero que *comamos* pronto.

323. Sentences with 'caber'

¿Quepo yo en su coche?
Sí, cabe Vd. y caben tres más también.
Aquí cabe toda la familia.
No cabe duda.
No cabía un alfiler.

324. Quedar (to be left)

No me quedará mucho dinero.
No nos quedará tiempo.
Sólo nos quedan tres días.
¡De prisa! Quedan 3 minutos.

325. Recomendar, aconsejar + subjunctive

Le recomiendo que no *vaya*.
Le aconsejo que *estudie* más.

326. Verb + Infinitive + object

Vimos jugar a los niños
Oímos abrirse la puerta.

327. Para = by (time)

¿Para cuándo quiere el informe?
Para cuando pueda.
Para mañana estará listo.

328. Para = for, to (place)

Quiero dos billetes para Tossa.
Tengo dos entradas para el cine.
Ya vamos para Madrid.

329. En = by, by means of

en tren	en barco
en taxi	en bicicleta
en coche	en autocar
en avión	en automóvil

330. Desde ... hasta = from ... to (place)

Fuimos en tren desde Madrid hasta Barcelona.
Y desde allí en coche hasta aquí.

331. Hasta (as far as, until)

place	time
hasta Madrid	hasta mañana
hasta la esquina	hasta luego
hasta el semáforo	hasta ahora
hasta mi casa	hasta otro día
hasta el centro	hasta pronto
hasta donde pueda	hasta la vista
hasta donde sea	hasta las dos

332. Adverbial expressions of time

a primera hora
a primera hora de la mañana
a última hora de la tarde.

333. Adverbs of future time

mañana
pasado mañana
la semana próxima
la semana que viene
el lunes próximo
el lunes que viene
dentro de unos días

334. Como (cause) = as

Como tenemos dos coches, necesitamos un garaje grande.
Como llegamos tarde, perdimos el tren.

335. Sino (adversative) = but

No tendríamos solamente un coche sino varios ...
Pérez no es inglés sino español.
No cultivan fruta, sino flores.
No fuimos a la piscina, sino al río.

336. Superlative

Es la región más seca de España.
Es una de las ciudades más grandes del mundo.

El Sr. Short regaña a su secretaria

Mr Short reproves his secretary

Today, Mr Short finds it necessary to admonish his secretary, who, in spite of her very satisfactory office work, has taken to coming late in the mornings. She explains that the buses are very full in the mornings and sometimes she cannot get on them. Mr Short asks her why she doesn't get up earlier and so avoid this difficulty. She points out that she often stays late in the evening but Mr Short says that this should not be necessary, and in any case she should think of her mother, who cannot like her getting home late in the evening. The secretary finally promises to be more punctual in future and both she and Mr Short get on with their work.

Included in the dialogue are several uses of the Subjunctive, for example after the verb *gustar*, and after the word *si* (if). Whereas the Subjunctive has been used only in the Present Tense so far, here it refers to past actions and is therefore used in its Past Tense form. This is one of the few parts of the conjugation left for you to learn but it is as important and as frequent as any other verb form. It is extremely common and used by everybody, including young children, for the expression of many everyday ideas. The Past Subjunctive has two possible endings: *-ra* and *-se*. They are both used frequently and are more or less interchangeable.

The remaining sections of the Unit give further practice in these verb forms. The expansion exercises deal with the likes and dislikes of two tourists in Spain, and with some advice given to certain members of his staff by Mr Short. The situational and conversational section calls for the expression of approval and disapproval and for the construction of 'If...' sentences on a variety of themes such as 'What would you do if you won the lottery, or if you were shipwrecked?' and 'What would it be like if women ruled the world?'

Diálogo

El Sr. Short regaña a su secretaria

1.	SECRETARIA	– ¿Me llamaba Vd., Sr. Short?
2.	MR SHORT	– Sí, pase Vd. No me gustó que llegase tan tarde esta mañana.
3.	SECRETARIA	– Lo siento mucho, Sr. Short.
4.	MR SHORT	– Además no es el primer día. Lleva Vd. varios días llegando tarde.
5.	SECRETARIA	– Es que esta mañana el autobús iba completo y no pude subir.
6.	MR SHORT	– ¿Y los otros días?
7.	SECRETARIA	– Pues lo mismo. Por la mañana hay unas colas terribles.
8.	MR SHORT	– ¡Mujer! Si se levantase antes, no tendría problema.
9.	SECRETARIA	– Es cierto.
10.	MR SHORT	– ¿Cuánto tiempo lleva Vd. trabajando aquí?
11.	SECRETARIA	– Casi dos años.
12.	MR SHORT	– Pues, debería Vd. tener más interés en su trabajo.
13.	SECRETARIA	– Muchos días me quedo después de mi hora.
14.	MR SHORT	– Eso no debería ser necesario.
15.	SECRETARIA	– Es que hay siempre tanto trabajo.
16.	MR SHORT	– Sí, pero si viniese Vd. pronto por la mañana, podría marcharse a su hora.
17.	SECRETARIA	– Tiene Vd. razón.
18.	MR SHORT	– ¿Qué dice su madre cuando llega Vd. tarde a casa?
19.	SECRETARIA	– Desde luego, le gustaría que llegase antes.
20.	MR SHORT	– Pues debería Vd. pensar en ella también.
21.	SECRETARIA	– Sí, señor, lo haré.
22.	MR SHORT	– Bueno, en adelante, venga Vd. en punto ¿eh?
23.	SECRETARIA	– Lo intentaré.
24.	MR SHORT	– Bueno, no perdamos más tiempo con esto. Vamos a trabajar un poco.

1. ¿A quién llamó el Sr. Short?	– Llamó a su secretaria.
2. ¿Qué había hecho esa mañana?	– Había llegado muy tarde.
3. ¿Qué es lo que no le gustó al Sr. Short?	– No le gustó que la secretaria llegase tan tarde.
4. ¿Qué contestó la secretaria?	– Que lo sentía mucho.
5. ¿Por qué había llegado tarde?	– Porque el autobús iba completo.
6. ¿Qué le dijo entonces el Sr. Short?	– Que si se levantase antes, no tendría problema.
7. Y ¿qué contestó a esto la secretaria?	– Que sí, que era cierto.
8. ¿Cuánto tiempo llevaba la secretaria trabajando allí?	– Llevaba casi dos años.
9. ¿Qué dijo el Sr. Short que debería tener ella?	– Que debería tener más interés en su trabajo.
10. ¿Se marchaba siempre la secretaria a su hora?	– No, muchos días se quedaba después de su hora.
11. ¿Qué dijo el Sr. Short de eso?	– Dijo que no debería ser necesario.
12. ¿Por qué se quedaba después de su hora la secretaria?	– Porque había siempre mucho trabajo.
13. ¿Qué contestó el Sr. Short?	– Que si viniese pronto por la mañana, podría marcharse a su hora.
14. ¿Tenía razon?	– Sí, tenía razon.
15. ¿Qué le gustaría a la madre de la secretaria?	– Le gustaría que su hija llegase antes a casa.
16. ¿Qué dijo el Sr. Short que ella debería hacer?	– Que debería pensar en su madre.
17. ¿Qué contestó ella?	– Contestó que lo haría.
18. ¿Qué le dijo el Sr. Short?	– Le dijo que en adelante viniese en punto.
19. Y ¿qué dijo ella?	– Dijo que lo intentaría.
20. ¿Qué hicieron el Sr. Short y la secretaria después de su conversación?	– Se pusieron a trabajar.

1. Dos turistas en España

LA ANTIPÁTICA DIJO . . .

1. Me molestó que los españoles me hablasen en español.
2. Me molestó que los hombres me mirasen con admiración.
3. Me molestó que la gente comiese tan tarde.
4. Me molestó que el 'cantaor' cantase flamenco.
5. Me molestó que el camarero sirviese el vino frío.
6. Me molestó que los taxistas fuesen tan de prisa.

LA SIMPÁTICA DIJO . . .

1. Me encantó que los españoles me hablaran en español.
2. Me encantó que los hombres me miraran con admiración.
3. Me encantó que la gente comiera tan tarde.
4. Me encantó que el 'cantaor' cantara flamenco
5. Me encantó que el camarero sirviera el vino frío.
6. Me encantó que los taxistas fueran tan de prisa.

¿QUÉ DIJO LA GENTE DE LA TURISTA ANTIPÁTICA?

1. los españoles: Le molestó que le hablásemos en español.
2. los hombres: Le molestó que la mirásemos con admiración.
3. la gente: Le molestó que comiésemos tan tarde.
4. el 'cantaor': Le molestó que cantase flamenco.
5. el camarero: Le molestó que sirviese el vino frío.
6. los taxistas: Le molestó que fuésemos tan de prisa.

¿QUÉ DIJO LA GENTE DE LA TURISTA SIMPÁTICA?

1. los españoles: Le encantó que le habláramos en español.
2. los hombres: Le encantó que la miráramos con admiración.
3. la gente: Le encantó que comiéramos tan tarde.
4. 'el cantaor': Le encantó que cantara flamenco.
5. el camarero: Le encantó que sirviera el vino frío.
6. los taxistas: Le encantó que fuéramos tan de prisa.

Ampliación

2. Unos empleados malos

¿QUÉ DIJO EL SR. SHORT?

Al botones	1. Si Vd. se levantase pronto, llegaría a su hora.
	2. Si Vd. estudiase inglés, le subiría el sueldo.
A las mujeres	3. Si Vds. hablasen menos, no se enfadarían.
de la limpieza	4. Si Vds. trabajasen más, la oficina estaría limpia.
Al conserje	5. Si Vd. no bebiese, no se dormiría.
	6. Si Vd. no comiese tanto, no estaría tan gordo.
A las empleadas	7. Si Vds. no saliesen por la noche, no estarían tan cansadas.
	8. Si Vds. no escribiesen a sus novios, no tendrían tanto trabajo pendiente.

¿QUÉ DIJERON ELLOS?

El botones:	1. Si me levantase pronto, llegaría a mi hora.
	2. Si estudiase inglés, el Sr. Short me subiría el sueldo.
Las mujeres	3. Si hablásemos menos, no nos enfadaríamos.
de la limpieza	4. Si trabajásemos más, la oficina estaría limpia.
El conserje	5. Si no bebiese, no me dormiría.
	6. Si no comiese tanto, no estaría tan gordo.
Las empleadas	7. Si no saliésemos por la noche, no estaríamos tan cansadas.
	8. Si no escribiésemos a nuestros novios, no tendríamos tanto trabajo pendiente.

¿QUÉ DIJO EL SR. SHORT?

Al botones	1. Si Vd. se levantara pronto, llegaría a su hora.
	2. Si Vd. estudiara inglés, le subiría el sueldo.
A las mujeres	3. Si Vds. hablaran menos, no se enfadarían.
de la limpieza	4. Si Vds. trabajaran más, la oficina estaría limpia.
Al conserje	5. Si Vd. no bebiera, no se dormiría.
	6. Si Vd. no comiera tanto, no estaría tan gordo.
A las empleadas	7. Si Vds. no salieran por la noche, no estarían tan cansadas.
	8. Si Vds. no escribieran a sus novios, no tendrían tanto trabajo pendiente.

¿QUÉ DIJERON ELLOS?

El botones	1. Si me levantara pronto, llegaría a mi hora.
	2. Si estudiara inglés, el Sr. Short me subiría el sueldo.
Las mujeres	3. Si habláramos menos, no nos enfadaríamos.
de la limpieza	4. Si trabajáramos más, la oficina estaría limpia.
El conserje	5. Si no bebiera, no me dormiría.
	6. Si no comiera tanto, no estaría tan gordo.
Las empleadas	7. Si no saliéramos por la noche, no estaríamos tan cansadas.
	8. Si no escribiéramos a nuestros novios, no tendríamos tanto trabajo pendiente.

Prácticas

31

235 Luisa llegó tarde.
  – Al Sr. Short no le gustó que Luisa llegase tarde.
Yo llegué tarde.
  – Al Sr. Short no le gustó que yo llegase tarde.
Los empleados llegaron tarde.
  – Al Sr. Short no le gustó que los empleados llegasen tarde.

Nosotros llegamos tarde.
  – Al Sr. Short no le gustó que nosotros llegásemos tarde.

Luisa salió a la calle.
  – Al Sr. Short no le gustó que Luisa saliese a la calle.

Yo salí a la calle.
  – Al Sr. Short no le gustó que yo saliese a la calle.
Los empleados salieron a la calle.
  – Al Sr. Short no le gustó que los empleados saliesen a la calle.

236 Vd. trabaja poco.
  – Al jefe le gustaría que yo trabajase más.
Yo trabajo poco.
  – Al jefe le gustaría que Vd. trabajase más.
Vds. trabajan poco.
  – Al jefe le gustaría que trabajásemos más.
Trabajamos poco.
  – Al jefe le gustaría que Vds. trabajasen más.
Vd. vuelve tarde.
  – Al jefe le gustaría que yo volviese pronto.
Vds. vuelven tarde.
  – Al jefe le gustaría que volviésemos pronto.
Volvemos tarde.
  – Al jefe le gustaría que Vds. volviesen pronto.

237 ¿Qué haría Vd. si tuviese hambre?
  – Si tuviese hambre, comería algo.
¿Qué haría Vd. si tuviese sed?
  – Si tuviese sed, bebería algo.
¿Qué haría Vd. si se pusiese malo?
  – Si me pusiese malo, me metería en la cama.
¿Qué haría Vd. si estuviese cansado?
  – Si estuviese cansado, descansaría.
¿Qué haría Vd. si fuese español?
  – Si fuese español, hablaría castellano.
¿Qué haría Vd. si supiese ruso?
  – Si supiese ruso, iría a Rusia.

238 Si Vd. se levantase pronto llegaría en punto.
  – Si Vd. se levantase pronto, llegaría en punto.
los chicos
  – Si los chicos se levantasen pronto, llegarían en punto.

yo
  – Si yo me levantase pronto, llegaría en punto.
tener más tiempo
  – Si yo tuviese más tiempo, llegaría en punto.
nosotros
  – Si nosotros tuviésemos más tiempo, llegaríamos en punto.

Vds.
  – Si Vds. tuviesen más tiempo, llegarían en punto.
las chicas
  – Si las chicas tuviesen más tiempo, llegarían en punto.

239 Luisa tiene poco interés en su trabajo.
  – Debería tener más interés en su trabajo.
Los chicos trabajan mal.
  – Deberían trabajar mejor.
Nosotros nos divertimos poco.
  – Deberíamos divertirnos más.
Los botones juegan mucho.
  – Deberían jugar menos.
Yo gasto mucho.
  – Debería gastar menos.
Luisa es muy lenta.
  – Debería ser más rápida.

240 Estoy enfermo.
  – Debería Vd. ir al médico.
Estoy cansado.
  – Debería Vd. descansar.
Tengo hambre.
  – Debería Vd. comer algo.
Tenemos sed.
  – Deberían Vds. beber algo.
Tenemos frío.
  – Deberían Vds. ponerse el abrigo.
Tenemos calor.
  – Deberían Vds. quitarse el abrigo.
Tenemos sueño.
  – Deberían Vds. dormir.

(*Drill 238 is not recorded.*)

241 ¿Trabajamos un poco?
¿Empezamos ahora?
¿Bailamos un poco?
¿Cenamos aquí?
¿Salimos de paseo?
¿Escribimos a Juan?

    – Sí, trabajemos un poco.
    – Sí, empecemos ahora.
    – Sí, bailemos un poco.
    – Sí, cenemos aquí.
    – Sí, salgamos de paseo.
    – Sí, escribamos a Juan.

242 ¿Quiere Vd. que empecemos el trabajo hoy?

    – No, no lo empecemos hoy; empecémoslo mañana.

¿Quiere Vd. que terminemos las cartas hoy?

    – No, no las terminemos hoy; terminémoslas mañana.

¿Quiere Vd. que escribamos el informe hoy?

    – No, no lo escribamos hoy; escribámoslo mañana.

¿Quiere Vd. que mandemos los cables hoy?

    – No, no los mandemos hoy; mandémoslos mañana.

¿Quiere Vd. que abramos la cuenta hoy?

    – No, no la abramos hoy; abrámosla mañana.

243 ¿Por qué no vino Vd. ayer?
¿Por qué no hizo Vd. nada?
¿Por qué no fue Vd. a Correos?
¿Por qué no trajo Vd. el correo?
¿Por qué no asistió Vd. a la reunión?
¿Por qué no dijo Vd. nada?

    – El jefe me dijo que no viniera.
    – El jefe me dijo que no hiciera nada.
    – El jefe me dijo que no fuera a Correos.
    – El jefe me dijo que no lo trajera.
    – El jefe me dijo que no asistiera a la reunión.
    – El jefe me dijo que no dijera nada.

244 Los clientes telefonearon.
Los clientes vinieron.
Los clientes se molestaron.
Los clientes salieron.
Los clientes se fueron.
Los clientes volvieron.

    – Yo no quería que telefonearan.
    – Yo no quería que vinieran.
    – Yo no quería que se molestaran.
    – Yo no quería que salieran.
    – Yo no quería que se fueran.
    – Yo no quería que volvieran.

245 Charlamos mucho.
Nos divertimos mucho.

Fumamos mucho.
Salimos mucho.
Hablamos mucho.
Nos reímos mucho.

    – El director preferiría que charláramos menos.
    – El director preferiría que nos divirtiéramos menos.
    – El director preferiría que fumáramos menos.
    – El director preferiría que saliéramos menos.
    – El director preferiría que habláramos menos.
    – El director preferiría que nos riéramos menos.

246 Como bien.
todos los días
ayer
mañana
si pudiera
hoy
cuando estaba de vacaciones
mi madre quiere

    – Como bien.
    – Todos los días como bien.
    – Ayer comí bien.
    – Mañana comeré bien.
    – Si pudiera, comería bien.
    – Hoy he comido bien.
    – Cuando estaba de vacaciones, comía bien.
    – Mi madre quiere que coma bien.

Representen las situaciones siguientes entre Mr Short y tres españoles. En ellas hay cierta emoción y se pueden usar algunas de estas expresiones:

¡Esto no puede ser!	Quiero que . . .
Es la última vez que . . .	Insisto en que . . .
¡Esto es el colmo!	Es importantísimo que . . .
No es culpa mía. No tengo la culpa.	Es imprescindible que . . .
Es culpa de Vds.	Le aseguro que . . .
No es nuestra culpa.	Convendría que . . .

1. EN LA OFICINA

Ayer Mr Short le dictó dun informe a su secretaria y le pidió que lo tuviese listo para hoy. Hoy cuando va a firmar, ve que no está terminado y que además hay muchos errores en las cartas:

A. Mr Short llama a la secretaria y se enfada con ella.

B. Ella se defiende o se disculpa.

A. El le da órdenes para que haga unos trabajos.

B. Ella duda que los pueda terminar a tiempo.

A. Mr Short insiste.

B. Ella intentará.

2. EN EL TINTE

Mr Short se va de viaje mañana. Hoy pasa por el tinte para recoger un traje que le dijeron estaría listo para hoy a las 11 de la mañana. Habla con el dependiente:

A.   Mr Short pide su traje.

B.   El dependiente dice que no está.

A.   Mr Short se enfada.

B.   El dependiente le da explicaciones.

A.   Mr Short insiste.

A/B. Llegan a un acuerdo y se despiden amablemente.

3. EN EL AEROPUERTO

Mr Short viaja por avión de Sevilla a Madrid y de Madrid a Londres. El avión de Sevilla llega una hora tarde a Madrid a causa de una tormenta en Sevilla. Mr Short pierde su conexión para Londres donde tiene una reunión. Se queja en la oficina de la compañía y le pide una indemnización. El jefe explica que la compañía no se hace responsable del tiempo:

A. Mr Short saluda al jefe de campo y le explica su situación.

B. El oficial dice que la compañía no es responsable.

A. Mr Short se enfada e insiste pero sin efecto.

B. El oficial ofrece su ayuda personal en nombre de la compañía pero insiste en que no pueden indemnizarle.

A. Llegan a un acuerdo.

Conversaciones

1. *¿Qué haría Vd. si se encontrase en una isla desierta?*

buscar agua	intentar escapar
buscar comida	quedarse en la isla
cazar animales y aves	divertirse, entretenerse
pescar peces	escribir (impresiones, diario, novela)
construir casa, barca	fabricar herramientas
protegerse	rezar

2. *¿Qué haría Vd. si ganase mucho dinero en las quinielas?*

desmayarse	comprar
tomarlo con calma	ayudar a los pobres
invertir el dinero	viajar
gastar el dinero	divertirse
malgastar el dinero	educarse
fundar una institución	casarse, sus hijos

3. *¿Qué pasaría si mandasen las mujeres?*

¿Qué trabajos harían ellas?
¿Qué trabajos darían a los hombres?
¿Cómo solucionarían los problemas de la política internacional?
¿Cómo solucionarían los problemas del transporte?
¿Cómo solucionarían los problemas de la vivienda?
¿Serían buenas jefas de empresa?
¿Serían buenas cabezas de familia?
¿Serían buenos políticos?
¿Serían buenos jueces?
¿Mejoraría o empeoraría la vida?
¿Se trabajaría más o menos que antes?
¿Habría más guerras o más paz?

Si contesta usted con lógica (y corrección, claro) a más de quince de las preguntas siguientes es usted un genio, si contesta a más de diez es usted una persona muy inteligente y si contesta usted a menos de cinco ¡usted es un burro!

¿Qué haría usted, estando en España . . .
– si echase de menos Inglaterra?
– si perdiese su pasaporte?
– si sólo tuviese cheques de viajero?
– si perdiese todo su dinero?
– si quisiera ir a los toros?
– si le doliese la cabeza?
– si se pusiese muy malo?
– si se pusiese bueno?
– si tuviese hambre?
– si tuviese sed?
– si le tocase mucho dinero en la lotería?
– si quisiera volver a Inglaterra?

¿Qué pasaría en el mundo . . .
– si no hubiese delincuentes ni criminales?
– si no hubiese enfermos?
– si no hubiese científicos?
– si no hubiese pintores?
– si no hubiese escritores?
– si no hubiese idiomas distintos?
– si los hombres no tuviesen ambición?
– si no se casara Vd.?
– si no hubiese guerras?

Diga . . .

– ¿Qué animal le gustaría ser? ¿Por qué?
– ¿Qué profesión le gustaría tener? ¿Por qué?
– ¿Dónde le gustaría vivir? ¿Por qué?
– ¿Como sería la mujer (o el marido) ideal para Vd.?

El Sr. Short se pone malo Mr Short is ill 32

In the summer months, in Madrid, the weather is very hot (up to 33°C at its hottest) and visitors from Britain have to be careful. Too many very cold drinks can upset one, overheating can have the same effect on the digestion as a chill, and certain foods, such as shell-fish, can spoil and cause a slight infection. It seems that this is what has happened to Mr Short, for today we find him calling on his doctor, who diagnoses the trouble and prescribes him some pills which he says will soon put him right.

The theme of illness, accident and general misfortune pervades this present Unit! As, however, some of this comes everybody's way at one time or another, no apology is made for dealing with it. Two expansion exercises are entitled 'Some sick persons' and 'A series of misfortunes'. The grammatical purposes of the Unit are well served by these texts which include sentences of the type 'If you had done this, that would not have happened', that is to say sentences constructed with the Pluperfect and the Conditional Perfect tenses of the verb, Indicative in English, Subjunctive in Spanish. These compound verb forms are somewhat cumbersome even for a Spaniard, and a very handy alternative, a simpler form, is indicated. It is based on the Infinitive and because it is shorter is in very common use in ordinary conversation.

For good measure the conversation section includes a rôle-playing exercise situated in the doctor's surgery. One student can play the doctor and another the patient. The theme for discussion is 'Life a hundred years ago', appropriate to the practice of the Past and Pluperfect Tenses, and finally since most persons enjoy talking about their operation or their last illness, we suggest an outline for a talk you may like to give on this topic!

32

1.	MÉDICO	– Bueno, amigo Short, ¿qué le pasa?
2.	MR SHORT	– Pues no me encuentro bien.
3.	MÉDICO	– ¿Qué tiene Vd.?
4.	MR SHORT	– Me duele el estómago y tengo dolor de cabeza.
5.	MÉDICO	– ¿Cuándo empezó todo esto?
6.	MR SHORT	– El sábado, pasé una noche malísima.
7.	MÉDICO	– ¿Tuvo fiebre?
8.	MR SHORT	– Sí, tuve 39 grados, y vomité.
9.	MÉDICO	– ¿Había tomado algo muy frío?
10.	MR SHORT	– Sí, antes de cenar habíamos estado tomando unas cervezas y unos mariscos.
11.	MÉDICO	– A lo mejor los mariscos no estaban en buenas condiciones.
12.	MR SHORT	– A lo mejor.
13.	MÉDICO	– Si me hubiese llamado el domingo, le hubiera recetado algo.
14.	MR SHORT	– No quería molestarle.
15.	MÉDICO	– Bueno, parece que tiene una infección.
16.	MR SHORT	– Espero que no sea gran cosa.
17.	MÉDICO	– No, con estas pastillas se le cortará enseguida.
18.	MR SHORT	– ¿Puedo comer lo que quiera?
19.	MÉDICO	– No, debe comer a régimen unos días, pescado blanco, verduras, etc.
20.	MR SHORT	– Entendido.
21.	MÉDICO	– Y no beba mucho hasta que no se le pase.
22.	MR SHORT	– De acuerdo. Muchas gracias, doctor.
23.	MÉDICO	– De nada, amigo, que se mejore.
24.	MR SHORT	– Gracias, adiós.

Cuestionario

1. ¿Dónde estuvo el Sr. Short ayer? – Estuvo en la consulta del médico.
2. ¿Por qué? – Porque no se encontraba bien.
3. ¿Qué tenía? – Le dolía el estómago y tenía dolor de cabeza.
4. ¿Cuándo empezó todo esto? – Empezó el sábado por la noche.
5. ¿Había pasado una noche mala? – Sí, había pasado una noche malísima.
6. ¿Tuvo fiebre? – Sí, tuvo 39 grados y vomitó.
7. ¿Qué había tomado antes de cenar? – Había tomado unos mariscos que estaban en malas condiciones.
8. ¿Había bebido algo? – Sí, había bebido unas cervezas.
9. ¿Qué le dijo el médico? – Le dijo que si le hubiese llamado le hubiera recetado algo.
10. ¿Por qué no telefoneó el Sr. Short al médico? – Porque no quería molestarle.
11. ¿Qué dijo el médico que tenía el Sr. Short? – Dijo que tenía una infección.
12. ¿Cómo se le cortaría? – Con unas pastillas.
13. ¿Podía comer lo que quisiera? – No, tenía que comer a régimen unos días.
14. ¿Qué debía comer? – Pescado blanco y verduras.
15. ¿Qué más le dijo el médico? – Que no bebiese mucho hasta que no se le pasara la infección.

1. El Sr. LÓPEZ
2. El Sr. RODRÍGUEZ
3. El Sr. GONZALEZ
4. El Sr. FERRER
5. El Sr. OCHOA
6. El Sr. HERREROS

1. Unos enfermos

1. Ayer, el Sr. López tenía un constipado porque había salido sin abrigo.   2. Al Sr. Rodríguez le operaron de apendicitis porque le había dado un ataque.   3. El Sr. González tenía un brazo roto porque había tenido un accidente.   4. El Sr. Ferrer tenía un tobillo torcido porque se había caído por la escalera.   5. El Sr. Ochoa tenía la mano vendada porque se había cortado un dedo con un cuchillo.   6. El Sr. Herreros tenía dolor de estómago porque había comido demasiado.

Preguntas

1. ¿Por qué tenía un constipado el Sr. López?
   – Porque había salido sin abrigo.
2. ¿Por qué le operaron de apendicitis al Sr. Rodríguez?
   – Porque le había dado un ataque.
3. ¿Por qué tenía un brazo roto el Sr. González?
   – Porque había tenido un accidente.
4. ¿Por qué tenía un tobillo torcido el Sr. Ferrer?
   – Porque se había caído por la escalera.
5. ¿Por qué tenía la mano vendada el Sr. Ochoa?
   – Porque se había cortado un dedo con un cuchillo.
6. ¿Por qué tenía dolor de estómago el Sr. Herreros?
   – Porque había comido demasiado.

1. Ayer el Sr. López tenía un constipado por haber salido sin abrigo.   2. Al Sr. Rodríguez le operaron de apendicitis por haberle dado un ataque.   3. El Sr. González tenía un brazo roto por haber tenido un accidente.   4. El Sr. Ferrer tenía un tobillo torcido por haberse caído por la escalera.   5. El Sr. Ochoa tenía la mano vendada por haberse cortado un dedo con un cuchillo.   6. El Sr. Herreros tenía dolor de estómago por haber comido demasiado.

Preguntas

1. ¿Por qué tenía un constipado el Sr. López?
   – Por haber salido sin abrigo.
2. ¿Por qué le operaron de apendicitis al Sr. Rodríguez?
   – Por haberle dado un ataque.
3. ¿Por qué tenía un brazo roto el Sr. González?
   – Por haber tenido un accidente.
4. ¿Por qué tenía un tobillo torcido el Sr. Ferrer?
   – Por haberse caído por la escalera.
5. ¿Por qué tenía la mano vendada el Sr. Ochoa?
   – Por haberse cortado un dedo con un cuchillo.
6. ¿Por qué tenía dolor de estómago el Sr. Herreros?
   – Por haber comido demasiado.

2. *Una serie de desgracias*

1. Si no hubiese tenido tanto dinero, no se hubiera* comprado un coche tan grande.
2. Si no se hubiese comprado un coche tan grande, no hubiera ido tan de prisa.
3. Si no hubiese ido tan de prisa, no hubiera chocado contra un árbol.
4. Si no hubiese chocado contra un árbol, no se hubiera roto una pierna.
5. Si no se hubiese roto una pierna, no le hubieran llevado al sanatorio.
6. Si no le hubiesen llevado al sanatorio, no le hubieran curado.
7. Si no le hubiesen curado, se hubiera muerto.
8. Si se hubiese muerto, le hubieran enterrado.

Repita las frases empezando . . .

1. De no haber tenido tanto dinero . . .
2. De no haber comprado un coche tan grande . . .
3. De no haber ido tan de prisa . . .
4. De no haber chocado contra un árbol . . .
5. De no haberse roto una pierna . . .
6. De no haberle llevado al sanatorio . . .
7. De no haberle curado . . .
8. De haberse muerto . . .

*Throughout this exercise *hubiera(n)* can be replaced by *habría(n)*

Prácticas

32

247 Ayer estuve en la cama porque me había constipado.

Pablo

ponerse malo

nosotros

comer demasiado

los niños

– Ayer estuve en la cama porque me había
constipado.
– Ayer Pablo estuvo en la cama porque se había
constipado.
– Ayer Pablo estuvo en la cama porque se había
puesto malo.
– Ayer estuvimos en la cama porque nos habíamos
puesto malos.
– Ayer estuvimos en la cama porque habíamos
comido demasiado.
– Ayer los niños estuvieron en la cama porque
habían comido demasiado.

248 Cuando yo tenía diez años, todavía no había
aprendido español.

empezar a trabajar

montar en bicicleta

ir al extranjero

pensar en mi futura profesión

– Cuando yo tenía diez años, todavía no había
aprendido español.
– Cuando yo tenía diez años, todavía no había
empezado a trabajar.
– Cuando yo tenía diez años, todavía no había
montado en bicicleta.
– Cuando yo tenía diez años, todavía no había ido
al extranjero.
– Cuando yo tenía diez años, todavía no había
pensado en mi futura profesión.

249 ¿Qué puedo comer?
¿Dónde puedo sentarme?
¿Cuándo puedo levantarme?
¿Qué pescado puedo comer?
¿Qué verdura puedo comer?
¿Qué vinos puedo tomar?
¿Qué bebidas puedo tomar?

– Lo que Vd. quiera.
– Donde Vd. quiera.
– Cuando Vd. quiera.
– El que Vd. quiera.
– La que Vd. quiera.
– Los que Vd. quiera.
– Las que Vd. quiera.

250 Cuando yo vine, ya había venido Pablo.
llegar
marcharse

llamar
volver
casarse
irse
acostarse

– Cuando yo vine, ya había venido Pablo.
– Cuando yo llegué, ya había llegado Pablo.
– Cuando yo me marché, ya se había marchado
Pablo.
– Cuando yo llamé, ya había llamado Pablo.
– Cuando yo volví, ya había vuelto Pablo.
– Cuando yo me casé, ya se había casado Pablo.
– Cuando yo me fui, ya se había ido Pablo.
– Cuando yo me acosté, ya se había acostado Pablo.

251 ¿Habían tomado Vds. cerveza?
¿Habían cenado por ahí?
¿Se habían divertido Vds.?
¿Habían paseado Vds.?
¿Habían bailado Vds.?
¿Habían visto Vds. una película?

– Sí, habíamos estado tomando cerveza.
– Sí, habíamos estado cenando por ahí.
– Sí, nos habíamos estado divirtiendo.
– Sí, habíamos estado paseando.
– Sí, habíamos estado bailando.
– Sí, habíamos estado viendo una película.

252 ¿Qué hacen Vds. antes de comer?
¿Qué hicieron Vds. antes de comer?
¿Qué hacían Vds. antes de comer?
¿Qué han hecho Vds. antes de comer?
¿Qué harán Vds. antes de comer?
¿Qué harían Vds. antes de comer?
¿Qué habían hecho Vds. antes de comer?
¿Qué hubieran hecho Vds. antes de comer?

– Tomamos un aperitivo.
– Tomamos un aperitivo.
– Tomábamos un aperitivo.
– Hemos tomado un aperitivo.
– Tomaremos un aperitivo.
– Tomaríamos un aperitivo.
– Habíamos tomado un aperitivo.
– Hubiéramos tomado un aperitivo.

253 ¿Ha empezado María? — No, no ha empezado. Si María hubiese empezado, yo hubiera empezado también.

¿Ha acabado María? — No, no ha acabado. Si María hubiese acabado, yo hubiera acabado también.

¿Ha salido María? — No, no ha salido. Si María hubiese salido, yo hubiera salido también.

¿Se ha ido María? — No, no se ha ido. Si María se hubiese ido, me hubiera ido también.

¿Ha comido María? — No, no ha comido. Si María hubiese comido, yo hubiera comido también.

254 ¿Ha empezado Juan? — No, no ha empezado. De haber empezado Juan, yo también hubiera empezado.

¿Ha acabado Juan? — No, no ha acabado. De haber acabado Juan, yo también hubiera acabado.

¿Ha salido Juan? — No, no ha salido. De haber salido Juan, yo también hubiera salido.

¿Se ha ido Juan? — No, no se ha ido. De haberse ido Juan, yo también me hubiera ido.

¿Ha comido Juan? — No, no ha comido. De haber comido Juan, yo también hubiera comido.

255 Estoy enfermo. — Que se mejore.
Me voy a la cama. - Que descanse.
He comido bien. — Que aproveche.
Voy a Londres. — Que tenga buen viaje.
Voy al teatro. — Que se divierta.
Voy a examinarme. — Que tenga suerte.

256 ¿Pasó Vd. mala noche? — Malísima.
¿Es bueno su médico? — Buenísimo.
¿Es guapa Teresa? — Guapísima.
¿Es inteligente Pablo? — Inteligentísimo.
¿Son difíciles los idiomas? — Dificilísimos.
¿Son interesantes? — Interesantísimos.

257 ¿Cuándo me mandará Vd. el contrato? — Se lo mandaré mañana.
¿Cuándo me enviará Vd. las llaves? — Se las enviaré mañana.
¿Cuándo me dará Vd. los precios? — Se los daré mañana.
¿Cuándo me dirá Vd. su decisión? — Se la diré mañana.
¿Cuándo me enseñará Vd. la casa? — Se la enseñaré mañana.
¿Cuándo me pagará Vd. el alquiler? — Se lo pagaré mañana.

258 Todos los días trabajo mucho. — Todos los días trabajo mucho.
ayer — Ayer trabajé mucho.
en el futuro — En el futuro trabajaré mucho.
antes — Antes trabajaba mucho.
últimamente — Ultimamente he trabajado mucho.
si tuviera tiempo — Si tuviera tiempo trabajaría mucho.
antes de venir Vd. — Antes de venir Vd. había trabajado mucho.
no es cierto — No es cierto que trabaje mucho.

(*Drill 258 is not recorded.*)

Realícense entre los alumnos conversaciones entre un médico y un paciente. El médico hace algunas de las siguientes preguntas y observaciones al enfermo:

1. Información   ¿Qué le pasa?   ¿Qué ha comido?
                       ¿Qué le duele?   ¿Qué ha bebido?
                       ¿Qué tiene?   ¿Cuándo empezó?
                       ¿Tiene fiebre?   ¿Lo ha tenido antes?

2. Examen   Voy a tomarle la temperatura.
                       Voy a tomarle el pulso.
                       Saque la lengua.
                       Voy a tomarle la tensión.

3. Diagnóstico   Tiene gripe.   Es reuma.
                       Tiene una infección.   Es un simple catarro.
                       Tiene un resfriado.   Es colitis.
                       Tiene mala cara.   Es cosa del hígado.

4. Cura   Compre estas pastillas.   Acuéstese.
                       Póngase estas inyecciones.   Quédese en la cama.
                       Tómelas cada tres horas.   No coma . . .
                       Tómelas tres veces al día.   No beba . . .
                       Lo que tiene que hacer es . . .   Vuelva el lunes.
                       Le voy a hacer una receta.
                       Voy a recetarle . . .

El paciente hace las siguientes observaciones y preguntas al médico:

1. Dolores   Me duele el estómago.   Me duelen las piernas.
                       Me duele la cabeza.   Me duelen los brazos.
                       Me duele la espalda.   Me duelen los riñones.
                       Me duele todo el cuerpo.   Me duelen los oídos.

2. Lo que   Tengo dolor de cabeza.   Tengo fiebre.
   tengo: Tengo jaqueca.   Tengo unas décimas de fiebre.
                       Tengo fatiga.   No tengo energía.
                       Tengo mareos.   No tengo apetito.
                       Tengo tos.   Tengo indigestión.

3. Lo que me   Estoy nervioso.   Me mareo.
   pasa: Estoy muy cansado.   Me canso.
                       Toso mucho.   No puedo dormir.
                       Estoy acatarrado.   Me desmayo.

4. ¿Qué debo   ¿Qué debo comer?   ¿Puedo comer . . . ?
   hacer?   ¿Qué debo beber?   ¿Puedo beber . . . ?
                       ¿Qué cosas no debo comer?   ¿Cuándo puedo levantarme?
                       ¿Qué cosas no debo beber?   ¿Cuándo quiere Vd. que vuelva?

Conversación 32

HACE CIEN AÑOS

Hace cien años ¿qué cosas todavía no se habían inventado, descubierto, construido, fabricado?
¿Cómo era la vida respecto a lo siguiente?

las comunicaciones   las casas
el transporte   la medicina
la construcción   las diversiones
las ciudades   la información

HOY EN DÍA

¿Como viviríamos y cómo estaría el mundo de no haberse inventado, descubierto, construido
o fabricado lo siguiente?:

la radio   los puentes
la televisión   las carreteras modernas
el cine   los rascacielos
los coches   las presas
los trenes   el teléfono
los aviones   las cocinas de gas o de electricidad
la penicilina   las máquinas calculadoras
la publicidad   la energía atómica

Charla

Cuente Vd. una enfermedad u operación que haya tenido Vd. mismo o alguien que Vd. conozca
Hable de:

¿Qué enfermedad u operación fue?
¿Cuándo fue?
¿Cuáles fueron las causas?
¿Cuáles fueron los síntomas?
¿Qué dijo el médico?
¿Cómo se curó?
¿Qué hizo durante la enfermedad?
¿Cuánto duró?
¿Cómo y dónde pasó la convalecencia?

Diario hablado News bulletin **33**

The Unit begins with another radio news bulletin, this time of varied items of general interest. Each item has been made slightly longer than in the previous bulletins in Units 27 and 30, so that the summarizing which is asked for of each one will be found a little more difficult. However, it is a useful skill to acquire.

The second listening passage is again more sustained than previously. Only one person speaks, but in a colloquial style with a good deal of the repetition that is characteristic of spoken language as distinct from written language which is usually more complex and packed in style. In this way, it is hoped that you will soon be able to follow quite long stretches of speech without undue fatigue.

Conversation is on political affairs and is preceded by an interpreting exercise, this time in the Venezuelan Consulate in Madrid where Mr Short's director is preparing a business trip to Caracas. The reading passage deals with some of the ideas and characteristics of the Spanish *Movimiento Nacional* mentioned in Unit 30.

Finally, the grammar frames summarize the forms and uses of the Imperfect and Pluperfect tenses of the Subjunctive, thus practically completing the presentation of the Spanish verb system. It will be noticed that there are two forms of the Imperfect and of the Pluperfect Subjunctive, which are for all practical purposes interchangeable.

Comprensión

1. Diario hablado

Escuche el siguiente boletín de noticias diversas y resuma cada párrafo en inglés:

– La gran central nuclear de Cataluña que tendrá una potencia de medio millón de kilowatios de energía eléctrica será la segunda que va a tener España. Un portavoz del Euratom ha declarado que en vista de la seguridad de que España posee la tercera parte del uranio europeo, la rentabilidad de la gran industria hay que buscarla en la energía nuclear.

– Un grupo de técnicos españoles ha renunciado a sus vacaciones de verano para recorrer Hispano-América, y hablar con ingenieros, técnicos y economistas en Argentina, Chile, Uruguay y Paraguay, sobre sus futuros planes comunes en el campo de la ciencia y tecnología industriales.

– Según un reciente informe del Ministerio de Información y Turismo, en España existen cuatrocientos veinte ''campings'' organizados y unos dos mil lugares usados también para acampar. Considerando la capacidad de los mismos, se puede calcular que en este año serán visitados por millón y medio de personas, con un aumento de doscientos mil campistas respecto al año pasado.

– En Miraflores de la Sierra, pueblecito cercano a Madrid que en invierno tiene una población de 2.000 habitantes y en verano de 20.000 debido a los madrileños y turistas que pasan las vacaciones allí, existe un popular lechero que sorprende a los veraneantes por la manera original de vender su producto. Va de casa en casa con una vaca y un cubo y a la vista del cliente ordeña la vaca y vende la leche de cuya pureza no se puede dudar.

– En Madrid se ha constituido la Asociación Nacional de Amas de Casa. Se admiten como socios a todas las mujeres, amas de casa, casadas, viudas y solteras mayores de 18 años, tengan o no a su cargo el cuidado de la casa. Sus actividades se han agrupado en seis comisiones: vivienda, alimentación, vestuario, educación, recreo y mutualidad. La Asociación pretende que todas las amas de casa tengan derecho a poseer dinero propio, independiente de los bienes matrimoniales que comparte con el marido.

– Un pez de 800 kilos de peso y 2,61 metros de largo ha sido capturado por unos pescadores a unas seis millas de la costa occidental de la isla de La Palma. Pudo izarse con mucha dificultad a la superficie al gigantesco pez que murió a las dos horas de haberlo sacado del agua.

– El valor total de las inversiones efectuadas en España por ventas a plazos se estima en casi 46.000 millones de pesetas (aproximadamente 300 millones de libras). Significa esto que un 20 por 100 de las familias españolas están sujetas a los pagos a plazos. La gente muestra una gran preferencia por la compra a plazos de los diversos aparatos de uso doméstico y entre éstos, son los frigoríficos y los receptores de televisión los que se venden más.

– En España se construye a un ritmo de setecientas viviendas diarias, cifra que casi ha duplicado el número de las que se edificaban en 1962. Este ritmo es uno de los más altos del mundo.

- En 1964 fueron expedidos 522.966 permisos de conducir, 62.651 más que en al año anterior. El aumento en la expedición de permisos a varones se produce en forma menos notable que a las mujeres. El número de los expedidos a hombres aumentó en un 62% sobre el año pasado y los de las mujeres en 120%.

- Un granjero británico está dando a sus ovejas un curso de español para que no encuentren dificultades idiomáticas cuando salgan al extranjero. Raymond Edwards leyó que los animales británicos exportados a otro países no comprendían las órdenes que daban sus nuevos dueños, y en consecuencia, el granjero Edwards, armado de un diccionario inglés-español, se sitúa en medio de su rebaño. Por lo visto, lo que más pronto han aprendido las diligentes discípulas es la frase ''poneos en pie''; al oírla se levantan y caminan hacia el granjero. Un portavoz del Ministerio inglés de Agricultura ha indicado que el problema es especialmente interesante en los caballos y perros, aunque comprenden más facilmente que las ovejas o las vacas. De todas formas, opinan que el entusiasmo del Sr. Edwards es excesivo. Parece que todo es posible; en el futuro, a lo mejor se pedirá un certificado de estudios, junto al contrato de venta de las ovejas, vacas, perros y caballos.

2. El pueblo

El Sr. Short está tomando café con su amigo Terán y como estamos en junio ya, Short le ha preguntado a su amigo dónde piensa tomar las vacaciones este año. Terán dice:

– ¿Dónde voy de vacaciones, dice Vd.? Pues, como siempre, voy al pueblo. El pueblo donde nací. Yo nací en un pueblecito de la sierra de Gredos, y vine a Madrid hace treinta años cuando solamente tenía diez años. Mi familia vive todavía en el pueblo. Cada español tiene su pueblo. Ya lo sabía – ¿verdad? Pues, no, a mí no me entusiasma mucho la playa – todo ese ruido y calor y gente rara, es un asco. Yo prefiero la sierra, aire puro, olor a pino, gente sencilla y buena, ah, es maravilloso, no puede Vd. imaginar. Bueno y aparte de eso naturalmente me gusta pasar un poco de tiempo con mis padres cada año y a ellos también les gusta ver a mis hijos. Nos hace bien a todos esa tranquilidad, después de tanto jaleo como hay en Madrid. Además, yo creo que es muy necesario para los chicos. Allí van de pesca, suben por los montes y se ponen fuertes, hay que ver lo que comen cuando llevan ahí un par de semanas. Pero da gusto verlos así, ¿verdad? sanos y alegres.

Algunos de mis colegas no comprenden cómo puedo estar tanto tiempo en un pequeño pueblo a 100 kilómetros de la ciudad. Pero yo no me aburro. ¡Qué va! ¿Sabe Vd. cómo paso el tiempo? Pues mire Vd., se lo voy a decir. Cuando voy allí, al principio, los primeros dos o tres días, pues, los paso saludando a todos mis amigos y las familias que conozco, y allí como puede imaginar todo el mundo se conoce, y conoce a alguien que vive en Madrid y quieren preguntar por ellos y saber lo que pasa en la gran capital, en fin, ya le digo, así paso dos o tres días saludando a los amigos y oyendo las noticias más importantes del último año, de Fulano que se ha casado, de los vecinos que han tenido un niño, del abuelo que ha muerto, de los pequeños escándalos que nunca faltan en los pueblos y que sirven de tema para conversación durante meses, en fin después de todo eso es cuando me siento instalado, y puedo empezar a pensar en lo mío. Me levanto tarde, doy un paseo, como, me echo la siesta, leo un rato y sobre todo disfruto de la tranquilidad. Sí, de eso, sí, disfruto una barbaridad. Algún día que otro cojo mi escopeta y mi perro y me marcho de campo; me gusta particularmente la caza. Algunos días no cazo nada, pero otros me traigo un par de piezas, conejos o perdices. Y nos las comemos en casa. La pesca, pues, no la practico con mucha frecuencia. Prefiero algo que me permita andar, pero mis hijos sí lo hacen, pues de paso se bañan en el río.

A los chicos también les encanta trabajar en las faenas de recolección. Todos mis amigos poseen tierras y están muy ocupados en esa época en el trabajo de la cosecha y ellos invitan a mis hijos. Es que en mi pueblo, como es muy pequeño, no hay mucha maquinaria todavía. En el pueblo de al lado se han unido los pequeños propietarios y han comprado de todo, pero en éste todavía no lo han hecho y por eso lo hacen a mano y necesitan ayuda.

¡Ah! y luego en verano son las fiestas. En el pueblo nuestro eso es en agosto, en la fiesta de San Roque. El día de San Roque es el 17 de agosto pero las fiestas duran varios días. Es una época de mucho calor y a la gente le viene muy bien dejar de trabajar y divertirse unos días. En el pueblo tienen una costumbre curiosa. San Roque, no sé si lo sabe Vd., era un hombre muy rico y dió su fortuna a los pobres para dedicarse a predicar. Pues como recuerdo de ello, los recién casados de cada año invitan a todos los habitantes del pueblo a pan y vino. Si no hay muchos casados, el ayuntamiento paga la diferencia. Comen pan, beben vino, y otras cosas también, y luego pasan la tarde bailando al aire libre; suelen traer una pequeña orquesta de Madrid que se queda allí para los días que duran las fiestas y los músicos también se divierten con todo el pueblo.

En fin, ya ve Vd., amigo Short, cómo paso mis vacaciones de verano. Si quieren venir a pasar unos días allí con nosotros, pues yo encantado. Estoy seguro de que les gustaría. Ya hablaremos de eso un día de éstos ¿eh? Ya falta poco. Pero de momento nos tenemos que ir a trabajar, supongo. ¡Ay! Madre mía, y con este calor de Madrid! Pero ¿qué se le va a hacer? Hasta otro día, amigo, y recuerdos a su señora. Adiós.

Interpretación

Desde Madrid, el Director de la compañía del Sr. Short tiene que ir a Venezuela en viaje de negocios. El Sr. Short le acompaña al consulado venezolano para informarse de los trámites necesarios para obtener visado. Interpreta entre el director y empleado que les atiende en el consulado.

DIRECTOR — *I want to inquire about the papers needed to obtain a visa for Venezuela.*

EMPLEADO — ¿Cuánto tiempo va Vd. a estar allá?

DIRECTOR — *About a month.*

EMPLEADO — Si no es para más que un mes, le interesa un visado como turista.

DIRECTOR — *And if I have to stay longer?*

EMPLEADO — Pues entonces necesitará otro visado o permiso, pero eso lo puede Vd. solicitar allá.

DIRECTOR — *What things do you need for a tourist visa?*

EMPLEADO — Pues necesitamos su pasaporte con cuatro fotografías y un certificado médico con otras tres fotos.

DIRECTOR — *Will any kind of photo do, or do you need a special size?*

EMPLEADO — Tienen que ser fotos especiales de pasaporte. No sirven las de fotomatón.

DIRECTOR — *And the medical certificate, can I get it from my own doctor?*

EMPLEADO — No, se lo tiene que dar el médico de la Embajada.

DIRECTOR — *And when can I see him?*

EMPLEADO — Puede ir a verle los lunes, miércoles y viernes de tres a cinco. Pero es mejor telefonear antes para fijar una hora. Así no tendrá Vd. que esperar.

DIRECTOR — *I understand I have to leave a money deposit at the airport there on arrival. Is that true?*

EMPLEADO — No, en su caso no es necesario porque va a tener un visado turístico. Eso es sólo para los que van a permanecer más tiempo.

DIRECTOR — *Is there anything else I need?*

EMPLEADO — Lleve Vd. también una carta de su banco en que se certifique su solvencia.

DIRECTOR — *How long will it take to get the visa?*

EMPLEADO — Cuando Vd. nos traiga todas estas cosas, se hace en unos cinco días.

DIRECTOR — *Well, thank you very much.*

EMPLEADO — De nada, que tenga buen viaje.

Se hablará de la situación política del momento actual en el mundo:

¿Qué partido gobierna en Gran Bretaña?

¿Quiénes son los distintos ministros?

¿Cuál es la política del gobierno en cuanto a:
- el mercado común?
- la educación?
- la vivienda?
- los precios?
- los ingresos y rentas?
- la industria?
- la agricultura?

¿Qué impuestos se pagan en Gran Bretaña?
- directos
- indirectos

¿Qué problemas tenemos con los países de la Commonwealth?

¿Cómo están las relaciones entre España y Gran Bretaña?

¿Qué opina Vd. del asunto de Gibraltar?

¿Qué relaciones económicas tenemos con España?

¿Qué opina Vd. del régimen español?

¿Qué problemas tiene España en:
- la industria?
- la agricultura?
- la educación?
- la vivienda?
- las relaciones internacionales?

¿Qué acuerdos tiene España con los Estados Unidos?

Lectura

33

El Movimiento Nacional y los conceptos políticos

El Movimiento Nacional es un cuerpo ideológico que tiene su fundamento en los principios de la *Falange Española Tradicionalista* (F.E.T.) y de las *Juntas de Ofensiva Nacional Sindicalista* (J.O.N.S.). En los años '30 la juventud española se sentía a disgusto con los partidos que gobernaban España y quería agruparse en otro partido cuyo lema fuese acción, conquista del poder, revolución de arriba a abajo. Más que ideológico era un movimiento de acción, de exaltación patriótica. José Antonio Primo de Rivera (hijo del dictador) fue el fundador de la F.E.T. y Ramiro Ledesma el fundador de las J.O.N.S. Reunidos en Madrid, los principales representantes de los dos grupos decidieron formar un solo frente, pues su finalidad era la misma. Como jefe fue nombrado José Antonio. Dos meses después del comienzo de la guerra civil, en el 20 de septiembre de 1936, fue hecho prisionero por los republicanos y ejecutado en Alicante. Los falangistas tuvieron que elegir un nuevo líder, pero como por las rivalidades de unos y otros tardaron en hacer la elección, Franco decidió asumir él mismo la jefatura del partido, cuando ya era jefe del ejército y de la nación. Desde entonces se han añadido a las ideas de la Falange otras del régimen (catolicismo, monarquía) y Franco ha tenido que elaborar un sistema político que dé gusto a unos sin enojar a otros. El conjunto de toda esta ideología se llama Movimiento Nacional.

Democracia

El Movimiento Nacional ha aportado nuevos conceptos sobre democracia y Sindicalismo. Las diferentes democracias europeas son consideradas inorgánicas, mientras que el actual gobierno español se considera a sí mismo como una democracia orgánica: Las elecciones de las personas consideradas dignas de ocupar un cargo o representar a un sector de la población no se hacen por sufragio universal (la voz del pueblo) sino a través de las células naturales de la sociedad (familia, municipio, sindicato) y además se admite el ejercicio extraordinario del poder del pueblo como unidad y totalidad, es decir el Referéndum.

La iniciativa de las leyes corresponde al Gobierno (Proyecto de Ley) o a los miembros de las Cortes (Proposición de Ley) o a cualquier ciudadano (Petición de Ley) pues desde 1960 cualquier español puede sugerir la legislación. Los proyectos y las proposiciones de ley se examinan en las *Comisiones* (una en cada ministerio) y se votan en las Cortes. Todos los procuradores en Cortes pueden presentar enmiendas a las leyes, el Gobierno puede retirar la ley, y el Jefe del Estado puede devolverla para nuevo estudio.

Sindicalismo

Otro nuevo concepto corresponde al Sindicalismo. Antes de 1936 existían en España varios grupos sindicales adheridos a diferentes partidos políticos. Para expresar sus aspiraciones, su organización era horizontal: obreros y patronos se agrupaban separadamente. Como consecuencia de esta separación, los sindicatos vivían condicionados por la división política y había luchas que trajeron consigo la decadencia económica por la cantidad de días perdidos en huelgas organizadas por los obreros con el fin de mejorar sus condiciones de vida. Para evitar estas luchas entre patronos y obreros, se les ha unido en un sindicato único y vertical controlado por el estado. Cualquier problema laboral es resuelto por una comisión mixta de patronos y obreros (ambos tienen representantes) y representantes del Estado que actúa de árbitro. Lógicamente, el sindicato está representado en las Cortes. Los sindicatos encuadran entonces obreros, patronos y técnicos en su totalidad. Hay sindicatos comarcales (uno por comarca), provinciales (uno en cada provincia) y los Nacionales, clasificados según ramas de la producción, productos básicos o servicios.

La función del sindicato español es triple: económica, social y asistencial. La primera es el estudio de los problemas de producción; la segunda estudia los problemas del obrero, desde las condiciones de trabajo hasta la promoción social; y la tercera se dirige a lograr una equitativa distribución de los propios fondos sindicales para ayuda al obrero.

337. Imperfect Subjunctive in -se

hablar	comer	vivir
hablase	comiese	viviese
hablases	comieses	vivieses
hablase	comiese	viviese
hablásemos	comiésemos	viviésemos
hablaseis	comieseis	vivieseis
hablasen	comiesen	viviesen

338. Imperfect Subjunctive in -ra

hablar	comer.	vivir
hablara	comiera	viviera
hablaras	comieras	vivieras
hablara	comiera	viviera
habláramos	comiéramos	viviéramos
hablarais	comierais	vivierais
hablaran	comieran	vivieran

339. Imperfect Subjunctive (irregular)

Infinitive	Preterite	Imp. Subj.
venir	vinieron	viniese, viniera
hacer	hicieron	hiciese, hiciera
poder	pudieron	pudiese, pudiera
dar	dieron	diese, diera
ser	fueron	fuese, fuera
estar	estuvieron	estuviese, -ra
tener	tuvieron	tuviese, tuviera
decir	dijeron	dijese, dijera
traer	trajeron	trajese, trajera
poner	pusieron	pusiese, pusiera
saber	supieron	supiese, supiera

340. Uses of the Imperfect Subjunctive in conditional sentences

Si Vd. se *levantase* antes, no tendría problema.
Si Vd. *se levantara* antes, no tendría problema.

Si *viniésemos* pronto, podríamos marcharnos puntualmente.
Si *viniéramos* pronto, podríamos marcharnos puntualmente.

341. Uses of the Imperfect Subjunctive after the past tenses

No me gustó que llegase Vd. (llegara) tarde.
Me molestó que no viniesen (vinieran.)

El jefe nos dijo que no viniésemos (viniéramos).
El jefe quería que no viniésemos (viniéramos).

El jefe insistió en que yo me fuese (me fuera).
El jefe me aseguró que no era necesario que yo me quedase (me quedara).

342. Uses of the Imperfect Subjunctive after the Conditional mood

No me gustaría que Vd. llegase (llegara) tarde.
Me molestaría que Vds. no viniesen (vinieran).
El jefe preferiría que hablásemos (habláramos) menos.

343. Pluperfect Subjunctive

-se	-ra
hubiese ido	hubiera ido
hubieses ido	hubieras ido
hubiese ido	hubiera ido
hubiésemos ido	hubiéramos ido
hubieseis ido	hubierais ido
hubiesen ido	hubieran ido

344. Uses of the Pluperfect Subjunctive in conditional sentences

Si Vd. me *hubiese* llamado, le hubiera (*or* habría) recetado algo.
Si no *hubiésemos* tenido tanto dinero, no *hubiéramos* (*or* habríamos) comprado un coche tan grande.

Si me *hubiera* llamado, yo le *hubiese* (*or* habría) recetado algo.
Si no *hubieramos* tenido tanto dinero, no hubiésemos (*or* habríamos) comprado un coche tan grande.

345. Uses of the Pluperfect Subjunctive in main clauses

No me *hubiera* (*hubiese, habría*) *gustado* que Vd. llegase tarde a la reunión.
Juan vino. Yo *hubiera* (*hubiese, habría*) *preferido* que no viniese.

346. De (conditional)

De haberme llamado Vd. el domingo, yo le hubiera recetado algo.
De no tener (*de no haber tenido*) tanto dinero no hubiéramos comprado un coche tan grande.

347. Por (causal)

Se constipó por salir sin abrigo.
Se constipó por haber salido sin abrigo.

348. Subject of the Infinitive

De haber acabado *Juan*, hubiéramos podido marcharnos.
Con venir *tus amigos*, tenemos bastantes personas para la fiesta.
Llegué a la estación justo en el momento de salir *el tren*.
Al entrar *el juez*, todos se leventaron.

349. Pluperfect Progressive

Por la noche *habíamos estado tomando* unas cervezas.
Yo *había estado paseando* con unos amigos.
Los novios *habían estado bailando*.

Si no *hubiésemos estado trabajando* todo el día, no hubiéramos acabado el informe.
Si Vd. no *hubiese estado conduciendo* el coche tan de prisa, no hubiera tenido el accidente.

350. Present Subjunctive (1st p. plural) = let us

Trabajemos un poco.	= Vamos a trabajar.
Empecemos ahora.	= Vamos a empezar.
Bailemos un poco.	= Vamos a bailar.
No corramos tanto.	= No vayamos a correr ...
No insistamos tanto.	= No vayamos a insistir ...
No nos enfademos.	= No vayamos a enfadarnos.

This construction is used more in the negative than in the affirmative

351. Hasta que ..., hasta que no ...

Trabaje Vd. hasta que yo venga.
Beba Vd. agua hasta que se le pase el dolor.
No trabaje Vd. hasta que yo no venga.
No beba Vd. agua hasta que no se le pase el dolor.

352. Subjunctive expressing indefiniteness

Puede Vd. comer cuando quiera.
Puede Vd. comer donde sea.
Puede Vd. comer lo que le guste.

353. *Debería = ought*

Vd. debería tener más interés en su trabajo.
Ella debería pensar un poco más en su madre.
Eso no debería ser necesario.

354. *Pensar en = think of*

Cuando tenía diez años, todavía no había pensado en mi futura profesión.
Debería pensar más en su madre.
¿En que estás pensando?

355. *Reflexive expressions*

ponerse el abrigo
quitarse el abrigo
cortarse el dedo
romperse un brazo
torcerse el tobillo
lavarse las manos

356. *Some reflexive verbs*

constiparse	cansarse
acatarrarse	caerse
desmayarse	dormirse

357. *Doler* (ache), *pasar* (be the matter)

Me duele el estómago.
Me duelen los oídos.
¿Te pasa algo?
No me pasa nada.

358. *Expressions with 'tener'*

tener sed
tener hambre
tener dolor de cabeza
tener jaqueca
tener sueño

359. *Ir + adjective* (= *be*)

El autobús *iba* completo.
Teresa *va* bien vestida.
Van muy contentos a casa.

360. *Dudar* (doubt) + *Subjunctive*

Dudo que *pueda* terminar a tiempo.
Dudamos que *venga* el director.

Un problema de producción   **34**
A production problem

Mr Short has been in Spain for two years and the company has by now set up a factory of its own. Today we listen to part of a discussion between Mr Short and three of his department chiefs; the Head of the Production Section, the Sales and Publicity Manager, and the Personnel Officer. They discuss a recent drop in production due to a machine that became overheated and burnt out through lack of lubrication. They are waiting for a technician to come out from U. K. to repair the machine and in the meantime have asked another firm to help out by manufacturing some of the parts needed for their customers. It is decided that under these circumstances it will not be necessary to hold up the publicity drive nor to lay off any casual labour.

The organization of an average-size Spanish business firm is described in the expansion section and in one of the conversation exercises you are asked to describe your own firm, or place of work, in the same terms. For 'situational' practice, students may work in groups to discuss three work problems that often occur in business life.

New grammar points introduced are further uses of the Subjunctive to express ideas like 'It depends whether' . . ., 'Before you came' . . ., 'I would prefer that' . . ., 'I shall be grateful if' . . ., 'I doubt whether' . . ., as well as the important verb *soler* (to be accustomed to), more examples of the use of the Gerund (the *-ing* form in English) and of the Passive voice (expenses 'are controlled', they 'are helped') which is not used so much in Spanish as in English. Other common ideas taught are: 'to stop doing something' (e.g. the machine has stopped working) and 'I intend to' or 'I mean to do something'. Although these sentence forms may seem a little more complicated and sophisticated than some of the earlier forms taught, they are essential in all work and social dealings between adults.

El Sr. Short se reúne con el Jefe de Producción, el Jefe de Ventas y Publicidad y el Jefe de Personal.

PRODUCCIÓN

J. DE PROD.	– Estoy preocupado por el descenso en la producción durante la última quincena.
MR SHORT	– ¿Ah, sí? ¿Cuáles son las causas?
J. DE PROD.	– Una de las máquinas se ha estropeado.
MR SHORT	– ¿Qué le ha pasado?
J. DE PROD.	– Una deficiencia de lubrificación hizo que se calentara el motor y se quemó.
MR SHORT	– ¿Cuándo se arreglará?
J. DE PROD.	– Depende de que llegue un técnico de Inglaterra.
MR SHORT	– ¿Cuándo vendrá?
J. DE PROD.	– Si tenemos suerte estará aquí dentro de una semana. De cualquier forma dudo que tarde más de diez días.
MR SHORT	– Espero que tenga razón. Es importante que se repare la máquina lo antes posible.
J. DE PROD.	– Antes de que viniera Vd. estuve hablando con la casa Herreros S.A. y si Vd. está de acuerdo ellos se encargarán de fabricar las piezas hasta que se repare nuestra máquina.
MR SHORT	– De acuerdo. Me parece una idea excelente.

VENTAS Y PUBLICIDAD

J. DE V.	– En vista de la avería ¿quiere Vd. que dejemos de hacer publicidad durante algún tiempo?
MR SHORT	– No, no, no. Preferiría que no interrumpiese la publicidad.
J. DE V.	– Porque si no podemos atender a todos los pedidos . . .
MR SHORT	– Hasta ahora, no ha protestado nadie, ¿verdad?
J. DE V.	– No, nadie ha protestado, pero si la producción sigue bajando, . . .
MR SHORT	– Pues, no creo; si nos ayuda Herreros creo que todo irá bien.

PERSONAL

J. DE PERS	– Si no, tendremos que despedir a algunos obreros.
MR SHORT	– Quisiera evitarlo, a ser posible.
J. DE PERS.	– Desde luego. Francamente no creo que sea conveniente.
MR SHORT	– ¿Pueden hacer otras cosas mientras se arregla la avería?
J. DE PERS.	– Sí, suele haber otras cosas que hacer. Procuraré que estén todos ocupados.
MR SHORT	– Bueno, señores, muchas gracias por su información. Les agradeceré que me tengan al corriente de este asunto.

Un consejero de la compañia llama al Sr. Short. Conteste Vd. por el Sr. Short.

1. ¿Qué tal, amigo Short? Soy Fernández.
   – Ah, buenos días, Sr. Fernández. ¿Cómo está Vd.?

2. Bien, gracias. Oiga Vd., acabo de leer el último informe de la compañía y veo que ha bajado bastante la producción.
   – Pues sí, efectivamente.

3. ¿Cuándo empezó este descenso?
   – Hace unos quince días.

4. ¿A qué se debe? ¿Tienen Vds. dificultades con los obreros?
   – No, en absoluto. No es cuestión de obreros.

5. ¿Qué pasa entonces?
   – Pues una de las máquinas se ha estropeado.

6. ¡Vaya, hombre! Pero yo creí que eran nuevas nuestras máquinas. ¿Cómo ocurrió eso?
   – Pues, se quemó el motor, por una deficiencia de lubrificación.

7. ¿Y cómo van Vds. a solucionar eso?
   – Hemos escrito a Inglaterra para que manden un técnico.

8. ¿Y no puede repararla nadie aquí en España?
   – No, es mejor que lo haga un técnico de la casa porque estas máquinas son nuevas en España.

9. ¿Cuándo estará aquí?
   – Con suerte, creo que dentro de una semana.

0. ¿Y Vd. cree que estará dentro de una semana?
   – Sí, creo que sí. A lo sumo dudo que tarde más de diez días.

1. Y mientras tanto ¿no puede fabricar por nosotros alguien?
   – Pues sí. Ya nos hemos puesto de acuerdo con Herreros S.A. para que lo hagan.

2. Entonces, no hay peligro de que no vayamos a poder atender los pedidos.
   – No, no creo. Y fabricándonos Herreros, seguiremos atendiéndolos.

3. ¿Y no afecta todo esto a nuestra campaña de publicidad?
   – No, no la afecta en lo más mínimo. No vamos a interrumpir la publicidad de ninguna manera.

4. Y los obreros de la sección esa ¿qué hacen en este momento? ¿Los tienen Vds. parados?
   – No, no, no. Están ocupados en otras secciones.

5. ¿No tendrán que despedir a ninguno de los eventuales?
   – No, no será necesario, y además, francamente no creo que sea conveniente en este momento.

6. Bueno, creo que tiene Vd. bien controlado el asunto.
   – Sí, creo que sí.

7. Esperemos que este técnico nos llegue pronto.
   – Eso es lo que hace falta, pero no creo que tarde.

8. Bueno, a ver cuando nos vemos.
   – Pues cuando Vd. quiera.

9. Pues, pase Vd. cualquier noche por el casino y cenaremos juntos.
   – Encantado. La semana que viene me acercaré una noche.

0. Entonces, hasta pronto.
   – Hasta pronto, Sr. Fernández, adiós, adiós.

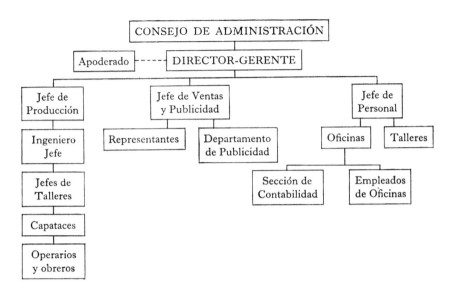

EL CONSEJO DE ADMINISTRACIÓN

Los miembros del Consejo de Administración deciden la marcha general de la compañía a través del Apoderado y del Director-gerente. Publican un informe anual en interés de los accionistas, llamado "memoria".

LA DIRECCIÓN

El apoderado representa a la Compañía como entidad, sobre todo en cuestiones de compra venta de acciones, firma de cheques, escrituras, etc. Le nombra el Consejo de Administración ante notario. El director – otras veces se le llama gerente o director-gerente – dirige la marcha general de la Compañía según las directrices del Consejo al que suele informar periódicamente

DEPARTAMENTO DE PRODUCCIÓN

El jefe de producción ha de resolver los problemas de fabricación siguiendo las instrucciones del director. Bajo él está el Ingeniero Jefe, que se encarga de toda la maquinaria y de los sistemas de fabricación; en cada taller de la fábrica suele haber un jefe y a sus órdenes están los capataces, siendo la misión de éstos dirigir el trabajo de un grupo de obreros y operarios

DEPARTAMENTO DE VENTAS Y PUBLICIDAD

El Jefe de Ventas planea y dirige la campaña de ventas y también suele encargarse del Departamento de Publicidad. Los representantes son los encargados de la venta de los productos de la compañía en las distintas regiones o países. Son ayudados indirectamente por la publicidad que hace la compañía.

PERSONAL

El Jefe de Personal resuelve los problemas de los empleados, tanto de los talleres como de las oficinas. Bajo él suele estar la sección de contabilidad en la que todos los ingresos y gastos de la compañía son controlados.

1. ¿Qué hacen los miembros del Consejo de Administración?
   – Deciden la marcha general de la Compañía.
2. ¿La dirigen ellos personalmente?
   – No, lo hacen a través del Apoderado y del Director-gerente.

LA DIRECCIÓN

3. ¿Qué es un apoderado?
   – Es la persona que representa a la compañía como entidad.
4. ¿Puede firmar cheques en nombre de la compañía?
   – Sí, él es quien tiene que firmarlos.
5. ¿Puede hacerlo el director?
   – Claro, también puede.
6. ¿Qué es un gerente?
   – La persona que dirige la compañía.
7. ¿Cómo se le llama también?
   – Director o director-gerente.
8. ¿Suele informar a alguien?
   – Sí, suele informar periódicamente al Consejo de Administración.

EL DEPARTAMENTO DE PRODUCCIÓN

9. ¿Puede hacer el Jefe de Producción lo que quiera?
   – No, ha de seguir las instrucciones del director.
10. ¿De qué se encarga?
    – De resolver los problemas de la producción en general.
11. ¿Y el Ingeniero Jefe?
    – Se encarga de toda la maquinaria y de los sistemas de fabricación.
12. ¿Suele haber un solo taller en toda la fábrica?
    – No, suele haber varios.
13. ¿Cómo se llama la persona que está al frente de cada uno?
    – Es el jefe de taller.
14. ¿Dirige personalmente a los obreros y operarios?
    – No, lo hace a través de los capataces.
15. ¿Suele haber muchos obreros bajo su dirección?
    – No, un grupo pequeño.

EL DEPARTAMENTO DE VENTAS Y PUBLICIDAD

16. ¿Qué hace el Jefe de Ventas?
    – Planea y dirige la campaña de ventas.
17. ¿Qué hacen los representantes?
    – Venden los productos de la compañía.
18. ¿Qué otro departamento suele dirigir el Jefe de Ventas?
    – Suele dirigir el Departamento de Publicidad.
19. ¿Dónde se hace la publicidad?
    – En la radio, la televisión y la prensa.

EL PERSONAL

20. ¿Quién resuelve los problemas del personal?
    – El Jefe de Personal.
21. ¿Qué dos grandes secciones hay en ese departamento?
    – La sección de talleres y la de oficinas.
22. ¿Qué se hace en la sección de contabilidad?
    – Se controlan los gastos e ingresos de la compañía.

Prácticas

Prácticas **34**

259 La máquina ya no funciona.
— ¿Qué dice? ¿Que la máquina ha dejado de funcionar?

Los obreros ya no trabajan.
— ¿Qué dice? ¿Que los obreros han dejado de trabajar?

Ya no fabricamos motores.
— ¿Qué dice? ¿Que hemos dejado de fabricar motores?

Ya no hacemos publicidad.
— ¿Qué dice? ¿Que hemos dejado de hacer publicidad?

Ya no dirijo la compañía.
— ¿Qué dice? ¿Que ha dejado de dirigir la compañía?

Ya no soy director.
— ¿Qué dice? ¿Que ha dejado de ser director?

La compañía ya no existe.
— ¿Qué dice? ¿Que la compañía ha dejado de existir?

260 ¿Vendrá Vd. mañana?
— Dudo que venga mañana.
¿Se marchará Vd. mañana?
— Dudo que me marche mañana.
¿Tardará Vd. mucho?
— Dudo que tarde mucho.
¿Llegará pronto el técnico?
— Dudo que llegue pronto.
¿Estará aquí mañana?
— Dudo que esté aquí mañana.
¿Se arreglará el motor?
— Dudo que se arregle el motor.
¿Se resolverá el problema?
— Dudo que se resuelva el problema.

261 ¿Vendrá Vd. mañana?
— Depende de que venga el técnico.
¿Llegará Vd. mañana?
— Depende de que llegue el técnico.
¿Se irá Vd. mañana?
— Depende de que se vaya el técnico.
¿Saldrá Vd. mañana?
— Depende de que salga el técnico.
¿Se marchará Vd. mañana?
— Depende de que se marche el técnico.
¿Volverá Vd. mañana?
— Depende de que vuelva el técnico.

262 ¿Cuándo vendrá Vd.?
— Depende de cuándo venga el gerente.
¿Adónde se irá Vd.?
— Depende de adónde se vaya el gerente.
¿A qué hora saldrá Vd.?
— Depende de a qué hora salga el gerente.
¿Cómo viajará Vd.?
— Depende de cómo viaje el gerente.
¿Qué dirá Vd.?
— Depende de lo que diga el gerente.
¿Cuánto pagará Vd.?
— Depende de lo que pague el gerente.

263 ¿Puedo fumar?
— Preferiría que no fumase.
¿Puedo telefonear?
— Preferiría que no telefonease.
¿Podemos irnos?
— Preferiría que no se fuesen.
¿Podemos quedarnos?
— Preferiría que no se quedasen.
¿Pueden salir los niños?
— Preferiría que no saliesen.
¿Pueden entrar los niños?
— Preferiría que no entrasen.

264 No ha protestado nadie, ¿verdad?
— No, hasta ahora nadie ha protestado.
No ha vuelto nadie, ¿verdad?
— No, hasta ahora nadie ha vuelto.
No ha llamado ninguno de los consejeros, ¿verdad?
— No, hasta ahora ninguno ha llamado.
No ha venido ninguna de las empleadas, ¿verdad?
— No, hasta ahora ninguna ha venido.
No se ha estropeado nunca la máquina, ¿verdad?
— No, hasta ahora nunca se ha estropeado.
No se ha quemado nunca el motor, ¿verdad?
— No, hasta ahora nunca se ha quemado.

265 ¿Trabaja Vd. bien?
¿Trabaja bien el gerente?
¿Trabajan Vds. bien?
¿Trabajan bien los operarios?
¿Trabajaba Vd. bien?
¿Trabajaba bien el gerente?
¿Trabajaban Vds. bien?
¿Trabajaban bien los operarios?

– Sí, suelo trabajar bien.
– Sí, suele trabajar bien.
– Sí, solemos trabajar bien.
– Sí, suelen trabajar bien.
– Sí, solía trabajar bien.
– Sí, solía trabajar bien.
– Sí, solíamos trabajar bien.
– Sí, solían trabajar bien.

266 Le agradeceré que me llame.
telefonear
tener al corriente
avisar
escribir
consultar
decírmelo
ponerme un telegrama

– Le agradeceré que me llame.
– Le agradeceré que me telefonee.
– Le agradeceré que me tenga al corriente.
– Le agradeceré que me avise.
– Le agradeceré que me escriba.
– Le agradeceré que me consulte.
– Le agradeceré que me lo diga.
– Le agradeceré que me ponga un telegrama.

267 Le agradecería que me llamase.
telefonear
tener al corriente
avisar
escribir
consultar
decírmelo
ponerme un telegrama

– Le agradecería que me llamase.
– Le agradecería que me telefonease.
– Le agradecería que me tuviese al corriente.
– Le agradecería que me avisase.
– Le agradecería que me escribiese.
– Le agradecería que me consultase.
– Le agradecería que me lo dijese.
– Le agradecería que me pusiese un telegrama.

268 No están ocupados los operarios.
No funcionan bien las máquinas.
No trabajan mucho los obreros.
No se resuelven los problemas.
No se arregla la avería.
No tienen trabajo los empleados.

– Procuraré que estén ocupados.
– Procuraré que funcionen bien.
– Procuraré que trabajen más.
– Procuraré que se resuelvan.
– Procuraré que se arregle.
– Procuraré que tengan trabajo.

269 ¿Cuándo va Vd. a reparar esta máquina?
¿Cuándo va Vd. a encargar este motor?
¿Cuándo va Vd. a atender este pedido?
¿Cuándo va Vd. a despedir a estos obreros?
¿Cuándo va Vd. a informar al Consejo?
¿Cuándo va Vd. a resolver este problema?
¿Cuándo va Vd. a firmar el contrato?

– Pienso repararla mañana.
– Pienso encargarlo mañana.
– Pienso atenderlo mañana.
– Pienso despedirles mañana.
– Pienso informarle mañana.
– Pienso resolverlo mañana.
– Pienso firmarlo mañana.

270 ¿Telefoneó Vd. después de venir el gerente?
¿Telefoneó Vd. después de llegar la carta?
¿Telefoneó Vd. después de protestar el cliente?
¿Telefoneó Vd. después de quemarse el motor?
¿Telefoneó Vd. después de estropearse la máquina?
¿Telefoneó Vd. después de reunirse el Consejo?

– No, antes de que viniera.
– No, antes de que llegara.
– No, antes de que protestara.
– No, antes de que se quemara.
– No, antes de que se estropeara.
– No, antes de que se reuniera.

Situaciones

1.

En una empresa el Jefe de Personal discute el nuevo horario de trabajo con la secretaria, una mecanógrafa y el contable y llegan a un acuerdo. El problema discutido es si en lugar de trabajar los sábados por la tarde, se trabaja una hora más cada día, de 8 a 9 de la mañana o de 7.30 a 8.30 de la tarde. Practíquese por grupos de cuatro alumnos.

La secretaria quiere hacer la hora extra de 8 a 9 de la mañana porque:
– El transporte es mejor a esa hora;
– le gusta madrugar;
– así termina antes por la tarde;
– puede ver a su novio más rato.

La mecanógrafa quiere hacerla de 7.30 a 8.30 de la tarde porque:
– no le gusta madrugar;
– trasnocha;
– no tiene novio, pero otro empleado de la compañía sale a las 8.30.

El contable prefiere trabajar los sábados porque:
– tiene 10 hijos y por la noche trabaja en otro sitio;
– no quiere madrugar porque está cansado por la mañana;
– se aburre en casa los sábados;
– Los niños lloran siempre.

2.

En la misma empresa se discute una excursión colectiva y al fin se llega a un acuerdo. Practíquese en grupos de tres o cuatro alumnos.

Un empleado quiere:
– ir al campo en autocar;
– llevar merienda y vino;
– cantar y bailar después de comer.

Otro quiere:
– ir a Segovia;
– ir en tren;
– comer en un restaurante;
– ver monumentos.

Un tercero prefiere:
– ir a otro sitio más lejos;
– ir a una playa y bañarse;
– Valencia no está mal y está cerca;
– ir a un hotel barato que él conoce.

3·

El Sr. Short se va de su empresa para trasladarse a América del Sur y le dan una cena de despedida. Unos cuantos empleados discuten:

– el lugar
– el menú
– las invitaciones
– las flores
– un regalo para el Sr. Short
– el alquiler de un autocar, etc.

Conversación

Charlen acerca de la organización de su empresa o de su lugar de trabajo o estudio. Un alumno pregunta a otro detalles tales como:

- Cómo es la firma
- Negocios que se hacen
- Localización
- Cómo es el edificio
- Departamentos
- Sus compañeros
- Horarios
- Vacaciones
- Seguridad social
- Distracciones para el personal
- Forma de ingresar en ella
- Futuro de la empresa
- Futuro de usted
- Posibilidades de ascenso
- Sus jefes o superiores
- Los viajantes de la empresa
- Tiempo que lleva en ella
- Si hay facilidades para comer en ella
- Si está contento en ella o no
- Si piensa cambiar de empresa

Charla

Describa la empresa ideal en la que a usted le gustaría trabajar.
Puede hablar de los mismos detalles utilizados en la "Conversación".

En una fiesta particular At a private party **35**

Mr Short is about to leave Spain for South America as his company is sending him to open up new markets there. Sr. Pérez has been appointed manager in his place and is giving a party at his home to celebrate the occasion. In the dialogue we hear Mr Short offering Sra. de Pérez some flowers on his arrival and then congratulating Sr. Pérez on his appointment. He has also brought a gift for Teresa who is celebrating her birthday today. Offering and congratulating are two common situations met with in social life and the dialogue contains a number of phrases which are handy on such occasions.

In the expansion section, Mr Short has a go at some simple speech making. In the first he thanks his colleagues and staff for their collaboration at a farewell dinner they have arranged in his honour, and in the second he makes a short speech at a Chamber of Commerce dinner to which he is invited shortly after arriving in South America.

In the final section of the Unit, there are parallel exercises in saying the few well-chosen words on the right occasion, and also some suggestions for conversation in three situations a businessman often finds himself in: talking to a fellow air traveller, meeting his opposite number for the first time in the foreign country, and receiving a visit in London from the company's representative abroad. It is hoped that your 'baggage' of Spanish will help you to cope with these situations and that you will never be at a loss for suitable words.

The grammar practised here includes the Progressive forms of all verb tenses, one or two more structures requiring the Subjunctive and a number of patterns of phrase commonly used on some social occasions, such as: *Me he permitido . . .,* *¡Qué . . . tan . . .!,* *¡Cuánto . . .!,* lo + adjective, *Me gustaría que . . .,* and others. All languages have a wealth of such patterns which cannot be practised in a basic course, but which are soon learnt 'in the field' if one listens for them.

Diálogo Una fiesta particular **35**

UN OBSEQUIO

SRA. DE PÉREZ	– Buenas tardes, Sr. Short.
MR SHORT	– Buenas tardes, señora. ¿Quiere aceptar estas flores?
SRA. DE PÉREZ	– ¡Oh, qué rosas tan preciosas! Muchas gracias, Sr. Short. No tenía que haberse molestado.
MR SHORT	– Ha sido un placer.
SRA. DE PÉREZ	– Me encantan las flores.
MR SHORT	– Me alegro de que le gusten.

LA ENHORABUENA

SR. PÉREZ	– ¡Hola, amigo Short!
MR SHORT	– ¿Qué tal, Pérez? Mi cordial enhorabuena por su nombramiento. Se lo merece.
SR. PÉREZ	– Gracias, amigo. Pero ya sabe que si usted no me hubiese ayudado no lo hubiera conseguido.
MR SHORT	– Ni hablar, hombre. Todo el mérito es suyo.
SR. PÉREZ	– Bueno, vamos a tomar una copa para celebrarlo. Tome . . . a su salud.
MR SHORT	– A la suya, y al futuro de la compañía.

UN REGALO

TERESA	– Buenas tardes, Sr. Short.
MR SHORT	– ¡Hola, Teresa! Muchas felicidades. Que cumpla muchos.
TERESA	– Muchas gracias, Sr. Short. Y Vd. que lo vea.
MR SHORT	– Tenga. Me he permitido traerle un pequeño regalo.
TERESA	– ¿Por qué se ha molestado?
MR SHORT	– Ha sido un placer para mí. Además no es nada de importancia. Bueno, ábralo a ver si le gusta.
TERESA	– ¡Un collar! ¡Qué bonito! Muchísimas gracias, Sr. Short.
MR SHORT	– No hay de qué, Teresa. Me alegro de que le guste.

LA DESPEDIDA

SR. PÉREZ	– Bueno, amigo, siento mucho que se marche de España.
MR SHORT	– Yo también lo siento, pero me voy tranquilo sabiendo que todo queda en buenas manos.
SR. PÉREZ	– Buena suerte, y ya sabe donde tiene un buen amigo.
MR SHORT	– Lo mismo le digo. Muchas gracias por todo y hasta la vista.

El Sr. Short contesta a algunas preguntas sobre la fiesta celebrada en casa de los Pérez.

1. ¿Dónde estuvo Vd. anoche? — Estuve en casa de los Pérez.
2. ¿Cenó con ellos? — No, dieron una pequeña fiesta.
3. ¿Con qué motivo? — Para celebrar el nombramiento del Sr. Pérez como gerente de la compañía.
4. ¿Qué otro motivo había? — Era el cumpleaños de su hija Teresa.
5. ¿Había mucha gente? — Bastante.
6. ¿Estaba la señora? — Claro.
7. ¿Le llevó Vd. algo? — Sí, le llevé un ramo de flores.
8. ¿Qué flores? — Rosas.
9. ¿Le gustaron? — Mucho.
10. ¿Qué dijo ella? — Dijo que le encantan las flores.
11. ¿Le dio a Vd. las gracias? — Naturalmente.
12. ¿Qué dijo? — Que no tenía que haberme molestado.
13. ¿Y Vd. qué dijo? — Que era un placer para mí. Y que me alegraba de que le gustasen las flores.
14. ¿Estaba el Sr. Pérez? — Sí, estaba.
15. ¿Por qué le dio Vd. la enhorabuena? — Porque ha sido nombrado gerente de la compañía.
16. ¿En lugar de quién? — En lugar de mí.
17. ¿Y Vd. qué va a hacer? — Me marcho a América.
18. ¿Vd. cree que el Sr. Pérez se lo merece? — Desde luego se lo merece.
19. ¿Por qué? — Porque vale mucho.
20. ¿No ha sido por la ayuda de Vd.? — Ni hablar.
21. ¿Qué hicieron para celebrarlo? — Tomamos una copa.
22. ¿Por qué brindaron? — Por nuestra salud y por el futuro de la compañía.
23. ¿Quién más estaba allí? — Estaba Teresa.
24. ¿La saludó Vd.? — Sí, y la felicité por su cumpleaños.
25. ¿Cuántos años cumplió? — No sé. Creo que veintidós.
26. ¿Sabía Vd. que era su cumpleaños? — Sí, lo sabía.
27. ¿Le había comprado Vd. algo? — Sí, le había comprado un pequeño regalo.
28. ¿Qué era? — Un collar.
29. ¿Le gustó? — Me parece que sí.
30. ¿Qué dijo ella? — Que era un collar bonito.
31. ¿Y Vd. qué cree? — Que no era nada de importancia.
32. De todos modos fue Vd. muy simpático con ella. — Muchas gracias. Ella también es una chica muy simpática.
33. ¿Y educada? — Mucho.
34. En fin toda la familia es así ¿no? — Sí, es una familia encantadora.
35. ¿Vd. se alegra por tener que marcharse de España? — Al contrario. Lo siento mucho.

36. ¿Y su amigo el Sr. Pérez?	– Lo siente también.
37. Quédese Vd. entonces.	– ¡Cuánto me gustaría!
38. ¿No puede?	– No, me han destinado a América del Sur.
39. ¡Ah, ya! Pero Vd. no está preocupado por la compañía, ¿verdad? Se marcha tranquilo ¿no?	– Oh, no. Me marcho tranquilo porque sé que la dejo en buenas manos.
40. Bueno, me alegro mucho. Muchas gracias por la conversación.	– De nada, encantado.

Ampliación

1. Un discurso de despedida

Escuche el discurso siguiente con el que el Sr. Short se despide de los empleados de su compañía:

'Distinguidos colegas y amigos: Quiero despedirme de Vds. con unas palabras de agradecimiento por la maravillosa cooperación que me han prestado durante estos meses. Sin su ayuda, mi labor de organizar la fábrica hubiera sido muy difícil. Todos han colaborado desde sus puestos de trabajo y a todos les doy las gracias más sinceras. Como saben, ahora voy a trasladarme a América del Sur para ocuparme de los asuntos de la compañía allí. Desde allí les voy a echar mucho de menos, no solamente a Vds. sino a todos los que en los últimos tres años me han honrado con su amistad. Echaré de menos también a España, ese gran país cuyos esfuerzos en al campo económico y social tanto se admiran hoy en día. Ha sido un honor trabajar con Vds. y quiero que sepan que esté donde esté, pase lo que pase, tendrán siempre en mí un amigo a su disposición. Muchas gracias y buena suerte a todos.'

2. *Lea Vd. en voz alta el discurso del Sr. Short.*

3. *Repita el discurso, completando las frases siguientes, o dé Vd. uno parecido:*

Distinguidos . . .
Quiero despedirme de Vds. con . . .
Sin su ayuda, mi labor . . .
Todos han colaborado desde . . .
Como saben, ahora voy . . .
Desde allí . . .
Echaré de menos también . . .
Ha sido un honor . . . y quiero . . .
Muchas gracias . . .

2. **Un discurso de presentación**

. Escuche el discurso siguiente con el que el Sr. Short se presenta a los miembros de la Cámara de Comercio de un país de Hispano-América, poco después de su llegada allí:

Señor Presidente y distinguidos señores: Les agradezco mucho la oportunidad que me han brindado de conocer a los distinguidos miembros de esta Cámara de Comercio y de poder presentarme a Vds. Me llamo John Short y como saben algunos de Vds. me han nombrado no hace mucho Director de la Oficina de Relaciones Comerciales en el Caribe, ocupando el puesto del Sr. George Thomas a quien muchos de Vds. han conocido durante varios años. El Sr. Thomas ha regresado a Gran Bretaña y actualmente está aprendiendo árabe con el fin de prepararse para su nuevo puesto en el Medio Oriente.

Antes de salir de Inglaterra, donde aparte de los años de la guerra mundial, he trabajado siempre en la organización de ventas, hice un gran esfuerzo para aprender el castellano. Como Vds. pueden ver, no lo domino todavía, pero con el tiempo y a medida que vaya visitando los hermosos países de habla española, tengo la esperanza de mejorar mis conocimientos de su lengua. Mientras tanto, les ruego sepan disculpar mis errores.

En los próximos meses, espero establecer un contacto más personal con todos Vds. y estudiar a fondo nuestros problemas comunes. Mi mayor deseo es estrechar la amistad entre nuestros países y reforzar las buenas relaciones comerciales que siempre han existido entre nosotros.

Y nada más. Les repito mi agradecimiento por su amable invitación y me pongo enteramente a su disposición. Muchas gracias.'

. Lea Vd. en voz alta el discurso del Sr. Short.

. Repita el discurso, completando las frases siguientes o dé Vd. uno parecido:

Señor Presidente . . .
Les agradezco mucho la oportunidad . . .
Me llamo . . . y como saben . . .
El Sr. White ha regresado . . .
Antes de salir de Inglaterra . . .
Como pueden ver . . .
Mientras tanto . . .
En los próximos meses, espero . . .
Mi mayor deseo es . . .
Y nada más. Les repito . . .

271 Vd. me escribió y yo vine aquí.

Fuimos a ver al Ministro y conseguimos el permiso.
Obtuvimos el permiso y construímos la fábrica.

Yo importé maquinaria nueva y duplicamos la producción.
Vd. vendió tantos productos que le nombraron Jefe de Ventas.

– Si Vd. no me hubiese escrito, yo no hubiera venido aquí.
– Si no hubiésemos ido a ver al Ministro, no hubiéramos conseguido el permiso.
– Si no hubiésemos obtenido el permiso, no hubiéramos construído la fábrica.
– Si yo no hubiese importado maquinaria nueva no hubiéramos duplicado la producción.
– Si Vd. no hubiese vendido tantos productos no le hubieran nombrado Jefe de Ventas.

272 Mi secretaria no ha comprado el billete y por tanto no he podido marcharme.
El botones no ha pedido el taxi y por tanto no he cogido el tren.
El gerente no ha venido y por tanto no hemos tenido la reunión.
No lo sabía, por eso no le he llamado a Vd.

– Si mi secretaria hubiera comprado el billete hubiese podido marcharme.
– Si el botones hubiera pedido el taxi, hubiese cogido el tren.
– Si el gerente hubiera venido, hubiésemos tenido la reunión.
– Si lo hubiera sabido, le hubiese llamado a Vd.

273 Mi mujer está enferma.
Ahora está mejor.
¿Quiere venir conmigo a España?
No llega el director . . .
Trabaja doce horas al día.
Yo duermo casi todo el día.

– ¡ Cuánto lo siento!
– ¡ Cuánto me alegro!
– ¡ Cuánto me gustaría!
– ¡ Cuánto tarda!
– ¡ Cuánto trabaja!
– ¡ Cuánto duerme!

274 Mi secretaria es muy buena.
Los obreros son muy buenos.
Este collar es muy bonito.
Estas máquinas son muy malas.
El capataz trabaja muy bien.
El motor funciona muy mal.
El jefe habla muy de prisa.

– Sí. ¡ Qué buena es!
– Sí. ¡ Qué buenos son!
– Sí. ¡ Qué bonito es!
– Sí. ¡ Qué malas son!
– Sí. ¡ Qué bien trabaja!
– Sí. ¡ Qué mal funciona!
– Sí. ¡ Qué de prisa habla!

275 Es importante conseguir el permiso.
Es esencial construir una fábrica.
Es difícil hablar con el ministro.
Es fácil encontrar un local.
Es bueno tener una secretaria bilingüe.
Es malo perder dinero.

– Eso es lo más importante.
– Eso es lo más esencial.
– Eso es lo más difícil.
– Eso es lo más fácil.
– Eso es lo mejor.
– Eso es lo peor.

276 No he visto su casa todavía.
No he comprado las flores todavía.
No he vendido la máquina todavía.
No he reparado el motor todavía.
No he conseguido los billetes todavía.
No he aceptado la invitación todavía.

– Me gustaría que la viera.
– Me gustaría que las comprara.
– Me gustaría que la vendiera.
– Me gustaría que lo reparara.
– Me gustaría que los consiguiera.
– Me gustaría que la aceptara.

277 ¿Acepta Vd. la invitación?
¿Aceptó Vd. la invitación?
¿Ha aceptado Vd. la invitación?
¿Aceptaba Vd. siempre las invitaciones?
¿Aceptará Vd. la invitación?
¿Aceptaría Vd. la invitación?
¿Va Vd. a aceptar la invitación?

– Sí, la acepto.
– Sí, la acepté.
– Sí, la he aceptado.
– Sí, las aceptaba siempre.
– Sí, la aceptaré.
– Sí, la aceptaría.
– Sí, la voy a aceptar.

278 ¿Hablan Vds. español?   – Sí, lo hablamos.
¿Hablaron Vds. español?   – Sí, lo hablamos.
¿Hablaban Vds. español?   – Sí, lo hablábamos.
¿Han hablado Vds. español?   – Sí, lo hemos hablado.
¿Hablarán Vds. español?   – Sí, lo hablaremos.
¿Hablarían Vds. español?   – Sí, lo hablaríamos.
¿Van Vds. a hablar español?   – Sí, lo vamos a hablar.

279 ¿Bebe Vd. mucho?   – No, no bebo mucho.
¿Ha bebido Vd. mucho?   – No, no he bebido mucho.
¿Beberá Vd. mucho?   – No, no beberé mucho.
¿Bebía Vd. mucho?   – No, no bebía mucho.
¿Bebió Vd. mucho?   – No, no bebí mucho.
¿Va Vd. a beber mucho?   – No, no voy a beber mucho.
¿Bebería Vd. mucho?   – No, no bebería mucho.

280 ¿Comen Vds. bien?   – Sí, comemos muy bien.
¿Comerán Vds. bien?   – Sí, comeremos muy bien.
¿Van Vds. a comer bien?   – Sí, vamos a comer muy bien.
¿Han comido Vds. bien?   – Sí, hemos comido muy bien.
¿Comieron Vds. bien?   – Sí, comimos muy bien.
¿Comerían Vds. bien?   – Sí, comeríamos muy bien.
¿Comían Vds. bien?   – Sí, comíamos muy bien.

281 ¿Le gustan las flores?   – Me encantan.
¿Le gusta la música?   – Me encanta.
¿Le gustan los bombones?   – Me encantan.
¿Le gusta España?   – Me encanta.
¿Le gusta su trabajo?   – Me encanta.
¿Le gustan los deportes?   – Me encantan.

282 Teresa tiene unas flores preciosas.   – ¡Qué flores tan preciosas tiene Teresa!
Pablo tiene unos bombones muy ricos.   – ¡Qué bombones tan ricos tiene Pablo!
Teresa tiene un collar muy bonito.   – ¡Qué collar tan bonito tiene Teresa!
Pablo tiene unos pañuelos muy finos.   – ¡Qué pañuelos tan finos tiene Pablo!
Vd. tiene unos amigos muy interesantes.   – ¡Qué amigos tan interesantes tiene Vd.!

1. *Vd. viaja en un avión o en un tren con destino a Madrid. Con el pretexto de ofrecerle un cigarrillo, o de pedirle fuego o de abrir la ventanilla, inicia una conversación con la persona sentada a su lado (caballero, señora o señorita). Háblele de su viaje y el motivo del viaje, y hágale a su vez algunas preguntas.*

2. *Vd. llega a su punto de destino en España o América y habla por primera vez con la persona o las personas con quienes va a trabajar allí. Explique:*

– su cargo y su misión
– los objetivos inmediatos de su visita
– el plan de trabajo que piensa seguir
– algunos de los problemas que prevé
– la ayuda que necesita que le preste su colega
– su esperanza de que todo salga bien

3. *Vd. es el gerente de una compañía inglesa en Londres y recibe la visita del representante en España. Hablan de lo siguiente:*

– Saludos, primera vez que se conocen en persona aunque han mantenido correspondencia
– Es la primera visita del representante a Inglaterra
– Los clientes se quejan del retraso en entregar las mercancías
– El gerente se queja del retraso en contestar a sus cartas
– Métodos de envío: vía aérea mejor que marítima por la pérdida de mercancías en los puertos
– El embalaje tiene que ser más seguro
– El representante pide más comisión
– El programa del resto de su visita, p. ej.: ver la fábrica para discutir detalles de la fabricación

Discursos

4. *Una casa inglesa y otra española acaban de formar una compañía nueva en España. Después de firmar el contrato los directores y jefes lo celebran con una cena y cada uno hace un pequeño discurso en español. Hablan de:*

– el gusto que han tenido en conocerse unos a otros
– el comienzo de la nueva empresa
– su confianza en el éxito de la compañía
– los beneficios comerciales
– la contribución a la prosperidad de la región
– el intercambio de conocimientos técnicos
– vendrán a menudo a España, deseo de conocerla mejor

5. *Se acaba el curso de español, y se celebra entre profesores y alumnos con un guateque en clase. Despídanse Vds. con unas breves palabras hablando de:*

– cómo lo han pasado
– la facilidad o la dificultad del español
– los buenos y los malos ratos pasados
– sus compañeros y los profesores
– su esperanza de mantener el contacto

Plan de Desarrollo Nacional 36
National Development Plan

This last and somewhat shorter Unit has as its theme the economic life of Spain. The listening passage is a bulletin of industrial and commercial news items containing, as do Units 34 and 35, an amount of business language and vocabulary.

Spain is at present in transition and there is a great consciousness of progress and development in nearly all sectors of its national life. The momentum gathers day by day and this is greatly reflected in the Press and the leading periodicals. The matters dealt with in this Unit are therefore of some importance to Spaniards nowadays and it is hoped that the Listening passage and the reading text will serve as a useful introduction to newspaper reading which the student of this course is now in a position to undertake.

The Unit includes a last simple interpretation exercise, also on a business theme: the Barcelona Trade Fair.

The Grammar section sets out the Passive voice of the verb, the Progressive forms of the major tenses, further uses of the Subjunctive and certain minor phrase patterns used in Units 34 and 35. While it is not to be thought that all of Spanish grammar has now been taught (!) it can perhaps be said that what has been included will serve the traveller in most of the circumstances in which he will find himself and act as a good basis for the rest that he will meet. Once communication has been established, the rest is bound to follow.

Escuche el siguiente boletín de noticias económicas y resuma cada párrafo en inglés:

NOTICIARIO NACIONAL

La población activa española se calculaba en 12.271.000 habitantes al comenzar el año 1966. En cuanto al paro, en nuestra patria es inferior al 1,4 por 100 de tal población activa. Para los próximos años se calcula la incorporación de tres millones de mujeres al mundo laboral.

Del 1 de julio de 1965 al 31 de mayo de 1966, la Banca mundial realizó préstamos por un total de 616 millones de dólares, aproximadamente unos 37.000 millones de pesetas. Entre los países favorecidos se encuentra España.

Por primera vez España exporta camiones al este de Europa, después de firmarse un contrato comercial entre Pegaso y Motoimport, organismo del comercio exterior de Polonia. El primer pedido de 180 camiones se dedicará al transporte internacional.

El Ministro de Obras Públicas ha visitado las diferentes obras que se realizan en el Campo de Gibraltar y en Algeciras, entre ellas una red de carreteras, depósito de aguas, etc., así como el embalse de Guadarranque para el riego de 7.000 hectáreas de tierra.

El próximo verano entrará en servicio entre Málaga y Tánger el transbordador "Ben Batuta" de una compañía hispano-marroquí, que tiene capacidad para 1.000 pasajeros y 150 automóviles, y tiene instaladas toda clase de comodidades.

Cerca de 500 millones de pesetas representaron las exportaciones de muebles españoles durante el pasado año (más de 8 millones de dólares). Las ventas se realizaron a 49 países de todos los continentes, siendo los más importantes por cantidades adquiridas, los Estados Unidos, Francia, Alemania, Italia y Suiza.

Se estudia en Barcelona la posibilidad de exportar a la Gran Bretaña mayor cantidad de tejidos para señora, ya que en el año pasado representaron un valor total de 60.000 libras esterlinas.

Ha sido inaugurada en el tradicional recinto de Montjuich la Feria Oficial e Internacional de Muestras de Barcelona. Cuarenta y ocho países de todo el mundo concurren al certamen. La superficie del recinto es de 300.000 metros cuadrados, siendo el número de pabellones de 4.842, con un total de 10.416 expositores. Con tan amplia participación oficial, la Feria bate en esta ocasión el récord de asistentes, al que se espera acompañe otro récord, el de visitantes que el año pasado ascendió a dos millones de personas.

La Asamblea Nacional de Francia ha aprobado un acuerdo franco-español para la construcción de dos puentes internacionales sobre el río Bidasoa en la frontera Hendaya-Irún. Uno será a cargo de España y otro a cargo de Francia.

El ministro alemán de Economía ha recibido al embajador en Bonn, quien había solicitado esta entrevista a fin de estudiar conjuntamente el tema de las inversiones alemanas en España, inversiones que en relación con el volumen de nuestras relaciones comerciales son bajas.

"España no puede en manera alguna permanecer como una tierra extraña al lado de la Comunidad Europea. Por eso, una y otra parte deben considerar seriamente cuál es el futuro común que a ambas les espera," ha declarado el ministro francés de Agricultura, después de su visita a la Feria Internacional del Campo de Madrid. De la Feria dijo: "Es la mejor de todas las que he visto en Europa.'

Hace poco se encontró por primera vez petróleo en tierras españolas. Desde entonces se han verificado ocho sondeos, todos ellos con buenos resultados: especialmente productivos son los pozos 4 y 5 de los que se extraen unos quinientos barriles diarios en esta fase inicial de la explotación. Estos resultados no pueden considerarse definitivos, ya que han de ampliarse las pruebas para averiguar la capacidad y el mantenimiento de la presión en todos los pozos. De momento, lo que más capta la atención de los técnicos es conocer la extensión del campo petrolífero.

Desde el comienzo de la campaña hasta el momento actual, España exportó patata temprana por un total de 54 millones de kilos. El principal comprador fue Inglaterra, con más de 52 millones; le siguen Dinamarca y Francia, con menos de un millón cada uno.

ESPAÑA EN 1970: 35 MILLONES DE HABITANTES

Para 1967, fecha de vencimiento de la primera fase del Plan de Desarrollo, los españoles habrán logrado una renta per capita de 30.000 pesetas. La población activa se acercará a los 13 millones de personas y se habrá creado un millón de nuevos puestos de trabajo. Las tierras resecas se habrán transformado. De las 600.000 hectáreas de regadío en 1939 se ha pasado a 1.700.000 en 1965 y rebasarán en 1970 los dos millones. Habrá para entonces 30 nuevos pantanos, que proporcionarán agua a 375.000 hectáreas de tierra seca. Por su parte, la producción de energía eléctrica, que en 1927 no alcanzaba los 3.000 millones de kilovatios-hora, llegará a los 70.000 millones en 1970, superando los 30.600 millones del año en curso. El 1 de enero de 1970, España inaugurará comunicaciones por teléfono y telégrafo vía satélites artificiales, pudiendo enlazar en el acto con cualquier lugar del globo.

Para 1970 el censo nacional habrá llegado a los 35 millones de habitantes, cuyo promedio de vida será de setenta años. En los dieciséis años que integran el Plan de Desarrollo se habrá construído un mínimo de 3.713.900 viviendas, cuyo coste ha sido valorado en unos 551.000 millones de pesetas (más de 9.000 millones de dólares).

Vd. está en España con el director de su compañía. Hablan un día con uno de los organizadores de la próxima Feria de Muestras de Barcelona. Vd. interpreta entre su director y el español.

DIRECTOR — *Why do you think the coming Trade Fair will be more successful than those in other years?*

ESPAÑOL — Porque cada año aumenta el número de expositores, la participación de países y el volumen de mercancías expuestas.

DIRECTOR — *How many exhibitors will there be this time?*

ESPAÑOL — Por el momento cerca de 3.000 extranjeros y 7.000 españoles.

DIRECTOR — *What number of stands do you think there will be?*

ESPAÑOL — Como muchos expositores se presentan agrupados, calculamos que los stands ascenderán a 5.500.

DIRECTOR — *What was the value of foreign goods shown at the last Fair?*

ESPAÑOL — Sin poder señalar una cifra exacta, diría que unos 9.000 millones de pesetas.

DIRECTOR — *And what about the value of Spanish goods?*

ESPAÑOL — No menos de 700 millones.

DIRECTOR — *How many people visited the Fair last year?*

ESPAÑOL — La entrada fué superior a 1.800.000.

DIRECTOR — *Do you expect more at the coming Fair?*

ESPAÑOL — Sí, esperamos que sí, porque aumentarán las atracciones para el público.

DIRECTOR — *What is the size of the area that the Fair will occupy?*

ESPAÑOL — 278.000 metros.

DIRECTOR — *Isn't it possible to have a bigger area?*

ESPAÑOL — Sí, cuando se reconstruyan los edificios de la Exposición Internacional de 1929.

DIRECTOR — *Right, thank you very much for the information.*

ESPAÑOL — De nada. Adiós.

Durante los años siguientes a la terminación de la guerra civil, el desarrollo económico de España fué muy lento. Le faltaban industrias modernas, su comercio exterior había quedado muy reducido y no poseía las divisas necesarias para comprar maquinaria de otros países. Como no estaba incluída en el Plan Marshall, España se encontró en una situación desfavorable comparada con la de casi todos los demás países europeos que recibían ayuda económica de dicho plan. Esta situación de estancamiento material apenas cambió hasta el año 1954 cuando se decidió reformar ciertas estructuras económicas y se tomaron unas medidas severas que tuvieron por resultado la estabilización de la peseta en 1957. Entonces fue cuando, con la llegada de capital extranjero, la ayuda del Banco Mundial, y unas medidas financieras sanas y rigurosas dentro del país, se recobró la confianza en la economía española y empezaron a notarse unas mejoras considerables en su situación industrial y comercial.

Entre los distintos caminos que existían para promover el desarrollo económico del país, el Gobierno español ha creído conveniente elaborar un Plan de Desarrollo que sirviese de guía a la iniciativa privada y pública. El futuro económico español o pudiera haberse estructurado de tal forma que el Estado controlara todo desarrollo o hubiera podido dejarse en manos de la iniciativa privada. Sin embargo el Gobierno ha preferido elaborar un Plan, es decir, estudiar las posibilidades de desarrollo en las diferentes comarcas y regiones, darse cuenta de los medios de que dispone, y de esta forma estimular a la iniciativa privada a dirigir sus esfuerzos por ese camino.

El Plan de Desarrollo no sólo pretende que la economía mejore en todas sus facetas; no sólo es económico, es eminentemente social. Supone una tarea colectiva de todos los españoles, un ataque en todos los frentes para conseguir unos avances seguros, evitando choques innecesarios, en todos los sectores de la vida nacional. Siguiendo estas líneas generales, los objetivos que se persiguen pueden reducirse a tres principales.

Primero, lograr *un equilibrio social* mejor que el existente antes de comenzarse el plan. Para lograrlo, se intenta aumentar la renta de las distintas clases sociales para así acercarlas todas a un nivel de vida apropiado. Se prevé lo que el Plan llama "movilidad social" o sea igualdad de oportunidades para todos los españoles, para lo cual se han creado fondos de ayuda que les permitan una promoción mayor y más rápida. Dentro de este plan de igualdad de oportunidades es sumamente importante la ayuda prestada en el terreno educativo para que, por medio de becas, los niños de todos los españoles puedan recibir una educación más apropiada al grado y clase de inteligencia de cada uno. Se ha elevado a 14 años, y se elevará con el tiempo a 16, la asistencia obligatoria a la escuela, se está llevando a cabo una campaña vigorosa de alfabetización, se han creado Institutos y Universidades Laborales para aumentar el número de técnicos y operarios especializados, se ha puesto en marcha la organización de la formación profesional acelerada, etc.

El segundo objetivo es conseguir *una expansión económica* a un ritmo mucho más rápido que el existente anteriormente. Los elementos básicos que se tienen en cuenta son los siguientes: un máximo crecimiento del producto nacional, a un ritmo anual del 6% acumulativo; una distribución equitativa de la renta; una mayor flexibilidad del sistema económico; pleno empleo; una integración progresiva de la economía española en la economía mundial. Este crecimiento de la producción nacional se basa en el aumento de la población activa, con la creación de gran número de puestos nuevos, sobre todo para la mujer, hasta elevar al 25% el porcentaje de mujeres que trabajan en edad laboral.

El éxito o el fracaso del Plan depende grandemente del equilibrio de la Balanza de Pagos. Se prevé un aumento de las exportaciones, especialmente de los cítricos, algunos productos manufacturados como calzado y otros. En una época de prosperidad es importante evitar los peligros de la inflación, y todos los esfuerzos deben concentrarse en la exportación. España no es el único país que se enfrenta con este problema. Hasta ahora ha sabido contrarrestar dichas tendencias mediante el control de los créditos y de los salarios, y ofreciendo incentivos para ahorrar, con la consecuencia de que la peseta se ha convertido en la moneda más estable de Europa y sus reservas de oro son las mayores de todos los países europeos.

En tercer lugar, se quiere lograr *un desarrollo de las regiones* en los aspectos industrial, social y agrario, para de esta forma hacer que la riqueza del país esté distribuida por igual en todas partes. Para llevarlo a cabo, el gobierno sigue una *política de adiestramiento* en aquellas regiones que no pueden por sí mismas desarrollar sus riquezas o bien una *política de acompañamiento* para ayudar a seguir un ritmo mayor a las regiones que por sí mismas ya están industrializadas.

Muy interesante es el sistema de *polos* o *polígonos* de desarrollo, que son de tres típos: *polos de descongestión, polos de promoción* y *polos de desarrollo.*

Los *polos de descongestión* se establecen en zonas en donde hay mucha industria y el plan consiste en desplazar esa industria a zonas vecinas para hacer que no se concentre en un solo punto. Esto afectará, por ejemplo, a Madrid y Barcelona.

Los *polos de promoción* intentan crear industrias en aquellos lugares (como Huelva o Burgos) en donde al empezar el plan no la hay, pero donde existen recursos naturales y humanos suficientemente desarrollados para crearla.

Los *polos de desarrollo* aparecen en poblaciones en que ya existe alguna industria pero que son capaces de tenerla mayor. Son ciudades como Zaragoza, Sevilla, Vigo, La Coruña y Valladolid, en cuyas zonas vecinas hay agricultura pero que no es capaz de dar empleo a todos sus habitantes.

Es importante también la atención que se dedica a la agricultura, no sólo en el aspecto de aumentar el nivel de vida de los campesinos, sino también en las mejoras planeadas para aumentar la producción por medio de una mejor mecanización del campo, incremento de los regadíos, la educación y adiestramiento de los agricultores, la reforma de las estructuras agrarias, etc., es decir, animar al campesino a que siga en el campo y no emigre en masa a las ciudades, que es lo que sucede en este momento.

La modernización de los medios de transporte, por ferrocarril y por carretera, así como el aumento de la capacidad turística del país sirven para fomentar el desarrollo económico regional, especialmente en Levante.

Un Plan de Desarrollo tan amplio y radical como es éste requiere un esfuerzo de auto-disciplina en escala nacional: disciplina del capital para garantía del trabajador, y disciplina de todos los españoles para sentirse protagonistas de la gran empresa del desarrollo, empresa que los afecta en todos los aspectos de su vida y de la que depende, sin lugar a duda, todo el futuro de España en el siglo XX.

Gramática

361. The Passive Voice

	masculine		feminine	
Singular	El jefe es	elegido.	La clase es	dada.
	El jefe será	elegido.	La clase será	dada.
	El jefe sería	elegido.	La clase sería	dada.
	El jefe fue	elegido.	La clase fue	dada.
	El jefe ha sido	elegido.	La clase ha sido	dada.
	El jefe había sido	elegido.	La clase había sido	dada.
	El jefe habrá sido	elegido.	La clase habrá sido	dada.
	El jefe habría sido	elegido.	La clase habría sido	dada.
	El jefe va a ser	elegido.	La clase va a ser	dada.
	Que el jefe sea	elegido.	Que la clase sea	dada.
	Si el jefe fuese	elegido.	Si la clase fuese	dada.
Plural	Los jefes son	elegidos.	Las clases son	dadas.
	Los jefes serán	elegidos.	Las clases serán	dadas.
	Los jefes serían	elegidos.	Las clases serían	dadas.
	Los jefes fueron	elegidos.	Las clases fueron	dadas.
	Los jefes han sido	elegidos.	Las clases han sido	dadas.
	Los jefes habían sido	elegidos.	Las clases habían sido	dadas.
	Los jefes habrán sido	elegidos.	Las clases habrán sido	dadas.
	Los jefes habrían sido	elegidos.	Las clases habrían sido	dadas.
	Los jefes van a ser	elegidos.	Las clases van a ser	dadas.
	Que los jefes sean	elegidos.	Que las clases sean	dadas.
	Si los jefes fuesen	elegidos.	Si las clases fuesen	dadas.

Examples

Todos los gastos son controlados.
Los jefes eran ayudados por la publicidad.
La compañía fué fundada en 1960.
Los problemas serán resueltos pronto.

362. Progressive form of verb tenses

Present	Estamos preparando una edición especial de la revista.
	Estoy deseando que lleguen las vacaciones.
Preterite	Estuve hablando con el Director ayer.
Imperfect	Estaba comiendo cuando Vd. me telefoneó.
	Cuando salí de la oficina, estaba lloviendo a cántaros.
Future	Mañana a esta hora estaré trabajando.
	¿Qué estará Vd. haciendo por esta época el año que viene?
Conditional	Juan dijo que estaría trabajando hasta las 10.
Perfect	Hemos estado andando toda la tarde y ahora estamos muy cansados.
	¿Qué ha estado haciendo ese niño para estar tan sucio?
Pluperfect	Ayer me dijo mi hermano que había estado jugando al tenis toda la tarde.

363. Auxiliaries + gerund

ir	Los días van pasando.
	Va siendo hora de que tomemos unas vacaciones.
	Los niños se fueron corriendo al colegio.
	Tome una carta. Se la iré dictando poco a poco.
venir	Nuestra experiencia viene demostrando que la publicidad es muy importante.
	Venimos editando unos 5000 ejemplares de la revista al mes.
seguir, continuar	Sigue aumentando la población del mundo.
	Los investigadores continúan descubriendo cosas nuevas todos los años.
andar	Ando buscando ayuda por todas partes, pero no la encuentro.

364. Subject of the Gerund

Estando Vd. allí, todo irá bien.
A sus ordenes están los capataces, *siendo la misión* de éstos dirigir el trabajo de los obreros.

365. Haber de + Infinitive (= have to, must)

El jefe de producción ha de resolver muchos problemas.
Los capataces han de seguir las instrucciones del ingeniero.
Este trabajo ha de ser muy difícil. – Sí, lo es.

366. Haber (there is, etc.)

Pres.	Hay	No hay problema.	No hay dificultades.
Imp.	Había	No había problema.	No había dificultades.
Pret.	Hubo	No hubo problema.	No hubo dificultades.
Fut.	Habrá	No habrá problema.	No habrá dificultades.
Contd.	Habría	No habría problema.	No habría dificultades.

367. Auxiliary verb + haber

Suele haber muchos obreros en una fábrica.	(*There is usually* . . .)
Puede haber una avería en el motor.	(*There may be* . . .)
Tiene que haber siempre un jefe responsable.	(*There has to be* . . .)

368. Uses of the Subjunctive

hacer que	Una deficiencia de lubrificación hizo que *se calentara* el motor.
	Debe Vd. hacer que los empleados *trabajen* mejor.
depende de que	Depende de que *venga* un técnico de Inglaterra.
procurar que	Procuraré que todos los obreros *estén* ocupados.
	Procure Vd. que los obreros *terminen* el trabajo lo antes posible.
antes de que	Estuve hablando con el director esta mañana antes de que *viniera* Vd.
	Procure terminar el trabajo antes de que *venga* el director.
dudo que	Dudo que *tarden* más de diez días en enviarnos un técnico.
	Dudaron que *llegase* el técnico antes de Navidades.
en el caso de que	En el caso de que no *pueda* terminar, avíseme lo antes posible.
	El jefe me dijo que en el caso de que no *llegase* el director, que se lo dijera enseguida.
es mejor que	Es mejor que lo *haga* un técnico.
es importante que	Es importante que *se repare* el motor lo antes posible.
a medida que	Mejorará mi español a medida que *vaya* visitando los países de habla española.
	Trabajaremos mejor a medida que *vayamos* familiarizándonos con el problema.

369. Double Subjunctive

Esté donde *esté*, siempre pensaré en Vds.
Pase lo que *pase*, tenemos que terminarlo hoy.
Cueste lo que *cueste*, hay que hacerlo.
Diga Vd. algo, *sea* lo que *sea* . . .
Sea como *sea*, estaré aquí a las cinco.
Diga lo que *diga*, yo haré lo que quiera.
Haga lo que *haga*, no cambiará la situación.

370. Position of the subject

No me gusta la publicidad que hace *la compañía*.
No me gusta la publicidad que *la compañía* hace.

No ha venido *nadie*.
Nadie ha venido.

371. De que

Me alegro *de que* le guste.
Estoy seguro *de que* les gustaría.
En el caso *de que* no venga, avíseme.

372. Some reflexive verbs

estropearse	Se ha estropeado el motor.
quemarse	Se ha quemado el motor.
arreglarse	Se ha arreglado el motor.

373. Passive 'se' + personal object

A veces, al Director *se le llama* Gerente.
¿Dónde está el botones? No *se le ve* nunca.
A la secretaria *se le entregan* las cartas por la mañana.

374. El (el jefe) es quien ...

El jefe es quien tiene que firmar los cheques.
El ingeniero es quien sabe más de cosas técnicas.

375. Ni siquiera = not even

No he tenido tiempo hoy ni siquiera para comer.
Ni siquiera he tenido tiempo hoy para comer.

376. ¡Cuánto!

¡Cuánto me alegro!   ¡Cuánto me gustan las rosas!
¡Cuánto le siento!   ¡Cuánto se lo agradezco!

377. Tan

¡Qué rosas tan bonitas!   ¡Qué fábrica tan grande!
¡Qué collar tan precioso!   ¡Qué problemas tan difíciles!

378. Por (= cause, reason)

Gracias *por* todo.
Mi agradecimiento *por* su colaboración.
Mi cordial enhorabuena *por* su nombramiento.
Brindemos *por* nuestra salud y *por* el futuro de la compañía.
El Sr. Short felicitó a Teresa *por* su cumpleaños.
Me alegro *por* tener que marcharme.
Estoy preocupado *por* el futuro de la compañía.

379. Some compound prepositions

en lugar de	El Sr. Pérez ha sido nombrado gerente en lugar del Sr. Short.
al frente de	El capataz está al frente del taller.
a través de	El ingeniero dirige los talleres a través de los capataces.
en interés de	La compañía ha introducido un nuevo seguro social en interés de los obreros.

380. Position of the demonstrative

uno de estos días	un día de éstos
una de estas semanas	una semana de éstas

Vocabulario

A

a to, at, or used to introduce the direct object when it is a person
    a veces sometimes
    ¡A ver! exclamation, 'Let us see!'
    a menudo often
abajo down, below
abandonar to abandon, to leave
A.B.C. a Madrid newspaper
abiertamente openly
abierto open
abogado (*m* or *f*) lawyer
abonar to pay, to subscribe
abrigo (*m*) overcoat
abril April
abrir to open
absolutamente absolutely
absoluto en . . ., not at all
abuelo (*m*) grandfather
abundante abundant, big (of a meal)
abundar to abound
aburrirse to be bored, to get bored
abusar to abuse
acabar to finish
    acabar de+infinitive, to have just+ past. part.
academia (*f*) academy
acampar to camp
acatarrarse to catch a cold
accidente (*m*) accident
acción (*f*) share, action
aceite (*m*) oil, olive oil
aceituna (*f*) olive
acelerar to accelerate
aceptable quite good
aceptar to accept
acera (*f*) pavement
acercar(se) to approach, to call on
acero (*m*) steel
acertar to be right, to be successful
    acertar las quinielas to win the pools
ácido bitter
acomodador/a (*m* or *f*) cinema attendant, usherette
acompañamiento (*m*) attendance
acompañar to accompany
aconsejar to advise
acontecimiento (*m*) event
acordarse to remember
acostarse to go to bed
acostumbrarse a to get accustomed to
actividad (*f*) activity
activo active
acto (*m*) act
    en el acto immediately
actor (*m*) actor
actual present
actualmente at the present moment
actuar to act
acuerdo (*m*) agreement
    de acuerdo O.K., agreed
    estar de acuerdo to agree
    ponerse de acuerdo, llegar a un acuerdo to arrive at an agreement
    de acuerdo con according to, in accordance with
acumulativo accumulative
adaptar to adapt
adecuado suitable
adelantado, por in advance
adelantar(se) to pass, to enter
¡Adelante! Come in!
    en adelante onwards, from now on
    más adelante later on
adelgazar to (become) slim
además (de) moreover, besides
adherido attached to, supporting
adiestramiento (*m*) training
adiós good-bye
adivinanza (*f*) riddle
adjetivo (*m*) adjective
administración (*f*) administration
administrativo administrative
admiración (*f*) admiration
admirar to admire
admirativo exclamatory
admitir to admit
adonde where
adquirir to acquire
adquisición (*f*) acquisition
aduana (*f*) customs
    derechos de aduana customs duty
adverbial adverbial
adverbio (*m*) adverb
advertir to advise, warn, tell
aéreo (adj.) by air

aeropuerto (m) airport
afectar to affect
afeitarse to shave
    máquina de afeitar razor
aficionado a fond of
afirmación (f) affirmation
afirmar to declare
afirmativo affirmative
afueras (f) outskirts
agencia (f) agency
agenda (f) diary
agosto August
agradable pleasant
agradar to please
    Me agrada verle I like to see him
agradecer to thank, to be grateful
    agradecer que to be grateful if . . .
agradecimiento (m) thanks, gratitude
agrario agrarian, agricultural
agrícola agricultural
agricultor (m) farmer
agricultura (f) agriculture
agruparse to be grouped
agua (f) water
aguafiestas a wet blanket
aguardiente (m) brandy, eau-de-vie
águila (f) eagle
ah oh
ahí there
    ¡Ahí va! Good heavens!
ahora now
ahorrar to save
ahorro (m) saving
aire (m) air
    aire libre open air
    hacer aire to be windy
ajo (m) garlic
Alava province in the Basque country
Albacete province and town in Spain
albóndiga (f) minced meat ball
Alcalá old town in the province of Madrid
alcalde (m) mayor
alcanzar to reach, obtain
alcohol (m) alcohol
aldea (f) small village
alegrarse to be pleased, to be glad
alegre gay, happy

alegremente happily
alegría (f) happiness, joy
alejado far away, remote
alemán German
Alemania Germany
alfabetización (f) teaching or learning to read and write
alfabeto (m) alphabet
alfiler (m) pin
alfombra (f) carpet
Algeciras town in the province of Cadiz
algo something
algodón (m) cotton
alguien somebody, anybody
algún, alguno some, any
    algún día que otro some day or other
Alicante town and province in the Levant of Spain
alimentación (f) food, feeding
almacén (m) store
Almadén town in the province of Ciudad Real
almeja (f) mussel
almendra (f) almond
Almería town and province in the Levant
alojamiento (m) lodgings
alojarse to stay
alquilar to rent, to hire, to let
alquiler (m) rent, hire
alrededor (**de**) about, around
alterno alternate
    corriente alterna alternating current
altitud (f) height, altitude
alto tall, high
altura (f) height
alumno (m) pupil, student
allí there
ama de casa housewife
amabilidad (f) kindness
amable kind
amablemente kindly, courteously, in a friendly manner
amanecer to dawn
amante (m or f) lover
amarillo yellow
ambición (f) ambition
ambiente (m) atmosphere
ambos, ambas both

ambulante (adj.) roving
    vendedor ambulante street vendor
    (i.e. newspaper seller)
América the American continent
americano American
amigo (*m*) friend
amistad (*f*) friendship
amor (*m*) love
ampliación (*f*) expansion
ampliar to enlarge
amplio large, big, spacious
amueblar to furnish
anciano (*m*) old man
ancho wide
¡Anda! Good Heavens!
Andalucía region in the south of Spain
andar to walk, to go, to get on
andén (*m*) platform
Andes (*m*) Andes
Aneto mountain in the Pyrenees
animal (*m*) animal
animar to encourage
anís (*m*) aniseed
anoche last night
anónimo anonymous
    sociedad anónima chartered company, joint-stock company
anteayer the day before yesterday
anterior previous, former
antes (de) before
antibiótico (*m*) antibiotic
antiguo old, senior, veteran
antipático unpleasant (referring to persons)
Antonio Anthony
anual annual, yearly
anunciar to announce
anuncio (*m*) advertisement
añadir to add
año (*m*) year
apagar to put out (light), switch off
aparador (*m*) sideboard
aparato (*m*) apparatus, set
    Al aparato Speaking! (on answering a telephone call)
    aparatos electrodomésticos electrical household appliances
aparcamiento (*m*) parking

aparcar to park
aparecer to appear
aparentemente apparently
aparte de apart from
apellido (*m*) surname
apenas, apenas si almost, hardly
apendicitis (*f*) appendicitis
aperitivo (*m*) aperitif
apetito (*m*) appetite
    con apetito with a good appetite
    tener apetito to be hungry
aplaudir to applaud
apócope (*m*) apocopation
apoderado (*m*) officer of a firm holding powers of attorney
Apolinar Christian name
aportar to add, contribute
apostar to bet
apóstol (*m*) apostle
apreciar to appreciate
aprender to learn
aprobar to approve
apropiadamente appropriately
apropiado appropriate
aprovechar to profit from, take advantage of
    Que aproveche 'Bon appétit', said to someone who is already eating, or on rising from the table
aproximadamente approximately, about
aproximado approximate
apuntar to note down
aquel (aquella) that (adj.)
    aquél (aquélla) that one (pronoun)
    aquello that (neuter pronoun)
    aquellos (aquellas) those (adj.)
    aquéllos (aquéllas) those (pronoun)
aquí here
árabe Arabic
árbitro (*m*) arbiter, referee
árbol (*m*) tree
archivador (*m*) filing cabinet
archivar to file
Argentina Argentina
Arguëlles Underground station in Madrid, district of this name
árido arid
arma (*f*) arm
armar to arm

armario (*m*) cupboard
    armario empotrado built-in cupboard
arquitecto (*m* and *f*) architect
arreglar to put in order
arriba up, name of a Spanish newspaper
    de arriba a abajo completely, from top
      to bottom
arriesgar to risk
arroz (*m*) rice
arte (*m*) art
artículo (*m*) article
artificial artificial
artístico artistic
asado roast
asalto (*m*) round (boxing)
asamblea (*f*) assembly
asar to roast
ascender to amount to, to promote
ascenso (*m*) upgrading, promotion
ascensor (*m*) lift
asco (*m*) nausea, dislike
    ¡Qué asco! How disgusting!
    Es un asco It's dreadful
asesor jurídico legal adviser
asegurar to insure, to make sure
asfalto (*m*) asphalt
así so
asiento (*m*) seat
asistencia (*f*) attendance
asistencial referring to social services
asistente (*m*) participant, person present,
    attendant
asistir to attend, to be present
asociación (*f*) association
asombrar to amaze
    asombrarse to be amazed
    quedarse asombrado to be amazed
aspecto (*m*) look, aspect
aspiración (*f*) aspiration
aspiradora (*f*) hoover, vacuum cleaner
aspirina (*f*) aspirin
astillero (*m*) shipyard, dock
astucia (*f*) cunning
asturiano Asturian, from Asturias
Asturias province in the north of Spain
astuto cunning
asumir to take over, to assume
asunto (*m*) matter
    Asuntos Exteriores Foreign Affairs

ataque (*m*) attack
atención (*f*) attention, interest
atender to help (customers), to pay atten-
    tion, to meet an order
Atlántico Atlantic
atleta (*m*) athlete
atletismo (*m*) athletics
atómico atomic
atracción (*f*) attraction
atrás backwards
auditivo aural
aumentar to increase
aumento (*m*) increase
aún still
aún no not yet
aun even
aunque although, even though, even if
australiano australian
autobús (*m*) bus
autocar (*m*) coach
autodisciplina (*f*) self-discipline
autogobierno (*m*) self-government
automóvil (*m*) car
automovilismo (*m*) motor-racing, motor-
    ing
automovilista driver
    Gran Premio Automovilista Grand
    Prix
autopista (*f*) motorway
auto-stop (*m*) hitch-hiking
auxiliar auxiliary
avance (*m*) advance
avanzar to advance
ave (*f*) bird, poultry
avenida (*f*) avenue
aventura (*f*) adventure
aventurarse to venture
avería (*f*) breakdown (in a car or a machine)
averiguar to investigate, to verify
aviación (*f*) aviation
Ávila town and province in Old Castile
Avilés town in Asturias
avión (*m*) aeroplane
avisar to inform
ayer yesterday
ayuda (*f*) help
ayudante (*m* and *f*) assistant
ayudar to help

ayuntamiento (*m*) borough, town hall; town council
azafata (*f*) air hostess, stewardess
azúcar (*m* and *f*) sugar
azul blue
    azul marino navy blue

B
Bable dialect spoken in Asturias
bacalao (*m*) cod
Bachillerato (*m*) Spanish equivalent of G.C.E.
Badajoz province and town in Spain
bailar to dance
baile (*m*) dance
Bailén name of a town in Andalusia and of a street in Madrid
bajar to go down, to take down, to get out (of a car)
bajo short, low; under, below
    piso bajo ground floor
balcón (*m*) balcony
balanza (*f*) balance
Baleares (Islas Baleares) Balearic Islands
ballet (*m*) ballet
baloncesto (*m*) basket-ball
Banca (*f*) Bank, banking
banco (*m*) bank
banda (*f*) band
bañarse to swim, to have a bath
baño (*m*) bath
    cuarto de baño bathroom
bar (*m*) bar, pub
barato cheap
barbaridad barbarity, cruelty
    ¡Qué barbaridad! colloquial exclamation of disapproval
    disfrutar una barbaridad to enjoy something a great deal
barca (*f*) boat
Barcelona Barcelona
barco (*m*) ship
barril (*m*) barrel
barrio (*m*) district, suburb
    casa de barrio suburban house
basarse to be based, to base oneself
base (*f*) base
básico basic

bastante quite, enough
bastarse to be self-supporting
batería (*f*) battery
    batería de cocina pots and pans
batir to beat
baúl (*m*) trunk
beber to drink
bebida (*f*) drink
beca (*f*) grant
beige beige
Béjar town in the province of Salamanca
Belga Belgian
Bélgica (*f*) Belgium
belleza (*f*) beauty
    salón de belleza hairdresser and beautician
beneficio (*m*) benefit
berenjena (*f*) egg-plant, aubergine
Berlín Berlin
besar to kiss
beso (*m*) kiss
Bidasoa river on the Franco-Spanish border
biblioteca (*f*) library
bicicleta (*f*) bicycle
bien well
    o bien or otherwise, or else
bienes (*m*) possessions, goods
bifurcación (*f*) fork-road
Bilbao Bilbao, town in the north of Spain, capital of province of Vizcaya
bilingüe bilingual
billete (*m*) ticket, note
    billete de ida single ticket
    billete de ida y vuelta return ticket
'Bisonte' brand of Spanish cigarettes
bistec (*m*) steak
blanco white
blancura (*f*) whiteness
blusa (*f*) blouse
bobo stupid
boca (*f*) mouth
bocadillo (*m*) sandwich
boda (*f*) wedding
boite (*f*) night-club
boletín (*m*) bulletin
bolígrafo (*m*) ball-point pen
Bolivia Bolivia
bolsa (*f*) bag

bolsillo (*m*) pocket
bolso (*m*) handbag, pocket
bomba (*f*) bomb
    bomba de mano grenade
bombilla (*f*) bulb
bombón (*m*) chocolate
bondad: tenga la bondad de . . ., si tiene la bondad be so kind as . . ., please . . ., kindly
bonito nice, pretty
bosque (*m*) forest
bostezar to yawn
bote (*m*) tin
botella (*f*) bottle
botiquín first-aid box
botones (*m*) office-boy, bell-boy
boxeo (*m*) boxing
Brasil, El Brazil
brazo (*m*) arm
Bretaña Brittany
breve short
brillar to shine
brindar to give, to offer; to drink a person's health, to toast
británico British
broma (*f*) joke
buen (shortened form of **bueno** used before a single masculine noun) good
buenísimo very good
bueno good, well
    buenos días good morning
bujía (*f*) plug
bulto (*m*) package, parcel, object, bulk
Burdeos Bordeaux
Burgos province and town in Spain
burro (*m*) ass
busca (*f*) search
buscar to look for, to search
butaca (*f*) armchair
buzón (*m*) letter-box

C
caballero (*m*) gentleman
caballo (*m*) horse
caber to fit in, to be able to be contained
    no cabe there is no room for it
cabeza (*f*) head
    cabeza de familia (*m*) head of the family

cabina (*f*) telephone box
cable (*m*) cable
cabo, llevar a to fulfil, to complete
Cáceres province and town in Spain
cacerola (*f*) saucepan
cacharro (*f*) kitchen, pot
cada each, every
cadena (*f*) chain, range of mountains
Cádiz town and province in Andalusia
caer(se) to fall
café (*m*) coffee
    café solo black coffee
    café puro black coffee
cafetería (*f*) coffee bar, café, snack bar
caja (*f*) box
    caja de cambios gearbox
cajero (*m*) cashier
cajón (*m*) drawer
calamares en su tinta (*m*) inkfish cooked in their ink
calculadora (máquina) adding machine
calcular to calculate
cálculo (*m*) calculation
calefacción (*f*) heating
calendario (*m*) calendar
calentar to heat
calidad (*f*) quality
cálido hot (of climate)
caliente hot (of objects)
califato (*m*) Caliphate
calificativo qualifying
calma (*f*) quietness, calm
    tomar con calma to take something quietly
calor (*m*) heat, warmth
    hacer calor to be hot, warm
caluroso hot (climate)
calzado (*m*) shoes
Callao name of a Madrid square
calle (*f*) street
callos (*m*) cooked tripe (popular dish in Madrid)
cama (*f*) bed
    coche cama sleeping-car, coach
cámara (*f*) chamber
camarero (*m*) waiter
cambiar to change
    cambiar de disco to change the topic

cambio (*m*) exchange, gear
    tipo de cambio rate of exchange
    caja de cambios gearbox
caminar to walk
camino (*m*) way
camión (*m*) lorry
camionero (*m*) lorry-driver
camioneta (*f*) small lorry, van
camisa (*f*) shirt
camisería (*f*) men's outfitter
campaña (*f*) campaign, season
campeón (*m*) champion
campeonato (*m*) championship
campesino (*m*) farm worker, farm labourer
camping (*m*) camping, camping site
campista (*m* or *f*) a camper
campo (*m*) country, field, stadium
    ir de campo to go and spend the day in the country
Canarias (Islas) (*f*) Canary Islands
canción (*f*) song
cansado tired
cansarse to get tired
Cantábrica, Cordillera . . . range of mountains in northern Spain
Cantábrico, Mar Cantabrian Sea (Bay of Biscay)
cantaor (*m*) (Andalusian pronunciation of *cantador*) flamenco singer
cantar to sing
cántaro (*m*) bucket, pitcher
    llover a cántaros to rain cats and dogs
cantidad (*f*) amount
cantina (*f*) canteen
caña (*f*) straw
    caña de cerveza glass of beer (used only of beer)
capacidad (*f*) amount, capacity
capataz (*m*) foreman
capaz capable
capital (*f*) capital city
capital (*m*) capital (finance)
capitán (*m*) captain
Capitán General (army rank) Field Marshal
captar to attract, to catch (meaning etc.)
capturar to capture
cara (*f*) face

Caracas Caracas (capital of Venezuela)
carácter (*m*) character
característica (*f*) specification, characteristic
¡Caramba! Good heavens!
caramelo (*m*) sweet
carbón (*m*) coal
carburador (*m*) carburettor
carcajada (*f*) a burst of laughter
carestía (*f*) high cost of living
cargo (*m*) position, job
    tener a cargo, correr a cargo to be in charge of
Caribe (*m*) West Indies
cariño (*m*) affection
cariñoso affectionate
Carmelo Spanish male name
carne (*f*) meat, beef
carnet (*m*) identity card
caro expensive
carpeta (*f*) folder, file
carrera (*f*) race, run
carretera (*f*) road
carro (*m*) cart
carrocería (*f*) car body, chassis
carta (*f*) letter, menu, card
    jugar a las cartas to play cards
cartel (*m*) poster
cartera (*f*) brief case, wallet
cartero (*m*) postman
cartilla (*f*) savings book
casa (*f*) house, home, firm
    casa comercial commercial firm
    en casa at home
casado (*m*) married
casarse to get married
casi almost, nearly
    casi nada (nadie, etc.) hardly anything (anyone, etc.)
casino (*m*) club
casita (*f*) small house
caso (*m*) case, name of a Spanish paper
    el caso es the thing is
Castellón province and town in Spain
castellano Castilian Spanish
castigo (*m*) punishment
Castilla central part of Spain. There are two Castillas, 'Castilla la Vieja' y 'Castilla la Nueva'.

castillo (*m*) castle
casualidad (*f*) chance
    por casualidad by chance
Catalán Catalan
Cataluña Catalonia
catarro (*m*) a cold
catecismo (*m*) catechism
catedral (*f*) cathedral
categoría (*f*) class
catolicismo (*m*) Catholicism
católico Catholic
catorce fourteen
causa (*f*) reason
caza (*f*) hunting, shooting
cazar to hunt, to shoot
cazo (*m*) ladle
cebolla (*f*) onion
celebrar to celebrate, to hold
célebre famous
Celta (*m*) Celtic
célula (*f*) unit, cell
cena (*f*) dinner, supper
cenar to dine, to have supper
censo (*m*) census
censura (*f*) censorship
céntimo (*m*) cent (hundredth part of a peseta)
centollo (*m*) kind of large shellfish
central (*f*) telephone exchange
centro (*m*) middle, centre
Centroamérica (*f*) Central America
cepillo (*m*) brush
cerca (**de**) near
cerdo (*m*) pig, pork
cereal (*m*) cereal
cerilla (*f*) match
cero zero
cerrar to close, to shut
cerrojo (*m*) bolt
certamen (*m*) competition
certificado (*m*) certificate
certificar to register, to certify
Cervantes, Miguel Spanish writer of the Golden Century of Spanish literature. His best-known book is 'Don Quijote de la Mancha'.
cerveza (*f*) beer
cesar to cease

Cibeles Roman goddess, square of this name in Madrid
ciclista (*m* and *f*) cyclist
cielo (*m*) sky
cien, ciento hundred
ciencia (*f*) science
científico (*m*) scientist; (adj.) scientific
cierto certain
    es cierto it is true
cifra (*f*) figure
cigarrillo (*m*) cigarette
cinco five
cincuenta fifty
cine (*m*) cinema
circulación (*f*) traffic
circular to circulate, to move along, to run
circular (*f*) circular
círculo (*m*) circle
circunstancia (*f*) circumstance
cita (*f*) appointment
cítricos (*m*) citrus fruits
ciudad (*f*) city, town
Ciudad Real province and town in Spain
ciudadano (*m*) citizen
civil civil
claro clear, light colour; of course
clase (*f*) class, classroom, kind
    dar clase to teach, to give a lesson, to take a lesson
    toda clase de all kinds of
clásico classic
clasificar to classify
claxon (*m*) car horn
cliente (*m*) client, customer
clima (*m*) climate
clip (*m*) paper clip
club (*m*) club
cobrar to charge, to cash
cobre (*m*) copper
cocer to cook
cocido (**a la Madrileña**) typical dish, especially in Madrid. It has three courses: soup, several kinds of vegetables, and meat, all of them cooked together
cocina (*f*) cuisine, kitchen, cooker
cocinero (*m*) cook
cóctel (*m*) cocktail, cocktail party
coche (*m*) car
    coche cama sleeping-car

cochinillo (*m*) suckling pig
código (*m*) code of laws
coger (not to be used in Latin America), to take
    coger un constipado to catch a cold
cola (*f*) queue
colaborar to collaborate
coleccionar to collect
colectivo collective
colega (*m* or *f*) colleague
colegio (*m*) college, private school
colgar to hang
coliflor (*f*) cauliflower
colitis (*f*) diarrhoea
colmo (*m*) plenty, fill
    es el colmo that's the limit
colocación (*f*) job
colocar to put, to fit
colocarse to work, to find a job
Colombia Colombia
Colón Colombus
color (*m*) colour
collar (*m*) necklace
comarca (*f*) region
comarcal regional
combate (*m*) fight
combustible (*m*) fuel
comedor (*m*) dining-room; diner
comenzar to begin
comer to eat, to have lunch
comercial commercial
    casa comercial commercial firm
comercio (*m*) commerce, shop
comestibles (*m*) foodstuffs
cómico comic
comida (*f*) food, meal, dinner, lunch
comienzo (*m*) beginning
Comisaría (*f*) police station
comisión (*f*) commission
como as
cómo how
    ¿Cómo está usted? How do you do? How are you?
    ¿Cómo no? Of course
cómoda (*f*) chest of drawers
comodidad (*f*) comfort
cómodo comfortable
compañero (*m*) companion, colleague, friend

compañía (*f*) company, firm
comparable comparable
comparar to compare
comparativo (*m*) comparative
compartir to share
compatriota (*m* or *f*) compatriot, fellow-countryman
competencia (*f*) competition
competición (*f*) a competition
competidor (*m*) competitor
complemento (*m*) complement, object
completamente completely
complete complete, full
    pensión completa full board
complicado complicated
componerse to be made up of
compositor (*m*) composer
compra (*f*) purchase, shopping
    ir de compras to go shopping
comprador (*m*) buyer
comprar to buy
    comprar a plazos purchase by instalments
    comprar al contado purchase for cash
comprender to understand, to comprise
comprensión (*f*) comprehension
comprobar to check
común common
comunicación (*f*) communication
con with
    con que so, provided that. In exclamation **¡con el dinero que tengo no puedo...!** roughly equivalent to 'Just think, with the money I have I still can't...'
comunicar to communicate
comunidad (*f*) community
Comunista (*m*) Communist
conceder to give, to lend
concejal (*m*) town councillor
concentrar to concentrate
concentrarse to concentrate
Concepción Spanish female name (abbreviated to *Concha* or *Conchita*)
concepto (*m*) concept, idea
concierto (*m*) concert
concordancia (*f*) agreement
concretamente concretely, specifically

concurrir to participate, compete
concurso (m) competition
concha (f) shell
Conchita Spanish female name (abbreviation of *Concepción*)
condensado condensed
condición (f) condition
condicionado conditioned
condimentar to season (a meal)
conducir to drive
    permiso de conducir driving licence
conducto (m) pipe, channel
conductor (m) driver
conejo (m) rabbit
conexión (f) connection
confección, trajes de ready-to-wear suits suits
conferencia (f) conference
confesar to confess
confianza (f) confidence
confirmar to confirm
confundir to confuse
Congreso (m) Congress
conjunción (f) conjunction
conjuntamente jointly, together
conjunto (m) totality, whole
conmemorar to celebrate, to commemorate
conocer to know, to meet
conocimiento (m) knowledge; acquaintance
conquista (f) conquest
consecuencia (f) consequence
    en consecuencia consequently
conseguir to get, to manage, to achieve
consejero (m) counsellor, adviser
consejo (m) council, advice
consentimiento (m) approval, consent
conserje (m) usher, warden
conservación (f) maintenance; conservation
conservar to maintain
considerable great
considerar to consider
consigo with himself, herself, itself, oneself, themselves, yourself, yourselves
consistir (en) to consist of *or* in
constiparse to catch a cold
constipado (m) a cold
constituir to constitute, to form, to make up

construcción (f) building
construir to build
consulado (m) consulate
consulta (f) surgery
consumir to use, to spend, to consume
consumo (m) consumption
conductor (m) driver
contabilidad (f) accountancy
contable (m) accountant
contacto (m) contact
contado, al cash purchase
contar to count, to explain, to relate, to tell
contemplar to contemplate
contenido (m) contents
contento happy
contestación (f) answer
contestar to answer
continental continental
continente (m) continent
continua, corriente ... direct current
continuo continuous
continuación, a ... following, below
continuamente continuously, constantly
continuar to continue
contra against
al contrario on the contrary, quite the opposite, not at all
contrarrestar to balance, to check
contratar to engage
contrato (m) contract
contribución (f) contribution
control (m) control
controlar to control
convalecencia (f) convalescence
conveniente convenient, suitable; advisable
convenir to be convenient, to be a good idea
conversación (f) conversation, talk
convertir to transform, to convert
convertirse (en) to become, to be converted
convocar to summon
coñac (m) brandy
cooperación (f) co-operation
cooperar to co-operate
copa (f) glass (wine or liqueur), cup (sport, etc.)
    tomar una copa to have a drink
copia (f) copy

copita (*f*) diminutive of *copa*
corazón (*m*) heart
corbata (*f*) tie
cordero (*m*) lamb
cordial affectionate, hearty
cordillera (*f*) range of mountains
Córdoba Cordoba
corrección (*f*) accuracy
corregir to correct
correo (*m*) mail
   correo ordinario surface mail
Correos (*m*) Post Office
correr to run, to go fast, to travel (of vehicles)
   correr a cargo to be in charge
correspondencia (*f*) mail, letters
corresponder to correspond
correspondiente corresponding, appropriate
corriente usual, ordinary
   tener al corriente to keep (someone informed)
corrida (*f*) bullfight
corriente normal
corriente (*f*) current
   corriente alterna alternating current
   corriente continua direct current
cortar to cut
corte, hacer la to court
Cortes Spanish Parliament
cortesía (*f*) good manners, politeness, courtesy; compliment
cortina (*f*) curtain
corto short
La Coruña town and province in the Spanish region of Galicia
cosa (*f*) thing
   gran cosa serious, important
cosecha (*f*) harvest
coser to sew
cosmopolita cosmopolitan
costa (*f*) coast
   Costa Brava Spanish Mediterranean coast between Barcelona and the French frontier
Costa Azul (*f*) French Riviera
Costa Rica the country of Costa Rica
costar to cost

coste (*m*) price
costo (*m*) cost
costoso expensive
costumbre (*f*) custom
   como es costumbre as is usual
creación (*f*) creation
crear to create
crecimiento (*m*) growth
crédito (*m*) credit
creer to think, to believe
   Ya lo creo Yes, of course
cría (*f*) breeding, rearing; little girl
criar to breed, to bring up
criminal (*m* and *f*) criminal
crema (*f*) cream
cretona (*f*) cretonne
crimen (*m*) crime
crío little boy
cristal (*m*) glass
Cristianodemócrata (*m*) Christian Democrat
cruce (*m*) crossroads, crossing
   cruce de carreteras (*m*) cross roads
cruz (*f*) cross
cruzar to cross
cruzarse to meet, to come across (a person), to run into, to pass
cuadrado square
cuadro (*m*) square, picture
   camisa (tela) con cuadros checked shirt (checked cloth)
¿Cuál? which?
cualidad (*f*) quality
cualquier any
   de cualquier forma anyway
cuando when
¿Cuándo? When?
cuanto antes as soon as possible
   en cuanto as soon as
   en cuanto a as for, as regards
cuánto how much, how!
   cuántos how many
   ¿Cuánto tiempo? How long?
   ¡Cuánto me alegro! I'm glad to hear that
   unos cuantos some, a few
cuarenta forty

cuartel (*m*) barracks

    cuartel general headquarters

cuarto (*m*) quarter, fourth; room

    cuarto de baño bathroom

    cuarto de estar living-room

    cuarto trastero junk room

cuatro four

cuba (*f*) barrel, cask

Cuba Cuba

cuba libre (*m*) cocktail with rum or gin and Coca-Cola

cubierto (*m*) dinner course, cutlery

    cubierto del día fixed price menu for the day

cubo (*m*) bucket

cubrir to cover

cuchara (*f*) spoon

cuchillo (*m*) knife

cuello (*m*) collar, neck

Cuenca town and province in Spain

cuenta (*f*) bill, account

    cuenta corriente current account

    tener en cuenta to consider, to bear in mind

    darse cuenta to realize

cuentakilómetros speedometer

cuento (*m*) story

cuerda (*f*) rope

cuerpo (*m*) body

cuesta (*f*) slope

cuestión (*f*) question

    es cuestión de it is a matter of

cuestionario (*m*) questions; questionnaire

cuidado (*m*) care

    estar al cuidado de to be in charge of, to look after

cuidadosamente carefully

culpa (*f*) fault

    tener la culpa to be at fault, to be to blame, to be responsible

culpable (adj.) guilty; (noun, *m* or *f*) guilty person

cultivar to cultivate

cultivo (*m*) cultivation

cultura (*f*) culture

cultural cultural

cumpleaños (*m*) birthday

cumplir to fulfil

    que cumpla muchos (años) many happy returns

    cumplo 20 anos mañana I am 20 tomorrow

cura (*f*) cure, treatment

curar to cure

curiosidad (*f*) curiosity

curioso curious

cursiva (*f*) italics

curso (*m*) course

    año en curso present year

curva (*f*) bend, corner

cuyo whose (relative pronoun)

CH

chacolí wine from the Basque country

champán (*m*) champagne

chaqueta (*f*) coat, jacket

charla (*f*) a talk

charlar to chat

chelín (*m*) shilling

cheque (*m*) cheque

    cheque de viajero traveller's cheque

chico (*m*) boy

chicos (*m*) children

Chile the country of Chile

chimenea (*f*) chimney

Chinchón town in the province of Madrid

chino (*m*) Chinese

chocar to clash, to crash

chocolate (*m*) chocolate

chófer (*m*) chauffeur

chorizo (*m*) type of Spanish sausage

chuleta (*f*) cutlet, chop

D

dar to give

    dar un paseo to go for a walk

    darse cuenta to realize

    dar la mano to shake hands

    darle a uno tiempo to have time enough

darse to grow (in agriculture)

datar to go back in time

dativo (*m*) dative

dato (*m*) fact

de from, of, in, about

debajo (de) under
deber (*m*) duty
deber to owe, to have to
deberse a to be due to
debido a owing to, due to
decadencia (*f*) decay, decadence
decidir(se) to decide, to make up one's mind
décimo tenth, lottery ticket (tenth of a whole ticket)
    tengo unas décimas de fiebre I have a slight temperature
decir to say, to tell
    ¡Dígame! Hallo! (on answering a telephone call)
    ¿Cómo dice? I beg your pardon?
    es decir that is to say
decisión (*f*) decision
declarar to declare
decretar to pass a law, to decree
decreto (*m*) decree
dedicarse a to devote oneself to, to work at *or* in
dedo (*m*) finger, toe
defectuoso in a poor condition
defender to defend
deficiencia (*f*) lack
definitivo conclusive, final
dejar to leave, to allow, to lend
    dejar de hacer algo to stop doing something
del = de el of the
delante (de) in front (of)
deletrear to spell
delicadeza (*f*) delicacy, refinement
Delicias district of Madrid
delicioso delightful, wonderful
delincuencia (*f*) delinquency
delincuente (*m* and *f*) delinquent
delineante (*m* and *f*) draughtsman
demanda (*f*) demand
demasiado too, too much
    demasiados too many
democracia (*f*) democracy
denominativo denominative, (giving a) name
dentro (de) inside, in
departamento (*m*) compartment, department

depender to depend
    depende de it depends on
dependiente (*m*) shop assistant, attendant
deporte (*m*) sport
deportivo sports, sporty, sporting, athletic
depósito (*m*) deposit
depósito de aguas (*m*) reservoir
deprisa quickly
derecha right
    a la derecha on the right
derecho (*m*) the right, the law
    derechos de aduana customs duty
    tener el derecho to have the right
derivar to derive
derribar to bring down, to shoot down
derrotar to beat, to defeat
desaparecer to disappear
desarrollar to develop
desarrollo (*m*) development
desayunar to breakfast
desayuno (*m*) breakfast
descansar to rest
descanso (*m*) rest, interval
descargarse (la batería) to go flat
descenso (*m*) drop (in production)
descongestión (*f*) dispersion of congestion or pain, also of a crowded area or vehicles in traffic
describir to describe
descripción (*f*) description
descubierto open
    estar al descubierto to be overdrawn in a bank
descubrir to discover
desde from, since
    desde luego of course
desear to wish, to want
desembocar to flow into
deseo (*m*) wish
desesperar(se) to despair
desfavorable unfavourable
desgracia (*f*) misfortune
desgraciadamente unfortunately
desierto desert
desnudar(se) to undress
despacio slowly
despacho (*m*) office
despedida (*f*) leave-taking, farewell

despedir to dismiss (an employee)
despedir(se) to say good-bye
desperezarse to stretch (one's limbs)
despertarse to wake up
despistado absent-minded
desplazar(se) to move
despoblado uninhabited
  despoblado de árboles treeless
después afterwards
  después de after
destinar to appoint
destinatario (*m*) addressee
destino (*m*) destination
detalle (*m*) detail
detenerse to stop
detrás behind
devolver to give back, to return
día (*m*) day
  buenos días good morning
  hoy en día nowadays
diablo (*m*) devil
  ¿Qué diablos? What the devil?
diagnóstico (*m*) diagnosis
dialecto (*m*) dialect
diálogo (*m*) dialogue
diario (*m*) newspaper
  diario (adj.) daily
dibujo (*m*) drawing
diccionario (*m*) dictionary
diciembre December
dictado (*m*) dictation
dictador (*m*) dictator
dictáfono (*m*) dictaphone
dictar to dictate
diecinueve nineteen
dieciocho eighteen
dieciséis sixteen
diecisiete seventeen
diente (*m*) tooth
diez ten
diferencia (*f*) difference
diferente different
difícil difficult
dificilísmo very difficult
dificultad (*f*) difficulty
digestión (*f*) digestion
digno worthy, fit
diligente diligent

dimensión (*f*) size
diminutivo (*m*) diminutive
Dinamarca Denmark
dinero (*m*) money
Dios (*m*) God
  Por Dios: My goodness! For Heaven's
  sake!
Diputación (*f*) Delegation of the Government in each Province
dirección (*f*) direction, address, steering
directamente directly
directo direct
director (*m*) director
  director de empresa manager
directriz (*f*) policy, instruction
dirigir(se) to address, to direct
disciplina (*f*) discipline
discípulo (*m*) pupil
disco (*m*) record
disculpar to excuse
disculparse to apologize
discurso (*m*) speech
discutir to discuss, to argue
diseminar to scatter
disfrutar to enjoy
disgusto, a uncomfortable
disparar to fire
disponer (de) to possess, to have at one's disposal
disposición (*f*) disposal, disposition
dispuesto, estar to be ready
distancia (*f*) distance
distinguido distinguished
distinto(s) different, various
distracción (*f*) amusement
distraído absent-minded
distribución (*f*) distribution
distribuidor (*m*) distributor
distribuir to distribute
diversión (*f*) amusement
diversos different, various
divertirse to enjoy oneself
dividir(se) to divide
divisa (*f*) foreign currency
división (*f*) division
doblar to turn, to bend, to dub (films)
doble double
doce twelve

docena (*f*) dozen
documento (*m*) document
dólar (*m*) dollar
doler to pain
dolor (*m*) pain, ache
   dolor de cabeza headache
   tener dolor de cabeza to have a headache
doméstico related to the house
dominar to dominate, to master
domingo (*m*) Sunday
Dominicana (República) Dominican Republic
don (*m*), **doña** (*f*) no English equivalent; Spanish title used with Christian name
donde where
¿Dónde? Where?
dorado golden
dormir to sleep
dormitorio (*m*) bedroom
dos two
doscientos two hundred
Duarte Spanish surname
Ducados' brand of Spanish cigarettes
duda (*f*) doubt
   sin duda alguna no doubt at all
dudar to doubt
dueño (*m*) owner
Duero Douro, river flowing into the Atlantic after crossing the Spanish 'Meseta' and Portugal
dulce sweet, soft
duodécimo twelfth
duplicar to duplicate, to double
duradero lasting
durante during
durar to last
duro strong, hard

E

e *conj.* (**y** when occurring in front of a word commencing with *i* or *hi*)
Ebro river in Aragon
Ecija town in the province of Sevilla
economía (*f*) economics, economy
económico cheap, economic
economista (*m* or *f*) economist

Ecuador Ecuador
ecuatorial equatorial
echar to throw, to post
   echarse la siesta to have a siesta
   echar el cerrojo to bolt
   echar de menos to miss
   echarse a reir to start laughing
   ¿Le echo aceite? Shall I fill up with oil? (car)
edad (*f*) age
edificar to build
edificio (*m*) building
educación (*f*) education, manners, politeness
educado polite
educar to educate
efectivamente that's right, really
efectuar to bring about
ejecutar to execute
ejemplar (*m*) copy
ejemplo (*m*) example
   por ejemplo for instance
ejercer exercise
ejercicio (*m*) exercise
ejército (*m*) army
el the (*m sing.*), the one
el/la/lo mismo the same
   el/la/lo mismo que the same as
El Escorial palace built by Philip II not far from Madrid
él he, him
elaborar to work out
elección (*m*) election
electricidad (*f*) electricity
eléctrico electric
electrodomésticos, aparatos (*m*) electrical household appliances
elegante elegant, smart
elegible eligible
elegir to choose
elemento (*m*) element
ELT European Letter Telegram
elevar to raise
elevarse to rise, to be raised
ella she, her
ellos they, them
embajada (*f*) embassy
embajador (*m*) ambassador

embalaje (*m*) packing
embalse (*m*) dam, reservoir
embrague (*m*) clutch
embutido (*m*) any kind of sausage meat
emigración (*f*) emigration
emigrar to emigrate
eminentemente eminently
emisión (*f*) issue
emisora (*f*) broadcasting station
emoción (*f*) emotion
empapelar to paper (a wall)
empeorar to become worse
empezar to begin, to start
empleado (*m*) employee, clerk
emplear to use
empleo (*m*) job, employment, use
empotrar to build in
empresa (*f*) firm
en in, at, by, on
    en total in all, altogether
enamoradizo said of a person who falls in
    love easily
encantado delighted
encantador charming
encantar to delight, to please very much
encargado (*m*) person in charge
encargarse (de) to take charge of
encender to put on a light, to light
encima (de) on, above
encontrar to find
encontrarse to meet each other, to feel
    encontrarse a gusto to feel happy, to
    feel at home
encuadrar to include
encuentro (*m*) match, encounter, meeting
enchufe (*m*) electric point, plug
energía (*f*) strength, energy, power
enero January
enfadarse to get angry
énfasis (*m*) emphasis
enfermera (*f*) nurse
enfermo (*m*) sick person, patient
enfermo ill, sick
enfrentarse (con) to face
enfrente opposite
engordar to put on weight, to get fat
enhorabuena (*f*) congratulations
    dar la enhorabuena to congratulate

enlazar to join, to link
enmienda (*f*) amendment
enojar make somebody angry
enorme huge, enormous
enormemente tremendously, enormously
ensalada (*f*) salad (green)
ensaladilla (*f*) salad (potato, etc.)
enseguida, en seguida immediately, right
    away
enseñanza (*f*) education
    enseñanza media secondary education
enseñar to show, to teach
entender to understand
enterarse to hear about something, to find
    out
entero complete, whole
enterrar to bury
entidad (*f*) body, corporate body
entonces then, so
entrada (*f*) entrance; ticket (for a show)
entrar to go in (to)
    entrar en servicio to start working
entre between, among
entrecot (*m*) steak
entregar to hand over, to hand in
entremes(es) hors d'œuvre(s)
entrenador (*m*) trainer
entretenerse to amuse oneself
entrevista (*f*) interview
entrevistarse to have an interview
entusiasmarse to become enthusiastic
entusiasmo (*m*) enthusiasm
enviar to send
envío (*m*) remittance, despatch
envolver to wrap up
epígrafe (*m*) title, heading
época (*f*) time, period
equilibrio (*m*) balance
equipaje (*m*) luggage
equipo (*m*) team
equitativo equal, just
equivocación (*f*) mistake
equivocarse to make a mistake
error (*m*) mistake
escabeche (*m*) vinegar or wine sauce
    en escabeche soused
escala (*f*) scale
escalera (*f*) stairway, staircase, ladder

escalope (m) escalope, cutlet
escándalo (m) scandal, rumpus
escaño (m) seat in Parliament
escapar(se) to run away, to escape
escaparate (m) shop window
escaso scarce
escena (f) scene
escenario (m) stage, place where something happened
escoba (f) broom
escocés Scottish, a Scotsman
Escocia Scotland
esconder(se) to hide
Escorial, El town in the province of Madrid with monastery built by Philip II. Contains tombs of Spanish kings and large library
escopeta (f) shotgun
escribir to write
escritor (m) writer
escritorio (m) writing-desk
escritura (f) document, deeds
escuchar to listen
escuela (f) primary school, school
ese, esa that (adj.)
    ése, ésa that one (pron.)
    eso that (neuter pron.)
    esos, esas those (adj.)
    ésos, ésas those (pron.)
esencial essential
esforzarse to strive, make an effort
esfuerzo (m) effort
esnobismo snobbery
eso (neuter) that
    eso es that's it, that's right
especialmente especially
espalda (f) the back
España Spain
Español (m) Spanish, Spaniard
espárrago (m) asparagus
especial special
especializado skilled, specialized
especialmente especially
espectáculo (m) show
espectador (m) spectator
espejo (m) mirror
Esperanto (m) Esperanto
esperanza (f) hope

esperar to wait for, to hope
esposa (f) wife
esquiar to ski
esquina (f) corner
esta (f) this
estabilización (f) stabilization
estable stable
establecer to establish
estación (f) station, season
estado (m) state, condition; State
Estados unidos United States
estadio (m) stadium
estampado (m) cloth printing, printed cotton
estancamiento (m) state of stagnation or lack of progress
estancia (f) stay
estanco (m) tobacconist's shop
estante (m) shelf
estar to be, to stay
estatua (f) statue
este east
este, esta this (adj.)
    éste, ésta this one (pron.)
    esto this (neuter pron.)
    estos, estas these (adj.)
    éstos, éstas these (pron.)
extenderse to stretch
estilo (m) style
    por el estilo like this, like that
esterlina sterling
estimar to estimate; to esteem, to think
estimular to stimulate
estómago (m) stomach
estornudar to sneeze
estrechar to narrow, tighten
    estrechar la amistad to strengthen the friendship
estrecho narrow
estrellarse to crash
estropear(se) to spoil, to break, to be out of order
estructura (f) structure
estructurar to structure, organize
estudiante (m or f) student
estudiar to study
estudio (m) studio, study
estufa (f) fire (electric), stove

estupendamente wonderfully, very well, fine
estupendo wonderful
etcétera etcetera
etiqueta (*f*) receipt, label; etiquette
Eugenio Eugene
Europa Europe
europeo European
eventual casual
eventualmente casually, by chance
evitar to avoid
exactamente exactly, precisely, that's right
exactitud (*f*) accuracy
exacto exact, accurate
exagerado out of the ordinary, exaggerated
exaltación (*f*) exaltation, excitement
examen (*m*) examination
examinar to examine
examinarse to take an exam
excelente excellent
excepcional exceptional
excesivamente excessively
excesivo excessive
exceso (*m*) excess
exclamación (*f*) exclamation
exclamativo (*m*) exclamatory
exclusivamente exclusively
excursión (*f*) excursion, outing
exigente demanding
existir to exist
existente existing
éxito (*m*) success
expansión (*f*) expansion
expedición (*f*) issue, despatch
expedir to despatch, to issue
experiencia (*f*) experience, experiment
explicación (*f*) explanation
explicar to explain
explotación (*f*) exploitation
exponer to exhibit
exportación (*f*) export, export trade
exportador exporter
exportar to export
exposición (*f*) exhibition
expositor (*m*) exhibitor
expresar to express, to declare
expresión (*f*) expression

expreso (*m*) express
exquisito exquisite
extender(se) to extend, to spread
extensión (*f*) surface, extension, length, duration
exterior outside
extra extra
extraer to obtain, extract
extranjero (*m*) foreigner
   en el extranjero, al extranjero abroad
extraordinario extraordinary
Extremadura region in the south-west of Spain

F

fabada (*f*) typical dish of Asturias containing 'habas' ('fabes'), broad beans
fábrica (*f*) factory
fabricación (*f*) manufacturing
fabricante (*m* and *f*) manufacturer
fabricar to make, to manufacture
faceta (*f*) aspect
fácil easy
facilidad (*f*) facility, ease, ability
fácilmente easily
factura (*f*) receipt, bill; invoice
facturación (*f*) registration
facultad (*f*) power to do something
faena (*f*) work, task
Falange political party in Spain
Falangista member of the political party 'La Falange'
falda (*f*) skirt
falta, hace it is necessary, (it) is needed
falta (*f*) mistake
faltar to lack
   falta poco it will not be long
   falta la talla 40 . . . we're out of size 40
fallar to fail
fallecimiento (*m*) death
fallo (*m*) failure, fault
fama (*f*) reputation
familia (*f*) family
familiares (*m*) relatives
famoso famous
fantástico fantastic
farmacéutico pharmaceutical (adj.) chemist (noun)

farmacia (*f*) chemist's shop
fase (*f*) phase
fastidiar to bother, to annoy
fastidio (*m*) nuisance
fatiga (*f*) fatigue
favor (*m*) favour
    por favor, haga el favor please
favorecer to favour
favorito favourite
febrero February
fecha (*f*) date
Felicidades, Muchas Happy Birthday
felicitación (*f*) congratulation
felicitar to congratulate
feliz happy
femenino feminine
fenomenal wonderful
feo ugly
feria (*f*) fair
Ferrer Spanish surname
ferrocarril (*m*) railway
Ferrol del Caudillo town in Galicia
festival (*m*) festival
fianza (*f*) deposit
fiebre (*f*) fever, high temperature
fiesta (*f*) bank holiday, party, fiesta
fijar to fix
fijarse to pay attention, to notice
    ¡Fíjese! ¡Fíjate! Imagine! Fancy!
filete (*m*) fillet, steak
Filipinas, Islas Philippine Islands
filosofía (*f*) philosophy
fin (*m*) end, object
    por fin, al fin at least
    cn fin 'well . . .'
    a fin de, con el fin de in order to
final (adj.) final
final (*f*) the finals
final (*m*) end
finalidad (*f*) end, aim, purpose
finalmente finally
financiero monetary, financial
fines last days of month, week, etc.
Finlandia Finland
fino fine, of good quality
firma (*f*) firm, signature
firmar to sign
físico physical

flamenca, huevos a la eggs fried slowly in tomato sauce with suitable garnishing
flamenco (*m*) flamenco (style of singing and dancing, typical of the south of Spain)
flan (*m*) cream caramel
flexibilidad (*f*) adaptability, flexibility
flor (*f*) flower
floreciente flourishing
fluorescente, luz fluorescent light
folklórico folkloric, traditional, country
folleto (*m*) pamphlet
fonda (*f*) inn
fomentar to promote, encourage
fondo (*m*) bottom
    al fondo in the background, at the end, at the bottom
    a fondo deeply, thoroughly
fondo, fondos (*m*) fund, funds
forma (*f*) shape, way, form
    ¿de qué forma? in which way?
    de todas formas in any case
formación (*f*) formation, training, education
formal serious
formar to form, to make
fórmula (*f*) formula
formulario (*m*) form
forraje (*m*) forage, fodder
fortuna (*f*) fortune
foto (*f*) photo
    sacar fotos to take photographs
fotografía (*f*) photography, photograph
fotográfico photographic
    máquina fotográfica camera
fotomatón instant photo booth
fracaso (*m*) failure
francamente honestly, really
francés French
Francia France
franco French. Mainly used in compound words: *franco-español*
franco (*m*) franc
franela (*f*) flannel
frase (*f*) sentence, phrase
frecuencia (*f*) frequency
    ¿Con qué frecuencia? How frequently? How often?

frecuente frequent

freír to fry
    patatas fritas chips

frenar to brake (in a car)

freno (*m*) brake

frente (*m*) front
    en frente de facing
    al frente de, in charge of

fresco fresh, cool
    hacer fresco to be cool (weather)

fresquito (*m*) chilly, cool

frigorífico (*m*) frig., refrigerator

frío cold
    hacer frío to be cold (weather)
    tener frío to be cold (persons)
    estar frío to be cold (things)

frontera (*f*) frontier

frontón (*m*) sport of this name, court where it is played

frugal frugal

fruta (*f*) fruit

frutal (*m*) fruit-tree

frutería (*f*) fruit shop

fuego (*m*) fire
    pedir fuego to ask for a light

fuente (*f*) serving dish; source; fountain

fuera (de) outside

fuerte strong

fuerza (*f*) strength
    fuerzas armadas the armed forces

Fulano (*m*) Mr So-and-So

fumar to smoke

función (*f*) function, play, show (in a theatre)

funcionar to work (machine or apparatus)

funcionario (*m*) official, officer, senior employee

fundador (*m*) founder

Fundador brand of Spanish brandy

fundamental basic

fundamento (*m*) basis, origin, source

fundar to found

furgoneta (*f*) van

furioso furious
    ponerse furioso to become furious

furtivamente furtively

fútbol (*m*) football

futuro (*m*) future

G

gabardina (*f*) raincoat
    tela de gabardina gabardine material

gabinete (*m*) cabinet

gachas (*f*) porridge

gafas (*f*) spectacles

gaita (*f*) bagpipe

Galapagar town in the province of Madrid

Galicia region in the north-west of Spain

gallego (*m*) Galician

gallina (*f*) hen

gallo (*m*) cock

gama (*f*) range

gamba (*f*) prawn

ganadería (*f*) livestock, cattle

ganar to earn

garaje (*m*) garage

garantía (*f*) guarantee

garbanzo (*m*) chick-pea

gas (*m*) gas

gasolina (*f*) petrol

gasolinera (*f*) petrol station

gastar to spend (money)

gastronomía (*f*) gastronomy, art of good eating

gazpacho (*m*) cold soup typical of Andalusia

general general

Generalísimo used in reference to General Franco; no exact English equivalent

generalmente usually

género (*m*) gender; kind, class

geografía (*f*) geography

geográfico geographic(al)

genio (*m*) genius

gente (*f*) people

gerente (*m* and *f*) manager

Gerona town and province in Catalonia

gigante (*m* and *f*) giant

gigantesco gigantic, huge

Gijón town in Asturias

Ginebra (*f*) gin; Geneva

giro (postal) (*m*) money order

gitano (*m*) gipsy

Glasgow Glasgow

globo (*m*) sphere

Gobernación, Ministerio de la ... Ministry of the Interior (Home Office)

gobernador (*m*) governor

gobernar to govern
gobierno (*m*) government
gol (*m*) goal
golf (*m*) golf
goma (*f*) rubber
González Spanish surname
gordo fat
gótico gothic
Goya Spanish painter of the 18th–19th centuries and name of an Underground station in Madrid
grabar to record, to engrave
gracias thank you; thanks
gracioso funny, witty
grado (*m*) degree
gramática (*f*) grammar
gramo (*m*) gramme
gran (shortened form of *grande* used before a singular noun, *m* or *f*) great, large, big
Gran Bretaña Great Britain
Granada province and town in Andalusia
grande big, large, great
grandemente greatly
granjero (*m*) farmer
gratis free
grave serious
El Greco Spanish painter of the 16th century
Gredos Sierra in central Spain
gripe (*f*) flu
gris grey
gritar to shout
grito (*m*) cry, shout
grupo (*m*) group
Guadalajara province and town in Spain, between Madrid and Zaragoza
Guadalquivir river in Andalusia
Guadarrama Sierra near Madrid
Guadiana river in Spain, north of Andalusia
guapísimo very good-looking
guapo good-looking
guardar to keep
    guardar la línea to keep one's figure
guardia (*m*) guard, policeman
guardia (*f*) guard (body of guards)
guasa (*f*) mockery
    en guasa joking, as a joke

Guatemala country of Central America
guateque (*m*) party
Guayana Guiana
guerra (*f*) war
guía (*f*) guide
guinda (*f*) cherry
Guinea Guinea
guión (*m*) plan, hyphen
Guipúzcoa province in the Basque country (with capital in San Sebastián)
guisar to cook
gustar to please
    como Vd. guste as you like
    me gusta I like
gusto (*m*) pleasure
    Mucho gusto How do you do?
    con mucho gusto with great pleasure
    dar gusto to please, to gratify
    a gusto happy, comfortable, at home

H

haber there to be
    hay there is, there are
    hay que one must
    no hay de que not at all (as reply to 'thank you')
    puede haber there may be
    debe haber there must be
haber to have (auxiliary verb)
habitación (*f*) room
habitante (*m* or *f*) inhabitant
habla (*f*) language, speech
    de habla española Spanish speaking
hablar to speak
hacer to do, to make
    haga el favor please
    hace falta it is necessary
    hacer puente not to work on a day between two holidays
    hace mucho a long time ago
    hace frío it's cold
    hace calor it's hot
    hace viento it's windy
    hace sol it's sunny
hacerse to become
hacia towards
hacienda (*f*) finance
Ministerio de Hacienda Treasury

Ministro de Hacienda Chancellor of the Exchequer

¡Hale! exclamation: in most cases to be translated by 'Come on!'

hall (*m*) hall

hallarse to be situated, to be

hambre (*f*) hunger

    tener hambre to be hungry

hasta till, until

    hasta luego see you later

    hasta que . . . until

hay there is, there are

    hay que . . . one has to, you have to

hectárea (*f*) hectare (10,000 square metres)

helado (*m*) ice cream

helar to freeze

helicóptero (*m*) helicopter

hermano (*m*) brother

hermoso beautiful

herramienta (*f*) tool

Herreros Spanish surname

hielo (*m*) ice

hierba (*f*) grass

hierro (*m*) iron

hígado liver

hija (*f*) daughter

hijo (*m*) son

    hijos sons; children

hilo (*m*) linen (cloth), thread

Himno Nacional (*m*) National Anthem

Hispano Spanish. Mainly used in compound words: *hispano-marroquí*

Hispano-América Latin America

historia (*f*) history, story

histórico historical

hogar (*m*) home

hoja (*f*) sheet, form

    hoja de solicitud application form

¡Hola! Hello

holandés Dutch

hombre (*m*) man

    hombre de negocios businessman

    ¡Hombre! Spanish exclamation of surprise, roughly means: Good Heavens!

Honduras (Británica) British Honduras

honor (*m*) honour

honra (*f*) honour

    y a mucha honra and you can be proud of it

honrar to honour

hora (*f*) hour, time

horario (*m*) timetable

horizontal horizontal

horizonte (*m*) horizon

hortaliza (*f*) greens

hórreo (*m*) barn to keep hay in north Spain, granary

horror (*m*) horror

    ¡Qué horror! How awful!

horrible horrible

hospedarse to stay, to put up, to lodge

hospital (*m*) hospital

hotel (*m*) hotel; house

hoy today

    hoy en día nowadays

huelga (*f*) strike

Huelva town and province in Andalusia

huesped (*m* and *f*) guest

    casa de huéspedes boarding house

huevo (*m*) egg

hule (*m*) oil-cloth

humano human

humedad (*f*) humidity, dampness

húmedo humid, damp, wet

humor (*m*) humour, temper

Hungría Hungary

I

Ibérico Iberian

    Cordillera Ibérica range of mountains in Aragón

ida (*f*) departure

    billete de ida single ticket

    billete de ida y vuelta return ticket

idea (*f*) idea

ideal ideal

ideología (*f*) ideology

ideológico ideological

idioma (*m*) language

idiomático idiomatic

iglesia (*f*) church

igual same, equal

igualdad (*f*) equality

igualmente the same to you

ilustración (*f*) illustration

ilustrado illustrated

imaginación (*f*) imagination

imaginar to imagine
imbécil silly, stupid
imitar to imitate
incluso even
impaciencia (f) impatience
impar (m) odd (number)
imperativo (m) imperative
imperfecto imperfect
impersonal impersonal
implacable implacable
importación (f) imports
importador importer
importancia (f) importance
    no tiene importancia it is not important
importante important
importar to matter; to import
    no importa it does not matter
imposible impossible
imprescindible essential
impresión (f) impression, opinion; printing, edition, issue
impreso (m) form, printed paper
impuesto (m) tax
    impuesto municipal rates
inaugurar to inaugurate
incentivo (m) incentive
incidente (m) incident
incluir to include
iniciativa (f) initiative
incómodo uncomfortable
incomparable incomparable
incorporación (f) incorporation
incrementar to increase
incremento (m) increase
indefinido indefinite
indemnización (f) indemnification, compensation, indemnity
independencia (f) independence
independiente independent
independientemente independently
India, la India
indicación (f) remark
indicar to indicate, to suggest, to show
indicativo indicative
indígena (m and f) native
indigestión (f) indigestion
Indio Indian

indirectamente indirectly
indirecto indirect
indispensable essential
individual single
individuo (m) person
industria (f) industry
industrial (m and f) industrialist
industrializado industrialized
industrializar to industrialize
inestabilidad (f) instability
infección (f) infection
inferior a under, less than
inflación (f) inflation
información (f) information, information desk
    '**Informaciones**' a Madrid newspaper
informar to inform
informarse to receive information, to obtain information, to find out
informe (m) report
ingeniero (m) engineer
Inglaterra England
inglés English, Englishman
ingresar to pay in, to enter
ingresos (m) income
inicial (f) initial
iniciar to start
iniciativa (f) initiative
inmediatamente immediately
inmediato immediate
innecesario unnecessary
inorgánico inorganic, extraneous, not arising by natural growth
insistir to insist
inspección (f) inspection
instalación (f) installation
instalar to set up, to install, to furnish
institución (f) institution
instituto (m) institute
instrucción (m) instruction
integración (f) integration
integrar to integrate, to form
inteligencia (f) intelligence
inteligente clever, intelligent
inteligentísimo very intelligent
intentar to try
intercambio (m) interchange, exchange
interés (m) interest

interesante interesting
interesantísimo very interesting
interesar to interest
interesarse to be interested
interior interior, inside (adj.), inland
intermedio intermediate
internacional international
interpretación (f) interpretation, interpreting
interpretar to interpret
interrumpir to stop
intervenir to take part
introducir to introduce
inútil useless
invadir to invade
inventar to invent
inversión (f) investment
invertir to invest
investigador (m) research worker
invierno (m) winter
invitación (f) invitation
invitado (m) guest
invitar to invite
inyección (f) injection
    ponerse una inyección to have an injection
ir to go
    ir a pie to walk
    ir marcha atrás to reverse
    ¡Qué va! Not at all!
Irak Iraq
irse to go away, to leave
Irún town on the western part of the frontier between France and Spain
irregular irregular
Isabel Elizabeth
Isidro, San Saint, Patron of Madrid
isla (f) island
Italia Italy
italiano (m) Italian
itinerario (m) itinerary
izar to hoist
izquierdo left
    a la izquierda on the left, to the left

J
jabón (m) soap
Jaén town and province in Andalusia

Jaime James
jaleo (m) row, commotion
jamón (m) ham
    jamón serrano smoked ham
jaqueca (f) headache, migraine
jardín (m) garden
jarra jug, jar
jefatura (f) position of a 'jefe', chief
jefe (m) chief, boss
jerarquía (f) hierarchy
Jerez Jerez
    vino de Jerez sherry
jersey (m) pullover
Jesuita (m) Jesuit
Jesús Jesus Christ
    ¡Jesús! Goodness! Bless you (after a sneeze)
Jorge George
jornada (f) day, day's work
José Joseph; fem. **Josefina, Josefa**
José Antonio Founder of the Falange, the Spanish Political Party. In every town in Spain there is an avenue with his name
Josefa a girl's name, feminine form of *José*
joven young
joven (m or f) young person
joya (f) jewel
Juan John; fem. **Juana, Juanita**
Júcar river in the province of Cuenca
judía (f) bean
    judías blancas white (haricot) beans
    judías pintas brown beans
    judías verdes green beans
juego (m) game, play
    hacer juego to match
jueves (m) Thursday
juez (m and f) judge
jugar to play (games)
jugador (m) player
julio July
junio June
junta (f) meeting; board; junta
junto together
juntos together
jurar to swear
jurídico legal
justicia (f) justice

juvenil young, juvenile
juventud (*f*) youth

K

kilo (*m*) kilogramme
kilómetro (*m*) km., kilometre
kilowatio (*m*) kilowatt

L

la the (*f sing.*); the one
la it, her
labor (*f*) labour, task, work
laboral relating to work
   día laboral weekday
lacón (*m*) salted smoked pork
ladera (*f*) slope
lado (*m*) side
   al lado near by
   por otro lado on the other hand
ladrillo (*m*) brick
lago (*m*) lake
lámpara (*f*) lamp
lana (*f*) wool
lanzar to throw
   lanzar un grito to give a shout
lápiz (*m*) pencil
largo long
   a lo largo (de) along
las the, the ones, them (*f pl*)
lástima (*f*) pity
   ¡Qué lástima! What a pity!
latifundio (*m*) latifundium, large estate
lavabo (*m*) wash-stand, hand-basin, toilet
lavadora (*f*) washing-machine
lavar(se) to wash (oneself)
lazo (*m*) tie, bond
le you, him (dir. obj.), to you, to him, to her
   (indir. obj.)
lectura (*f*) reading
leche (*f*) milk
lechero (*m*) milkman
lechuga (*f*) lettuce
leer to read
Legazpi district of Madrid
legislación (*f*) legislation
legumbre (*f*) vegetable
lejos far
   a lo lejos in the distance

lema (*m*) slogan, motto
lengua (*f*) tongue, language
lento slow
León region, province, and town in Spain
Lérida town and province in Catalonia
les them, to them, you, to you
letra (*f*) letter; handwriting
   Filosofía y Letras Arts course
levantar to raise, lift
levantarse to get up; to rise
Levante eastern part of Spain with Valencia
   as the centre
ley (*f*) law
liar to bind, to roll (of cigarettes)
liberal liberal
libra (*f*) pound (£ or lb.)
libre free
libro (*m*) book
licor (*m*) liqueur
líder (*m*) leader
Liga (*f*) Union, League
ligero light
limitación (*f*) limit, limitation
limitar to limit
   sociedad limitada limited company
límite (*m*) limit
limón (*m*) lemon
limpiar to clean
limpieza (*f*) cleanness, cleaning
   mujer de limpieza cleaner
limpio clean
línea (*f*) line
   guardar la línea to keep one's figure
lingüista (*m* and *f*) linguist
linóleo (*m*) linoleum
líquido (*m*) liquid
Lisboa Lisbon
liso plain, smooth
listo ready; clever
litro (*m*) litre
lo it
   lo siento I am sorry
   lo/la/el mismo(a) the same
   lo/la/el mismo(a) que the same as
   lo que what
lo it, him
local local
local (*m*) premises

localización (f) siting; location
loco mad
lógica (f) logic
lógicamente of course, naturally, logically
lograr to get, obtain; to succeed in
Logroño province and town in the north of Spain
lomo (m) loin (meat)
Londinense Londoner
Londres London
López Spanish surname
los the (m pl.); the ones, them
lotería (f) lottery
    tocarle la lotería to win the lottery
lubrificación (f) lubrication
Lucía Lucy
lucha (f) fight
luchar to fight
luego then, later
    hasta luego see you later
    desde luego of course
lugar (m) place
    en lugar de instead of
    en primer lugar in the first place
lugarteniente (m) deputy, lieutenant
Lugo province and town in Galicia
Luisa Louise
lujo (m) luxury
lujoso luxurious
lumbre (f) wood-fire
    ¿Tiene lumbre? Have you got a light
luna (f) moon
lunes (m) Monday
luz (f) light; electricity

LL

llama (f) flame
llamada (telefónica) telephone call
llamar to call
    llamar por teléfono to ring
llamarse to be called
llano flat, even; plain
llanura (f) plain
llave (f) key
llegada (f) arrival
llegar to arrive

llevar to carry, to take, bring
    llevar a cabo to fulfil, complete
    llevar tiempo haciendo algo to have been doing something for a certain time
llevarse to take away
Llobregat river in Barcelona
llorar to cry
llover to rain
lluvia (f) rain

M

madera (f) wood
madre (f) mother
Madrid Madrid; name of a newspaper
madrileño of Madrid, inhabitant of Madrid
madrugada early hours of the morning
madrugar to get up early
maestro (m) primary school teacher
magnetofón (o), (m) tape-recorder
magnífico wonderful
Majestad, Su His, Her, Your Majesty
mal bad, badly
Málaga town and province in Andalusia
maleta (f) suitcase
    hacer las maletas to pack
malísimo very bad
malo bad, ill
    ponerse malo to fall or become ill
Mamá (f) Mummy
Mami (f) Mummy
Mancha, La region between Madrid and Andalusia, comprising part of the provinces of Toledo, Ciudad Real, Cuenca and Albacete. Scene of the adventures of Don Quixote.
manchar to get dirty, to spot, to soil
manchego person or thing from La Mancha
mandar to send, to order, to command
mandato (m) command
manera (f) way
    de ninguna manera by no means
manga (f) sleeve
manía (f) mania, whim, extraordinary habit, obsession
manifestante (m or f) demonstrator
manifestar to declare

mano (*f*) hand
   a mano derecha on the right
   a mano izquierda on the left
mantener to maintain
mantenimiento (*m*) maintenance
mantequilla (*f*) butter
manual manual
Manuel Emmanuel
manufacturado manufactured
manzana (*f*) apple
   manzana de pisos block of flats
mañana (*f*) morning, tomorrow
   por la mañana in the morning
   pasado mañana the day after to-
     morrow
mapa (*m*) map
máquina (*f*) machine
   máquina de escribir typewriter
   máquina fotográfica camera
   máquina de afeitar razor
maquinaria (*f*) machinery
mar (*m*) sea
maravilla (*f*) wonder
maravilla, de excellently, marvellously
maravilloso wonderful
marca (*f*) make, brand; name of a Spanish
   sports newspaper
marcar to dial, to score
marcha (*f*) progress (in a firm)
   ir marcha atrás to reverse
   depende de la marcha del negocio it
     depends on how the business goes
marcharse to leave, to go away
mareo (*m*) sea-sickness, giddiness
marearse to be sick, to get giddy, *or* con-
   fused
marido (*m*) husband
marina (*f*) navy
marisco (*m*) shellfish
marítimo maritime, sea (adj.)
marrón brown
marroquí Moroccan
martes (*m*) Tuesday
marzo March
más, more, most
masa (*f*) mass
masculino (*m*) masculine
matar to kill

material (*m*) material; equipment
matrícula (*f*) registration mark (on a car)
matrimonial matrimonial, married (adj.)
matrimonio (*m*) married couple, marriage
máximo maximum, top
mayo (*m*) May
mayonesa (*f*) mayonnaise
mayor bigger, grown up
   Calle Mayor High Street
mayoría most part, majority
me reflexive pronoun 1st person singular,
   myself
me me, to me
mecánico (*m*) mechanic
mecanización (*f*) mechanization
mecanógrafa (*f*) typist
mecanografía (*f*) typing
mediano medium
mediante by means of, thanks to
medicina (*f*) medicine
médico (*m*) doctor
médico medical
medida (*f*) measure
   a medida que as
medio half, medium, average, middle
medio (*m*) means, way, middle
   por medio de by means of
mediodía (*m*) midday
mediterráneo Mediterranean
Méjico (also México) Mexico
mejor better
   el/lo/la mejor the best
   a lo mejor perhaps
mejora (*f*) improvement
mejorar(se) to improve
melocotón (*m*) peach
melón (*m*) melon
membrillo (*m*) quince
memoria (*f*) memory; annual report
mencionar to mention
menos less, to (speaking about times), except
   por lo menos at least
   al menos at least
   echar de menos to miss
mensual monthly
mensualidad a month's pay
menú (*m*) menu

menudillo (*m*) giblets of fowls
a menudo frequently
mercado (*m*) market
mercancía (*f*) goods, object
mercurio (*m*) mercury
merecer to deserve
merendar to eat something between lunch and dinner
merienda (*f*) picnic; small meal, generally a sandwich, eaten between lunch and dinner, at about 6–7 p.m.
mérito (*m*) merit
merluza (*f*) hake
mermelada (*f*) jam
mero (*m*) pollack (a fish)
mes (*m*) month
mesa (*f*) table
meseta (*f*) plateau
mesilla (*f*) bedside table
metal (*m*) metal
metálico, en in cash
meter(se) to put, to put into, to get into
método (*m*) method
Metro (*m*) Metro, Underground
México (*also* **Méjico**) Mexico
mezclar to mix
mezquita (*f*) mosque
mí, a mí me
mi my
miedo (*m*) fear
    tener miedo to be frightened
    pasarlo de miedo to have an extremely good time (*colloq.*)
miel (*f*) honey
miembro (*m* and *f*) member
mientras while
mientras tanto in the meantime
miércoles (*m*) Wednesday
mil thousand
Milán Milan
militar (*m* and *f*) soldier, (adj.) military
milla (*f*) mile
millón (*m*) million
millionario millionaire
mina (*f*) mine
mineral (*m*) mineral; ore
minería (*f*) mining

minifundio (*m*) smallholding
mínimo (*m*) minimum
ministerial ministerial
Ministerio (*m*) Ministry
Ministro (*m*) Minister
minoría (*f*) minority
minuta (*f*) menu
minuto (*m*) minute
Miño river in Galicia
mío mine (possessive)
mirar to look at; to face, look on to, to watch
misa (*f*) mass
misión (*f*) mission
mismo/a/os/as self, selves
mismo (intensifier) just, right
    e.g. **allí mismo** right there
mismo same
    lo/la/el mismo(a) the same
    lo/la/el mismo(a) que the same as
mixto mixed
mochila (*f*) knapsack, rucksack
moda (*f*) fashion; pop (music)
modales (*m*) manners, social behaviour
modelo (*m*) model
moderno modern
modesto modest
modista (*f*) dressmaker
modo (*m*) mood, way, manner
    modo de ver point of view
    de modo que so that
molestar to bother, to annoy
molestarse to bother (oneself), to trouble
molestia (*f*) trouble, bother
molido ground (*p.p.* of *moler*, to grind)
molino (*m*) mill
momento (*m*) moment
    de momento for the moment
monarquía (*f*) monarchy
monárquico monarchic
monasterio (*m*) monastery
moneda (*f*) currency; coin
montaña (*f*) mountain
montañoso mountainous
montar to set up, to install; to ride
monte (*m*) mountain, mount
Montjuich park in Barcelona

montón (*m*) heap
    a montones in great numbers
    hay a montones there are heaps of them
monumento (*m*) monument
Morena, Sierra range of mountains in Andalusia
moreno dark, brown
    ponerse moreno to get brown
morir(se) to die
mosaico (*m*) mosaic
mosca (*f*) fly
mostrador (*m*) desk; counter
mostrar to show
motel (*m*) motel
moto(cicleta) (*f*) motor-cycle
motor (*m*) engine
movilidad (*f*) mobility
movimiento (*m*) movement
Movimiento Nacional political ideas and bodies forming the basis of the Franco régime
mozo (*m*) young man, porter
    buen mozo tall and good-looking fellow
muchacho (*m*) boy, young man
muchacha (*f*) girl, servant, maid
muchísimo a lot, very much
mucho much, a lot
    hace mucho a long time ago
mueble (*m*) a piece of furniture
    muebles (*m*) furniture
muerto dead, (*m*) victim, dead man
muestra (*f*) sample
mujer (*f*) woman, wife
Mulhacén the highest mountain in Spain, in the Sierra Nevada
multa (*f*) fine
mundial world (adj.)
mundo (*m*) world
    todo el mundo everybody
municipal local
municipio (*m*) borough
Munich town of this name in Germany
Murcia town and province in the Spanish Levant
músculo (*m*) muscle
museo (*m*) museum

música (*f*) music
musical musical
mutualidad (*f*) mutuality: insurance company (in which some or all of the profits are divided among the policy-holders)
muy very

N

nacer to be born
nación (*f*) nation
nacional national, domestic, home (adj.)
nacionalidad (*f*) nationality
nacionalista nationalist
nada nothing
nadar to swim
nadie nobody, no one
naranja (*f*) orange
nata (*f*) cream
natural natural
naturalmente of course
naval naval
Navarra Spanish province situated near the Pyrenees
Navarro referring to Navarra
Navas del Marqués, Las small town in the province of Madrid
navegación (*f*) navigation
Navidad(es) Christmas
necesario necessary
necesidad (*f*) need
necesitar to need
negativo negative
negocio (*m*) business
    hombre de negocios businessman
negro black
nena (*f*) little girl
nervioso nervous, strung-up, nervy
neutro neuter
Nevada, Sierra range of mountains in the 'Cordillera Penibética' of Andalusia
nevar to snow
ni neither, nor, not even
    ni hablar not at all, certainly not
Nicaragua country in Central America
nieve (*f*) snow

ningún, ninguno no (adj.), none (pron.)

niño (*m*) boy

    niños children

nivel (*m*) level, standard

no no; not

    ¿no? tag question equivalent to 'isn't it?, wasn't it?' etc. in English

noche (*f*) night, evening

    de noche, por la noche in the evening, at night

nombramiento (*m*) nomination, appointment

nombrar to nominate, to appoint

nombre (*m*) name; noun

normal usual, normal

normalmente usually

noroeste (*m*) north-west

norte (*m*) north

Norteamérica U.S.A.

nos reflexive pronoun 1st person plural, ourselves

nos us, to us

nosotros we, us

nota (*f*) note, bill

notable remarkable, considerable

notar(se) to realize, to appear

notario (*m*) notary

noticia(s) (*f*) news

noticiario (*m*) news bulletin

novedad (*f*) novelty

novela (*f*) novel

noveno ninth

noventa ninety

noviazgo (*m*) engagement

noviembre November

novio (*m*) boy-friend, fiancé, bridegroom

    novios engaged couple

nube (*f*) cloud

nuclear nuclear

nuestro our, ours

nueve nine

nuevo new

numeral numeral, number

número (*m*) number

numeroso numerous

    familia numerosa large family

nunca never, not . . . ever

nylon (*m*) nylon

o

o or

obediencia (*f*) obedience, allegiance

objetivo (*m*) objective

objeto (*m*) object

obligatorio compulsory

obra (*f*) building work, a work

obsequio (*m*) present, gift

obrero (*m*) worker

observación (*f*) remark, observation

observar to observe, to obey

obstruir to obstruct, to block up

obtener to obtain

ocasión (*f*) occasion

occidental western

octavo eighth

octubre October

ocupación (*f*) occupation

ocupar to occupy

    la línea está ocupada the line (of the telephone) is engaged

    Mr Short está ocupado Mr Short is busy

ocuparse to occupy oneself

ocurrir to happen

ocurrirse to occur (thought)

ochenta eighty

ocho eight

Ochoa Spanish surname

oeste (*m*) west

ofensiva (*f*) offensive

oficial (*m*) officer; official

oficina (*f*) office

ofrecer offer

oído (*m*) ear

    de oído by ear

oír to hear, to listen

ojo (*m*) eye

    ¡Ojo! Be careful!

ola (*f*) wave

oliva (*f*) olive

olor (*m*) smell

oloroso (*m*) medium-sweet type of sherry

olvidar to forget

olla (*f*) pot

    olla a presión pressure cooker

once eleven

O.N.U., Organización de las Naciones Unidas U.N.O.

ópera (*f*) opera
operación (*f*) operation
operar to operate (on)
operario (*m*) operator, workman
opinar to think
opinión (*f*) opinion
oporto port (wine)
oportunidad (*f*) opportunity, chance
oportuno necessary, timely
óptico (*m*) optician
optimismo (*m*) optimism
oración (*f*) sentence; prayer
orden (*f*) order (command)
    dar una orden to give a command,
orden (*m*) order (arrangement)
    el orden público public order
    en buen orden in good order
ordenadora, máquina computer
ordenanza (*m* and *f*) commissionaire
ordeñar to milk
ordinal (*m*) ordinal, number
ordinario ordinary; vulgar
oreja (*f*) ear
Orense province and town in Galicia
orgánico organic, inherent, constitutional,
    systematic, organized
organismo (*m*) organism, entity, organiza-
    tion, body, association
organización (*f*) organization
organizador (*m*) organizer
organizar to organize
órgano (*m*) organ
orgulloso proud
orientación (*f*) orientation, bearings
orientar to show the way, orientate, direct
Oriente (*m*) Orient, East
    Extremo Oriente Far East
origen (*m*) origin
original original
oro (*m*) gold
orquesta (*f*) orchestra
os reflexive pronoun, 2nd person plural,
    yourselves. Personal pronoun object
    2nd person plural, you
oscuro dark
oso (*m*) bear
Otelo Othello
otoño (*m*) autumn

otro other
oveja (*f*) sheep
Oviedo capital of Asturias
ovino relating to sheep (adj.)

P

Pablo Paul; *fem.* **Paula**
paciente (*m* and *f*) patient
Pacífico Pacific
padre (*m*) father
padres (*m*) parents
paella (*f*) rice dish typical of Valencia
paga (*f*) payment
pagar to pay
página (*f*) page
pago (*m*) payment
país (*m*) country
paisaje (*m*) countryside
paisana, tortilla a la omelette with
    potatoes, peas, red pepper and onion
paja (*f*) straw
pájaro (*m*) bird
palabra (*f*) word
palacio (*m*) palace
paladar (*m*) palate
Palencia town and province in north of
    Spain
palma (*f*) palm
Pamplona capital of the province of Navarra
pan (*m*) bread
pantalón (*m*) pair of trousers
Panamá Panama
pantalones (*m*) trousers
pantalla (*f*) screen
pantano (*m*) dam
paño (*m*) material, cloth
papá (*m*) dad
papel (*m*) paper
papelería (*f*) stationery; stationery shop
paquete (*m*) parcel, packet
par (*m*) pair
par (adj.) even (number)
para for, towards, in order to, by
    para que in order that, so that
parabrisas (*m*) windscreen
parachoques (*m*) bumper
parada (*f*) stop
paradisíaco heavenly

Paraguay country of this name in South America

paraíso (*m*) paradise

parar(se) to stop

parcela (*f*) plot of land

parcial partial

pardo grey, dull-coloured

parecer(se) to seem, to look like

   si le parece (bien) if it is all right for you, if you like

   me parece que sí I think so

parecido similar

pared (*f*) wall

pareja (*f*) couple

Parlamento (*m*) Parliament

paro (*m*) unemployment

parque (*m*) park

parquet (*m*) parquet

párrafo (*m*) paragraph

parte (*f*) part

   ¿De parte de quién? Who is speaking? (telephone). What name shall I say? (to a visitor or caller)

participación (*f*) participation

participar to participate

particular private, special

partida (*f*) departure

partido (*m*) match; party

partir to cut; to depart

   a partir de from...; as from...

pasado past, last

pasajero (*m*) passenger

pasaporte (*m*) passport

pasar to go in, to come in, to pass, to spend (time), to happen

   Que lo pase bien Have a good time

   ¿Qué le pasa? What's the matter with you?

   ¡Que pase! Tell him to come in

Pascuas Easter

   Felices Pascuas Happy Easter

paseo (*m*) walk

   dar un paseo to go for a walk

paso (*m*) passage, entrance

   paso de peatones pedestrian crossing

   de paso by the way, on the way to, at the same time, without stopping or taking special trouble

pastas (*f*) biscuits

pastel (*m*) cake

pastilla (*f*) pill, tablet, pastille

pabellón (*m*) pavilion, stand

patata (*f*) potato

   patatas fritas, chips, crisps

patria (*f*) home country

patriótico patriotic

patrón (*m*) patron

   Santo Patrón Patron Saint

patrono (*m*) employer

paz (*f*) peace

peatón (*m*) pedestrian

pecado (*m*) sin

Pedagogía (*f*) Teacher Training, Education (as a subject)

pedido (*m*) order

pedir to ask for, to order

Pedrito diminutive of *Pedro* (Peter)

Pedro Peter; *fem.* **Petra**

película (*f*) film

peligro (*m*) danger

peligroso dangerous

pelo (*m*) hair

pelota (*f*) ball. Basque sport of this name (compare *frontón*)

pelotari (*m* or *f*) pelota player

peluquería (*f*) hairdresser

pena (*f*) sadness

   ¡Qué pena! What a pity!

   no vale la pena it is not worth..., it is not worth while

pendiente not done yet (work), pending

penetrar to enter

Penibética, Cordillera range of mountains in Andalusia

penicilina (*f*) penicillin

península (*f*) peninsula

penique (*m*) penny

pensar to think, to intend

pensión (*f*) boarding house

   pensión completa full board

Pepe (=**José**) Joe

pepino (*m*) cucumber

pequeño small, young

pera (*f*) pear

perder to lose, to waste

   perder tiempo to waste time

perdido lost
perdiz (*f*) partridge
perdón I am sorry, I apologize
perdonar to excuse
peregrinación (*f*) pilgrimage
Pérez Spanish surname
perezoso lazy
perfectamente perfectly
perfecto perfect
perfume (*m*) perfume
perfumería (*f*) perfumery; chemist shop
    where make-up, perfume, etc., are
    sold, but not medicines
periódicamente from time to time
periódico (*m*) newspaper
periodista (*m* or *f*) reporter
período (*m*) period
permanecer to stay
permanente permanent
permanentemente permanently
permiso (*m*) permission; permit; licence
    permiso de conducir driving licence
permitir to allow
pero but
    pero que really
perpetuo everlasting
perseguir to pursue
persiana (*f*) blind
persona (*f*) person
personal (*m*) staff
personal personal
personalmente personally
perspectiva (*f*) perspective
pertenecer to belong
Perú, El Peru
perro (*m*) dog
pesado heavy; boring
pésame, dar el to express condolence for a
    bereavement
pesar to weigh
pesar (*m*) grief, sorrow
pesca (*f*) fishing
pescado (*m*) fish (food)
pescador (*m*) fisherman
pescar to fish
peseta (*f*) peseta
pésimo the worst, very bad
petición (*f*) request

petróleo (*m*) crude oil
peso (*m*) weight; unit of currency
    peso pesado heavyweight
petrolífero oil (adj.), oil-bearing
pez (*m*) fish (not as food)
pianista (*m*) pianist
picante hot (i.e. spiced, of food)
pico (*m*) peak, beak
    ... y pico, ... and a bit
pie (*m*) foot
    ir a pie to walk
    estar de pie to stand
piel (*f*) leather, skin
pierna (*f*) leg
pieza (*f*) piece
pila (*f*) sink
Pilar Spanish female name
Pili diminutive of *Pilar*
piloto (*m*) pilot
pimiento (*m*) pepper (vegetable)
pimienta (*f*) pepper (condiment)
pinchazo (*m*) puncture
pino (*m*) pine-tree
pintar to paint
pinto coloured
    judías pintas brown haricot beans
pintor (*m*) painter
pintura (*f*) painting
pipa (*f*) pipe
    fumar en pipa to smoke a pipe
Pirineos Pyrenees
piscina (*f*) swimming pool
pisito (*m*) small flat
piso (*m*) flat, floor, storey
placer (*m*) pleasure
plan (*m*) plan (of action)
planear to plan
plano (*m*) plan (of place)
plantar to plant
plástico (*m*) plastic
plata (*f*) silver
plátano (*m*) banana
plato (*m*) dish, course in a meal
plato, huevos al eggs fried slowly, in oil
    or butter, in a small, shallow dish
playa (*f*) beach
plaza (*f*) square, seat
    plaza de toros bullring

plazo period of time

    plazo de, en al within (space of time)

    plazo (*m*) instalment

    plazos, a by instalments

    plazos, compra a hire purchase

pleno full, middle

pluma (*f*) feather

población (*f*) population; town

pobre poor

poco little, short time

    poco a poco little by little

    dentro de poco (tiempo) shortly

poder to be able, to be possible

poder (*m*) power

    estar en el poder de to be held by

policía (*f*) police, policeman

polígono (*m*) polygon

política (*f*) politics, policy

político political

político (*m* and *f*) politician

polo (*m*) pole; zone, area

Polonia (*f*) Poland

polvo (*m*) dust

pollo (*m*) chicken

poner to put, to put on, to stick (stamps)

    poner la mesa to lay the table

    poner la radio, TV to put on the radio, TV

    ponerse furioso to become furious

    ponerse de acuerdo to arrive at an agreement, to agree

    ponerse (ropa) to put on (clothes)

    ponerse el sol to set (of the sun)

    ponerse to become

    ponerse a hacer to start doing

Pontevedra province and town in Galicia

popular popular

poquito little bit

por for, by, through, in, per

    por favor please

    por la mañana in the morning

    por la tarde in the afternoon or evening

    por la noche in the evening, at night

porcentaje (*m*) percentage

porque because

¿por qué? why?

portavoz (*m*) spokesman

portero/a (*m* and *f*) concierge

Portugal Portugal

Portugués (*m*) Portuguese

poseer to own; to have, to possess

posesión (*f*) possession; property; owner-ship

posibilidad (*f*) possibility

posible possible

    si es posible, a ser posible if possible

posición (*f*) position

postal (*f*) post-card; postal

postre (*m*) dessert

potencia (*f*) power (mechanical), a powerful country

pozo (*m*) well

prácticamente practically; in practice

practicar to practise

práctico practical, useful

prado (*m*) meadow, field

precio (*m*) price

precioso beautiful; valuable

precisar to need

predicar to preach

preferencia (*f*) preference

preferir to prefer

pregunta (*f*) question

    hacer preguntas to ask questions

preguntar to ask

prelado (*m*) prelate

premio (*m*) prize

prensa (*f*) press

preocuparse to worry

    ¡No se preocupe! Don't worry

preparar to prepare

presa (*f*) captive, seizure; booty; weir, dam, reservoir

presenciar to witness

presentación (*m*) presentation, introduc-tion

presentador (*m*) announcer

presentar to present, to introduce

presente (*m*) present

presidencia (*f*) presidency, position of president or chairman

presidente (*m* or *f*) president, chairman

presión (*f*) pressure

préstamo (*m*) loan

prestar to lend

pretender to intend, endeavour, aspire, try, claim
pretexto (*m*) pretext
prever to foresee
primavera (*f*) spring
primer first. Shortened form of *primero* used before single masculine noun
    en primer lugar in the first place
primero first
    a primera hora (de la mañana, tarde, etc.) early (in the morning, afternoon, etc.)
principal main
principalmente mainly
príncipe (*m*) prince
principio (*m*) beginning, principle
    en principio in principle
prisa (*f*) hurry
    de prisa quickly, fast
    tener prisa to be in a hurry
    darse prisa to hurry up
prisionero (*m*) prisoner
privado private
probable probable
probablemente probably
probar(se) to try, to test
problema (*m*) problem
Procurador en Cortes (*m*) M.P.
procurar to try
producción (*f*) production
producir to produce
productivo productive
producto (*m*) product
profesión (*f*) profession, job
profesional professional, work (adj.)
profesor (*m*) teacher
profundo deep
programa (*m*) programme
progresivo progressive
prohibir to forbid
prolongación (*f*) continuation
promedio (*m*) average
    por promedio on average
prometer to promise
prometerse to become engaged
prometido fiancé
promoción (*f*) promotion, welfare
promover to promote

promulgar to promulgate
pronto early, soon
    de pronto suddenly
pronunciación (*f*) pronunciation
pronunciar to pronounce
propietario (*m*) owner, proprietor
propina (*f*) tip
propio own
proponer to propose
proporcionar to give, provide, supply
proposición (*f*) proposition
propósito (*m*) purpose
    a propósito on purpose, by the way
prosperidad (*f*) prosperity
protagonista (*m* and *f*) protagonist, character, hero, heroine
protegerse to protect oneself
protestar to complain
proverbio (*m*) proverb
provincia (*f*) province
provincial provincial
próximo next
    hasta la próxima until we meet again
proyecto (*m*) plan
prueba (*f*) test
pts. or ptas. abbreviation of *pesetas*
publicar to publish
publicidad (*f*) publicity
público (*m*) public
pueblo (*m*) village; a people; name of a Madrid newspaper
puente (*m*) bridge
    hacer puente not to work on a day between two holidays (i.e. to join two free days with another)
puerta (*f*) door
puerto (*m*) port; mountain pass
Puerto Rico Puerto Rico
pues well, then (often untranslatable)
puesta del sol (*f*) sunset
puesto (*m*) job, position
pulso (*m*) pulse
punta (*f*) end, point; cape, headland
punto (*m*) point, dot
    en punto on the dot, sharp
    punto de vista point of view
    punto de destino destination
    punto de partida starting point

puntual punctual
puntualidad (*f*) punctuality
puño (*m*) cuff; fist
pureza (*f*) purity
puro (*m*) cigar
   café puro black coffee
puro pure

Q

qué what, who, whom, which; how!, than, as
   ¿Qué tal? How are you? What about..?
   How's . . .?
   ¡Qué va! exclamation meaning 'Certainly not!'
   ¿Qué se le va a hacer? What can one do? (implying resignation)
que that, to
   tener que to have to
   lo que what
   es que the reason is that
   pero que really
quedar to agree on, to remain
quedarse to stay, to remain, to take, to become, to be
quejarse to complain
quemar to burn, to burn out
querer to want, to wish
queso (*m*) cheese
Quevedo Spanish writer of the Golden Century. Square and Underground Station of this name in Madrid
quien who, whom
   ¿A quién? to whom?
quieto quiet
Quijote Quixote
químico chemical
quince fifteen
quincena (*f*) fortnight
quinielas (*f*) football pools
quinientos five hundred
quinto fifth
quiosco (*m*) kiosk
quitando except
quitanieves, máquina snow plough
quitar to take away, remove
quitarse to take off (clothes)
quizá(s) perhaps

R

ración (*f*) ration; portion
radiador (*m*) radiator
radial radial
radical radical
radio (*f*) radio
rama (*f*) branch
ramo (*m*) bunch
ranglan raglan
rápido fast; Spanish train
raro strange
rascacielos (*m*) skyscraper
rasgo (*m*) feature, characteristic
   rasgos generales, en generally speaking, roughly speaking
rato (*m*) moment, while
raya (*f*) stripe
razón (*f*) reason
   tener razón to be right
real royal, real
realidad (*f*) reality
realizar to carry out, perform
realmente really
reaparecer to appear again
rebaño (*m*) flock
rebasar to surpass, exceed
rebozar to fry in a batter
recado (*m*) message; errand
recargo (*m*) overcharge
recepción (*f*) reception hall
recepcionista (*m* and *f*) reception clerk
receptor (*m*) TV or radio set
receta prescription
recetar to prescribe
recibir to receive
recibo (*m*) receipt
recién just, lately
reciente recent
recinto (*m*) precinct, area
reclamar to claim
recobrar to recover
recoger to collect, to gather
recolección (*f*) harvest
recomendar to recommend
reconocer to recognize
reconstruir to rebuild
récord record
recordar to remember, to remind

recorrer to cover (distance)
recorrido (*m*) course
recreo (*m*) recreation
recto straight
rector (*m*) rector
recuerdo (*m*) memory, souvenir
    Recuerdos a Regards to
recurso (*m*) resource
red (*f*) net; rack
redondo round
reducir to slow down, to change down, to
    reduce
referencia (*f*) reference
referéndum (*m*) referendum
referirse to refer to, to speak of
reforma (*f*) reform
reformar to reform
reforzar to reinforce
refrescante refreshing
refrescar to refresh
refrigerado refrigerated
regadío (*m*) irrigated land
regalo (*m*) present
regañar to reprove
regar to irrigate
regente (*m* and *f*) regent
régimen (*m*) régime
    estar a régimen to be on a diet
regimiento (*m*) regiment
región (*f*) region
regional regional
regir to rule
registrar to register
reglamento (*m*) regulations
regresar to return
regular medium, regular, so-so, poor
regularmente regularly
rehogar to fry slightly something that has
    been previously boiled
reina (*f*) queen
reinado (*m*) reign
reino (*m*) kingdom, realm
reir(se) to laugh
    reir(se) a carcajadas to laugh heartily
reja (*f*) grating, grille
relación (*f*) relation
relacionado related
relativamente relatively

relativo relative, relating, related
relieve (*m*) relief
reloj (*m*) watch, clock
reluciente shining
rellenar to fill up
remedio (*m*) solution
remolcar to tow
remolque (*m*) caravan
remontarse to go back in time
renta (*f*) rent; income
rentabilidad (*f*) profitability
renunciar to renounce
reparación (*f*) repair
reparar to repair
repartir to distribute; spread over
repente, de suddenly
repetición (*f*) repetition
repetir to repeat
repisa (*f*) mantelpiece; shelf; bracket
reponer to replace
reportero (*m* and *f*) reporter
reposar to rest
representante (*m* and *f*) representative,
    agent
representar to represent, to come up to
república (*f*) republic
representación (*f*) representation
republicano republican
repuestos (*m*) spare parts
reputación (*f*) reputation
requerir to require
reseco very dry
reserva (*f*) reserve
reservar to reserve
resfriado (*m*) a cold
residencia (*f*) residence, hostel
resistir to resist
resolver to solve
respecto a in comparison with, with regards
    to
respetar to respect
respirar to breathe
responsable responsible
respuesta (*f*) answer
restaurante (*m*) restaurant
resto, el the rest
restorán (*m*) restaurant
restricción (*f*) restriction

resultado (*m*) result, score
resultar to turn out, to be, to prove
    me resulta I find it . . .
resumen (*m*) summary
resumir to summarize
retirar to withdraw
retirarse to retire, to withdraw
Retiro, Parque del the most beautiful park
    in Madrid, situated in the centre of
    the town
retransmitir to broadcast, to televise
retraso (*m*) delay
retrete (*m*) toilet
reuma (*m*) rheumatism
reunión (*f*) meeting
reunir to join
    reunir condiciones to possess qualifi-
    cations
reunirse to meet
revés, al the other way round, backwards,
    upside down
revisar to revise, to check
revisor (*m*) ticket collector
revista (*f*) magazine
revolución (*f*) revolution
rey (*m*) king
rezar to pray
ribeiro wine of Galicia
rico exquisite, rich
riesgo (*m*) risk
    a todo riesgo comprehensive (insur-
    ance)
rincón (*m*) corner
riñón (*m*) kidney
ría (*f*) river estuary reaching inland, typical
    of Galicia
riego (*m*) irrigation
riguroso strong
río (*m*) river
Rioja region in the upper part of the Ebro
    valley, rich in fruits and vegetables.
    Wine of this name
riqueza (*f*) wealth
riquísimo delicious
risa (*f*) laugh
ritmo (*m*) rhythm
rito (*m*) ceremony
rivalidad (*f*) rivalry

roble (*m*) oak-tree
rodear to surround
rodilla (*f*) knee
Rodríguez Spanish surname
rogar to ask, to pray
    le ruego que Please
rojo red
Roma Rome
Románico Romanesque   (contemporary
    with Norman architecture in England)
romper to break
ronda (*f*) round (drinks)
Ronda town in Andalusia; its sierras are
    called 'Serranía de Ronda'
ropa (*f*) clothes
ropero (*m*) wardrobe
rosa (*f*) rose; (adj.) pink
Rozas, Las village in the province of Madrid
rubio blond, fair
    tabaco rubio Virginia tobacco
rueda (*f*) wheel
ruedo (*m*) bullring; name of a Spanish news-
    paper devoted to bullfighting
ruido (*m*) noise
Rusia Russia
ruso (*m*) Russian
rústico (*m*) rustic
ruta (*f*) itinerary, route

s

S.A., Sociedad Anónima chartered com-
    pany, joint-stock company
sábado (*m*) Saturday
saber to know, to be able to
sabor (*m*) taste
sacar to take out
    sacar fotos to take photographs
    sacar entradas to buy tickets (for
    theatre, cinema, bullfight, etc.)
sacrificarse to make a sacrifice
sala (*f*) room, lounge, hall
salado salted; of an engaging and amusing
    character
Salamanca town and province in western
    Spain
salario (*m*) wages
salchichón (*m*) type of Spanish salami

salir to go out, to leave, to turn out, to prove
   ¿A cuánto (me) sale? How much does it come to?
   salir (el sol) to rise (of the sun)
salmón (*m*) salmon
salón (*m*) room
   salón de belleza hairdresser
salsa (*f*) sauce
saltar to jump
salteado sauté
salto (*m*) jump
salud (*f*) health
   ¡A su salud! Your health!
saludar to greet; to meet
Salvador, El the country of El Salvador
salvar to save
San (shortened form of *santo* used before some saints' names) Saint
San Sebastián town in the north of Spain, capital of the Basque province of Guipúzcoa
sanatorio (*m*) private hospital
Sánchez Spanish surname
sandwich (*m*) sandwich
sangre (*f*) blood
sano healthy
Santander province and town in the north of Spain
Santiago Spanish male name; Saint James
Santiago de Compostela town in Galicia
santo saint, name-day
sardina (*f*) sardine
sartén (*f*) frying pan
sastre (*m*) tailor
sastrería (*f*) tailor's shop
satélite (*m*) satellite
se reflexive pronoun 3rd person sing. and plural (himself, herself, itself, oneself, yourself, yourselves, themselves)
   impersonal pronoun (**se come** one eats)
   passive pronoun 3rd person sing. and plural (**se come** . . . is eaten; **se comen** . . . are eaten)
   substitute for *le* or *les* before another 3rd person pronoun object (**se lo dí** I gave it (**lo**) to him (**se = le**) or to them (**se = les**))

SEAT, Sociedad Española de Automóviles de Turismo nationalized motor industry; name given to the car (the Italian Fiat) made by this industry
sección (*f*) section
seco dry
secretaria (*f*) secretary
secretaría office
secretariado (*m*) secretarial course
secretario (*m*) secretary
sector (*m*) sector
sed (*f*) thirst
   tener sed to be thirsty
seda (*f*) silk
Segovia province and town in central Spain
seguida, en in a moment, immediately
seguido, todo straight on
seguir to follow, to continue
según according (to)
segundo second
segundo (*m*) second
Segura river in Murcia
seguridad (*f*) security, safety, Police Force
seguro sure, certain
   seguro que certainly, it is certain that
   seguro (*m*) insurance
seis six
seiscientos six hundred
sello (*m*) stamp
semáforo (*m*) traffic lights
semana (*f*) week
semejante similar
semi-seco medium dry
sencillamente simply
sencillo easy, simple
sensacionalista sensational
sentar (le a uno) to suit
sentarse to sit down
sentido (*m*) sense, idea; direction
sentimiento (*m*) feeling, sorrow
   Le acompaño en el sentimiento I sympathize with you in your bereavement
sentir to be sorry about
   lo siento I am sorry
   sentir(se) to feel
   sentirse mal to feel sick

señal (f) signal
señalar to point out; to name; to set, to fix
señas (f) address
señor (m) gentleman, man
señora woman, lady, wife
señorita Miss, girl
separación (f) separation
separado separately
separadamente separately
separar to separate
separarse to move
septiembre September
séptimo seventh
ser to be
seriamente seriously
serio serious, grave
    en serio seriously speaking
sermón (m) sermon
servicio (m) service
servidor (m) servant
    un servidor I
servir to be useful for, to serve
    ¿Para qué sirve? What is it (used) for?
Serrano Spanish General who lived in the 19th century. Street of this name in Madrid.
sesenta sixty
sesos (m) brains
setecientos seven hundred
setenta seventy
severo serious, strong, severe
Sevilla Seville
sexo (m) sex
sexto sixth
shorts (m) shorts
sí mismo, misma, mismos, mismas himself, herself, itself, oneself, yourself, yourselves, themselves (used after prepositions)
sí yes
si if, whether
siderúrgico iron and steel (adj.)
sidra (f) cider
siempre always
sierra (f) sierra
siesta (f) siesta
    echarse la siesta to have a siesta
siete seven

siglo (m) century
significar to mean
siguiente next, following
silencio (m) silence
    en silencio silently
silla (f) chair
sillón (m) armchair
simpático nice, pleasant (of a person)
simpatiquísimo very nice (person)
simple simple
sin without
sincero sincere, frank
sindical trade union (adj.)
sindicalismo (m) trade unionism
sindicalista (m) trade union member
sindicato (m) trade union
sinfónico symphonic, symphony (adj.); classical (music)
sino but (after a negative)
síntoma (m) symptom
sistema (m) system
sitio (m) place, space
situación (f) situation
situarse to stand
situar to locate
    estar situado to be situated
S.L., Sociedad Limitada Limited Company
sobre about, on, above
sobre (m) envelope
sobremesa (f) period spent in conversation after a meal sitting at the table
social social
sociedad (f) society, company
    sociedad anónima Chartered Company, joint-stock company
    sociedad limitada limited company
socio (m and f) member, partner
soda (f) soda
sofá (m) sofa
sol (m) sun
    hacer sol to be sunny
    ponerse el sol to set (of the sun)
    salir el sol to rise (of the sun)
    de sol a sol from morning to night
solamente only
solapa (f) lapel
soler to be wont to

solicitar to apply, to ask for
solicitud (*f*) application
    hoja de solicitud application form
sólido solid
solo alone
    café solo black coffee
sólo only
solomillo (*m*) fillet steak
soltero single, unmarried
    soltero (*m*) bachelor
    soltera (*f*) spinster
solución (*f*) solution
solucionar to solve
solvencia (*f*) solvency
sombra (*f*) shade
sombrero hat
sonar to sound
sondeo (*m*) sounding
sonreír(se) to smile
sonrisa (*f*) smile
soñar (con) to dream (of)
sopa (*f*) soup
Soria province and town in northern Spain
sorprender to surprise
sorpresa (*f*) surprise
sostener to hold
soviético Soviet (adj.)
Sr. Mr., **Sra.** Mrs.
Srta Miss
stand (*m*) stand
su your, his, her, its, their
suave soft, light, smooth
subir to go up; to get in (a vehicle)
suceder to succeed (from 'succession', not 'success'), to happen
sucesión (*f*) succession
sucio dirty
sucísimo very dirty
Sudamérica South America
Sudamericano South American
sudeste (*m*) south-east
Suecia Sweden
sueldo (*m*) salary
suelo (*m*) floor, land, soil
suelto odd, on their own, loose
sueño (*m*) sleep, dream
suerte (*f*) luck
    tener suerte to be lucky

suficiente enough (adj.), sufficient
suficientemente enough (adv.), sufficiently
sufragio (*m*) vote
sufrir to suffer
Suiza Switzerland
Suizo Swiss
sujeto (*m*) subject
    estar sujeto a to depend on, to be liable for
sumamente very, extremely
sumergir to submerge
sumo, a lo at the most
superar to surpass
superficie (*f*) surface, area
superior superior; higher
    superior a more than, greater than
supermercado (*m*) supermarket
suplemento (*m*) supplement
suponer to suppose
supremo supreme
suprimir to suppress, cancel, abolish
supuesto, por of course
sur (*m*) south
sureste south-east
suroeste south-west
sustitución (*f*) substitution
susto (*m*) fright
suyo/a/os/as (of) yours, his, hers, theirs

T

taza (*f*) cup
tabaco (*m*) tobacco
taberna (*f*) pub
tableado pleated
taburete (*m*) stool
Tagalo native language of the Philippines
Tajo Tagus (river)
tal such
    ¿Qué tal? how?, what about?, How are you?
    tal vez perhaps
    con tal de que provided that
Talgo luxury Spanish train
talonario (*m*) cheque-book
talla (*f*) size (of stature)
taller (*m*) workshop

tamaño (*m*) size (general)

también also, too

tampoco neither (conjunction or adverb)

tan so, as

tanto so much, as much

tapa (*f*) small thing eaten with an aperitif (olives, shellfish, anchovies, crisps, almonds, etc.)

tapar to cover; stop up, plug

taquigrafía (*f*) shorthand

tardar to take (time), to last

tarde (*f*) afternoon, evening, late

    buenas tardes good afternoon, good evening

    por la tarde in the afternoon, in the evening

tarea (*f*) task

tarifa (*f*) tariff, rate

tarjeta (*f*) card

    tarjeta de visita visiting card

tartamudear to stutter

Tarragona town and province in eastern Spain

Tarrasa town in the province of Barcelona

tasca (*f*) pub

taxi (*m*) taxi

taxista (*m* and *f*) taxi-driver

te reflexive pronoun 2nd person sing., yourself. Pronoun obj. 2nd person sing., you

té (*m*) tea

teatro (*m*) theatre

técnico (*m*) technician; (adj.) technical

tecnología (*f*) technology

techo (*m*) ceiling

tejido (*m*) textile

tela (*f*) cloth, material

tele (*f*) shortening of *televisión*

telefonear to telephone

telefónico telephonic

    telefónica telephone exchange

telefonista (*m* and *f*) operator

teléfono (*m*) telephone

    llamar por teléfono to ring up

telegráfico telegraphic

telegrama (*m*) telegram

televisar to televise

televisión (*f*) television

televisor (*m*) TV set

tema (*m*) topic

temperatura (*f*) temperature

templado temperate

temprano early

tendencia (*f*) trend

tenedor (*m*) fork

tener to have

    ¡Tenga! Here you are

teniente (*m*) lieutenant

    teniente general lieutenant-general

tenis (*m*) tennis

tenista (*m* and *f*) tennis player

tensión blood pressure

tercer (shortened form of *tercero*, used before singular masc. noun), third

tercero third

tercio one-third

terciopelo (*m*) velvet

Teresa Theresa

Tergal (*m*) Tergal (trade mark of a man-made fibre), cloth of this name

terminación (*f*) end

terminal (*m*) terminus; terminal

terminar to finish, to end

ternera (*f*) veal

terraza (*f*) veranda; terrace of a café, the open air part on the pavement

terreno (*m*) plot of land, field

    terreno de camping camping site

territorio (*m*) land, territory

testigo (*m* and *f*) witness

textil (*m*) textile

texto (*m*) text

ti, a ti you (2nd person sing.)

tía (*f*) aunt

tiempo (*m*) time, weather

    ¿Cuánto tiempo? How long?

    darle a uno tiempo to have time enough

tienda (*f*) shop

    tienda de campaña tent

tierra (*f*) land, earth

tinta (*f*) ink

tinte (*m*) dyer's, dry cleaners

tinto, vino red wine

tío (*m*) uncle

típicamente typically

típico typical
tipo (m) kind
tirada (f) circulation
tirar to throw
título (m) title
toalla (f) towel
tobillo (m) ankle
tocadiscos (m) record-player
tocar to play an instrument, to touch
tocino (m) bacon
todavía yet, still
todo all
    todos all, every
    todo el mundo everybody
Toledo town and province south of Madrid
tomar to take, to drink
    tomar una copa to have a drink
    tomar (algo por otra cosa) to take or
    mistake (something for something else)
tomate (m) tomato
tónica tonic
torcer to turn, to twist
torero (m) bullfighter
tormenta (f) storm
torneo (m) tournament
toro (m) bull
    los toros bullfighting
        ir a los toros, to go to a bullfight
torre (f) tower
Torrelodones town in the province of
    Madrid
torrencial torrential
tortilla (f) omelette
tos (f) cough
toser to cough
Tossa town on the Costa Brava
tostada (f) piece of toast
tostar to toast; to tan (sun)
total (m) total
    en total in all, altogether
totalidad (f) whole, all of
trabajador (m) worker; (adj.) hardworking
trabajar to work
trabajo (m) work, labour
tradición (f) tradition
tradicionalista traditionalist
traducir to translate
traductor (m) translator

traer to bring
tráfico (m) traffic
traje (m) suit
trámite (m) procedure, action; transaction,
    step
tranquilamente quietly; without worrying
tranquilidad (f) peace and quiet
tranquilo quiet
transbordador (m) ferry
transbordar to change (trains, etc.)
transbordo (m) change (of trains, etc.)
transeúnte (m and f) passer-by
transferir to transfer
transistor (m) transistor
transmitir to broadcast, to televise
transportar to transport
transporte (m) transport
Transradio (m) telegraphic agency of this
    name
tranvía (m) tramway, tram
transatlántico (m) liner
trasladarse to move
trasnochar to stay up late
trasto (m) piece of junk
tratado (m) treaty
través (de), a through
trayecto (m) journey, trip
trece thirteen
treinta thirty
tren (m) train
tres three
trescientos three hundred
tresillo (m) three-piece suite of furniture
Triana famous gypsy quarter in Sevilla
triangular triangular
tribunal (m) court
    Tribunal Supremo High Court of
    Justice
trigo (m) wheat
triple triple-faced
triste sad
trocito (m) little bit (diminutive of trozo)
trolebús (m) trolley bus
tronco (m) trunk (of a tree)
    dormir como un tronco to sleep like
    a log
tropical tropical
trotar to trot

trote (*m*) trot

   no estar para esos trotes to be past it
   (i.e. in age or energy)

trozo (*m*) piece

tú you

tu your

tubo (*m*) tube

tumba (*f*) tomb, grave

túnel (*m*) tunnel

Turia river in Valencia

turismo (*m*) touring-car, tourism

turista (*m* and *f*) tourist

turístico tourist (adj.)

turquesa (*f*) turquoise

turrón (*m*) type of sweet prepared with
   sugar, honey, and almonds

tuyo yours

TVE Television Española, Spanish Television

tweed tweed

U

u or. Used instead of *o* when preceding a
   word beginning with *o-* or *ho-*.

Úbeda town in the province of Jaén,
   Andalusia

últimamente lately

último last, top

   últimos last days of a week, month, etc.

un a, an, one

undécimo eleventh

único unique, single, only

uniforme uniform

unión (*f*) join, joining, joint, union

unir to join

universal universal

universidad (*f*) university

uno one

   el uno al otro each other

unos some

uranio (*m*) uranium

urgente urgent

urgir to be urgent

Uruguay country in South America

usado second-hand

usar to use

Usted, Ud., Vd. you (singular polite form)

   Ustedes, Uds., Vds. you (plural polite
   form)

útil useful

utilizar to use

utensilio (*m*) tool; utensil

utilizar to use

uva (*f*) grape

¡Uy! Spanish exclamation expressing amaze-
   ment, mild incredulity, etc.

V

vaca (*f*) beef, cow

vacaciones (*f*) holidays

vacío empty

vainilla (*f*) vanilla

vajilla (*f*) crockery

Valdepeñas town in the southern 'Meseta',
   famous for its wine

vale O.K.; (*m*), voucher; I.O.U.

valedero valid

   **el combate valedero para el título
   mundial** the fight for the world title

Valencia town and province in the Levant

valer to be worth, to cost, to be good

   no vale la pena it is not worth the trouble

   vale 10 pts. it costs 10 pesetas, it is
   worth 10 pesetas

   ¿Vale? Is that all right?

valorar to estimate

Valladolid town and province in the northern Meseta

valle (*m*) valley

Valle de los Caídos monument erected by
   the Government of General Franco
   in the northern part of the Province
   of Madrid to commemorate those who
   died during the Spanish Civil War

'La Vanguardia' Spanish newspaper published in Barcelona

vaquero (*m*) cowboy

variar to change

   postres variados choice of sweets

variedad (*f*) choice, variety

varios several

varón male

Vasco, País Basque Country

Vasco Basque

Vascongadas, Las (*f*) Basque Country

Vascuence (*m*) Basque language

vaso (*m*) glass
Vaticano Vatican
¡Vaya! expression of surprise or disappointment
Vd., Vds. shortening of *Usted*, *ustedes*
véase see . . .
vecino (*m*) neighbour
vehículo (*m*) vehicle
veinte twenty
veinticinco twenty-five
veinticuatro twenty-four
veintidós twenty-two
veintinueve twenty-nine
veintiocho twenty-eight
veintiséis twenty-six
veintisiete twenty-seven
veintitrés twenty-three
veintiuno twenty-one
velada (*f*) evening; evening party
velocidad (*f*) speed, gear
    velocidad media average speed
vencer to win
    vencer por puntos win on points
vencimiento (*m*) completion; due date, maturity, expiration
vendar to bandage
vendedor (*m*) salesman, vendor
Venezolano Venezuelan
Venezuela country in South America
venir to come
    la semana/el año/el mes que viene next week, year, month
venta (*f*) sale
ventana (*f*) window
ventanilla (*f*) window, position (in a Bank, Post Office, etc.)
Ventas district of Madrid
ver to see, to watch
    véase see . . .
    modo de ver point of view
    por lo visto apparently
veraneante (*m* and *f*) summer holiday-maker
veranear to spend the summer holidays
veraneo (*m*) summer holiday(s)
verano (*m*) summer
veras, de really
verbal verbal

verbo (*m*) verb
verdad (*f*) truth
    ¿verdad?, ¿no es verdad? tag questions equivalent to 'isn't it?', 'wasn't it?', etc., in English
    de verdad truly
verde green
verdura (*f*) green vegetables; green, greenery
vergel (*m*) garden
verificar to make, to carry out; to verify, confirm
versión (*f*) version, explanation
vertical vertical
vestido (*m*) dress
vestirse to dress
vestuario (*m*) clothing
vez (*f*) time
    a veces sometimes
    otra vez again
    tal vez perhaps
vía (*f*) by; railway line
viajante (*m* and *f*) commercial traveller
viajar to travel
viaje (*m*) journey, travel
viajero (*m*) traveller
vice-presidente (*m*) vice-president
vicio (*m*) vice
victoria (*f*) victory
vida (*f*) life
viejo old
viento (*m*) wind
    hacer viento to be windy
viernes (*m*) Friday
vigilar to watch over
Vigo town in Galicia
vigoroso vigorous
vinagre (*m*) vinegar
vinagreta (*f*) oil and vinegar dressing
vino (*m*) wine
viña (*f*) vineyard
viñedo (*m*) vineyard
violencia (*f*) violence
Virgen (*f*) Our Lady
visado (*m*) visa
visita (*f*) visit
    de visita on a visit, visiting
visitante (*m*) visitor

visitar to visit
vista (*f*) view, look
    en vista de because of, in view of
vistazo (*m*) look
    echar un vistazo to have a look at
visto seen
    por lo visto apparently
vitalicio for life, during life
Vitoria capital of the province of Alava
viudo (*m*) widower
    viuda (*f*) widow
vivienda accommodation, housing
vivir to live
vivo alive, lively
Vizcaíno referring to Vizcaya
Vizcaya Biscay, province in the north of
    Spain
vocalista singer
volante (*m*) steering wheel
volar to fly
volumen (*m*) volume
volver to come back, to go back, to
    return
volverse to become
vomitar to vomit, to be sick
vosotros you (*fam. pl.*)
voto (*m*) vote
voz (*f*) voice
    en voz alta aloud
vuelo (*m*) flight
    falda de vuelo flared skirt

vuelta (*f*) the return, turn, tour, rotation,
    change
    billete de ida y vuelta return ticket
    dar la vuelta to turn around
vuestro your (*fam. pl*)

w

Washington Washington
water (*m*) toilet, W.C.
whisky (*m*) whisky

x

Xiquena town in the south of Spain

Y

y and
'Ya' Madrid newspaper
ya already, now
    ya no no longer
yacimiento (*m*) ore deposit
yegua (*f*) mare
yo I

z

Zamora town and province in the north near
    Portugal
zapato (*m*) shoe
zapatería (*f*) shoe-shop
Zaragoza Saragossa
zona (*f*) region

Contenido gramatical

Indice gramatical

Numbers in bold type refer to Units (in both Parts 1 and 2), the others to grammar frames.